M. Delonje

Sammlung Metzler
Band 138

W0188375

Ludwig Dietz

Franz Kafka

2., erweiterte und verbesserte Auflage

J. B. Metzlersche Verlagsbuchhandlung
Stuttgart

CIP-Titelaufnahme der Deutschen Bibliothek
Dietz, Ludwig:
Franz Kafka / Ludwig Dietz.
– 2., erw. u. verb. Aufl.
– Stuttgart: Metzler, 1990
(Sammlung Metzler; Bd. 138)
ISBN 3-476-12138-0
NE: GT

ISBN 3 476 12138 0
ISSN 0558 3667

SM 138

© 1990 J. B. Metzlersche Verlagsbuchhandlung
und Carl Ernst Poeschel Verlag GmbH in Stuttgart
Einbandgestaltung: Kurt Heger
Satz: DaText GmbH, 7335 Salach
Druck: Kaisser-Druck GmbH, 7335 Salach
Printed in Germany

Inhalt

Vorbemerkung

Die vorliegende Studie kann für die Materialien nicht mehr sein als eine Einführung in Werk und Leben Kafkas; sie ersetzt insofern das Studium der notierten Biographien, Darstellungen, Interpretationen, Bibliographien und Forschungsarbeiten nicht.

Die gegebenen Hilfen, bibliographischen Angaben, Gliederungen und Aufschlüsselungen mögen – mit Ausnahme der Dokumentation des Werks – gelegentlich als eine Auswahl von relativer Zufälligkeit erscheinen. Die wesentliche Ursache dafür liegt in dem Gegenstand einer solchen notwendigerweise räumlich begrenzten Materialschrift, d. h. in dem so ganz verschiedenartigen, oft geradezu exzessiven Interesse, das sich ihm zugewendet und eine Überfülle an Literatur hervorgebracht hat und immer noch hervorbringt. ›Ältere‹ Literatur, die inhaltlich meist überholt ist, wurde nicht aufgenommen, wenn sie nicht wesentliche Bewegungen der Rezeption markiert; damit bleiben von vornherein sehr viele Untersuchungen über Kafka bis etwa 1960 unerwähnt. Die Auswahl aus der ›jüngeren‹ Literatur – die Reduktion des immer noch über 10000 Titel umfassenden Schrifttums seit 1960 auf ein knappes Fünftel – mag durch Vorlieben beeinflußt sein, beabsichtigt jedoch keine Wertung: Ziel war, das breite Spektrum der Forschung zu erschließen.

Dem Reiz, Wertungen auszusprechen, habe ich auch im darstellenden Teil kaum nachgegeben, der natürlich Wertung impliziert. Von den Materialien abgesehen, möchte diese Schrift als ein selbständiger Versuch zum Leben und Werk Kafkas verstanden werden.

Horb, 31. Oktober 1989   L. D.

0. Abkürzungen und Hinweise zur Benutzung

0.1 Allgemeine Abkürzungen

Bll.	Blätter
Bodleian	Bodleian Library Oxford
dt.	deutsch
Entst.	Entstehung
Faks.Druck	Faksimile-Druck
Fs.	Festschrift (für)
H.	Heft
Hg., hg., ed.	Herausgeber, herausgegeben von
Hs(s).	Handschrift(en)
Jb.	Jahrbuch
Jh.	Jahrhundert
Krit. Druck	kritischer Nachdruck, kritischer Text
Lit.	Literatur
Orig. Druck	Originaldruck, autorisierter Druck
s.	siehe
Sh.	Sonderheft
Zs(s).	Zeitschrift(en)

0.2 Abkürzungen für Zeitschriften, Jahrbücher, Periodika

AUMLA	Journal of the Australasian Universities Language and Literature Association
BBI	Bulletin of the Leo Baeck Institute
CE	College English
CL	Comparative Literature
CLS	Comparative Literature Studies
DU	Der Deutschunterricht
DVjs	Deutsche Vierteljahresschrift für Literatur- wissenschaft und Geistesgeschichte
EG	Etudes Germaniques
Euph.	Euphorion
GLL	German Life and Letters
GP	Germanistica Pragensia

GQ	German Quarterly
GR	Germanic Review
GRM	Germanistisch-Romanische Monatsschrift
JIG	Jb. für internationale Germanistik
JKS	Journal (Newsletter) of the Kafka Society of America
JSG	Jb. der Deutschen Schiller-Gesellschaft
JWB	Jb. der Wittheit zu Bremen
KuL	Kunst und Literatur
LW	Die literarische Welt
LuK	Literatur und Kritik
MAL	Modern Austrian Literature
MH	Monatshefte
MFS	Modern Fiction Studies
MLN	Modern Language Notes
MLQ	Modern Language Quarterly
MLR	Modern Language Review
Neoph.	Neophilologus
NDH	Neue Deutsche Hefte
NLW	Neue Literarische Welt
NRF	Nouvelle Revue Française
NR	Die Neue Rundschau
OGS	Oxford German Studies
PMLA	Publications of the Modern Language Association
PP	Philologica Pragensia
RLV	Revue des Langues Vivantes
SMH	Schweizer Monatshefte
SuF	Sinn und Form
TuK	Text und Kritik
WB	Weimarer Beiträge
WiZ	Wort in der Zeit
WoW	Wort und Wahrheit
WuW	Welt und Wort
WW	Wirkendes Wort
ZfdtPh	Zeitschrift für deutsche Philologie
YBI	Yearbook of the Leo Baeck Institute

0.3 Abkürzungen für häufiger zitierte bzw. bibliographisch aufgeschlüsselte Einzelstudien und Sammelbände über Kafka

Beck	= Evelyn T. Beck: K. and the Yiddish Theater. Its Impact on his Work. Wisconsin 1971.

Beicken	= Peter U. Beicken: K., Eine kritische Einführung in die Forschung. Frankfurt 1974.
Beißner	= Friedrich Beißner: Der Erzähler K. und andere Vorträge. Mit einer Einführung von W. Keller. Frankfurt 1983. (Neuauflage der früheren Einzeldrucke 1952 bis 1972.)
Bezzel	= Christoph Bezzel: Natur bei K., Studien zur Ästhetik des poetischen Zeichens. Nürnberg 1964.
Biemel	= Walter Biemel: Philosophische Analysen zur Kunst der Gegenwart. Den Haag 1968.
Binder I	= Hartmut Binder: Motiv und Gestaltung bei K. Bonn 1966.
Binder II	= K.s Hebräischstudien. Ein biographisch-interpretatorischer Versuch. JSG 1967, 527–566.
Binder III	= K. und seine Schwester Ottla. Zur Biographie der Familiensituation des Dichters unter besonderer Berücksichtigung der Erzählungen »Die Verwandlung« und »Der Bau«. JSG 1968, 403–456.
Binder IV	= Hartmut Binder: K. in neuer Sicht. Mimik, Gestik und Personengefüge als Darstellungsformen des Autobiographischen. Stuttgart 1976.
Binder / Kommentar I, II	= Hartmut Binder: Kafka-Kommentar zu sämtlichen Erzählungen, München 1975. Kafka-Kommentar zu den Romanen, Rezensionen, Aphorismen und zum Brief an den Vater, München 1976.
Brod I	= Über K. Frankfurt 1966. (Enthält, letztmals revidiert: S. 9–219: K., Eine Biographie, und S. 357–403: zwei Anhänge dazu; S. 221–299: K.s Glauben und Lehre; S. 301–356: Verzweiflung und Erlösung im Werk K.s)
Brod II	= Der Prager Kreis. Stuttgart 1966.
Brod III	= Streitbares Leben. Autobiographie. München o. J.
Caputo-Mayr	= Marie Luise Caputo-Mayr, Julius M. Herz: K., Eine kommentierte Bibliographie der Sekundärliteratur (1955–1980, mit einem Nachtrag 1985). Bern und Stuttgart 1987.
Chronik	= Kafka-Chronik. Zusammengestellt von Chris Bezzel. München 1975.
Datierung	= Malcolm Pasley, Klaus Wagenbach: Datierung sämtlicher Texte K.s In: Symposion 55–83.
Dietz	= K., Die Veröffentlichungen zu seinen Lebzeiten, 1908–1924. Eine textkritische und kommentierte Bibliographie. Heidelberg 1982.

Dokumente	= [Katalog] K., Manuskripte, Erstdrucke, Dokumente, Photographien. Ausstellung der Akademie der Künste Berlin. Hg. von der Akdemie [bearbeitet von K. Wagenbach], Berlin 1966.
Dt. Lit. Prags	= J. Born (Hg. u. a.): Deutschsprachige Literatur Prags und Böhmens im 1. Viertel des 20. Jh.s Tabellarische Übersicht und Bibliographie. Wuppertal 2. erw. Aufl. 1988.
Emrich I	= Wilhelm Emrich: K. Bonn 1958, 6. Aufl. 1970.
Emrich II	= Wilhelm Emrich: Protest und Verheißung, Studien zur klassischen und modernen Dichtung. Frankfurt–Bonn 1970.
Fingerhut	= Karl-Heinz Fingerhut: Die Funktion der Tierfiguren im Werk K.s. Offene Erzählgerüste und Figurenspiele. Bonn 1969.
Flach	= Brigitte Flach: K.s Erzählungen, Strukturanalyse und Interpretation. Bonn 1967.
Flores	= Angel Flores: A K.-Bibliographie 1908–1976. New York 1976.
Göbel	= Wolfram Göbel: Der Kurt Wolff Verlag 1913–1930, Expressionismus als verlegerische Aufgabe. Mit einer Bibliographie des Kurt Wolff Verlages und der ihm angeschlossenen Unternehmen 1910–1930. Frankfurt 1977.
Hackermüller	= Rotraut Hackermüller: Das Leben, das mich stört. Eine Dokumentation zu K.s letzten Jahren 1917–1924. Wien und Berlin 1984.
Hasselblatt	= Dieter Hasselblatt: Zauber und Logik, Eine K.-Studie. Köln 1964.
Heller-Beug	= K., Hg. von Erich Heller und Joachim Beug. München 1969 (Dichter über ihre Dichtungen).
Hillmann I	= Heinz Hillmann: K., Dichtungstheorie und Dichtungsgestalt. Bonn 1964; [2]1973.
Hillmann II	= Heinz Hillmann: K. In: Dt. Dichter der Moderne. Ihr Leben und Werk. Hg. von B. von Wiese. Berlin 1965, 258–279.
Jahn	= Wolfgang Jahn: K.s Roman »Der Verschollene« (»Amerika«). Stuttgart 1965.
Janouch I	= Gustav Janouch: Gespräche mit Kafka. Aufzeichnungen und Erinnerungen. Erweiterte Ausgabe, Frankfurt 1968.
Janouch II	= Gustav Janouch: K. und seine Welt. Wien–Stuttgart–Zürich 1965.
Juden in der dt. Lit.	= Stéphane Moses, Albrecht Schöne (Hg.): Juden in der dt. Lit., Ein dt.-israelisches Symposion. Frankfurt 1986.

Der junge Kafka	= Gerhard Kurz (Hg.): Der junge K., Frankfurt 1984.
Kafka Debate	= Angel Flores (Hg.): The Kafka Debate. New Perspectives for Out Time. New York 1977.
Kafka-Handbuch I, II	= Kafka-Handbuch in 2 Bden. Unter Mitwirkung zahlreicher Fachwissenschaftler hg. von Hartmut Binder. Bd. 1: Der Mensch und seine Zeit, Stuttgart 1979. Bd. 2: Das Werk und seine Wirkung, Stuttgart 1979.
Kafka Problem	= Angel Flores (Hg.): The Kafka Problem. New York 1946. Neudruck 1963.
Kafka-Studien	= B. Elling (Hg.): Kafka-Studien. Frankfurt 1985.
Keßler	= Susanne Keßler: K., Poetik der sinnlichen Welt. Strukturen sprachkritischen Erzählens. Stuttgart 1983.
Kobs	= Jörgen Kobs: K., Untersuchungen zu Bewußtsein und Sprache seiner Gestalten. Hg. von U. Brech. Bad Homburg 1970.
Kraft	= Werner Kraft: K., Durchdringung und Geheimnis. Frankfurt 1968.
Kritik und Rezeption I, II	= Jürgen Born (Hg. u. a.): K., Kritik und Rezeption. Bd. 1: Zu seinen Lebzeiten 1912–1924, Frankfurt 1979; Bd. 2: 1924–1938, Frankfurt 1983.
Kurz	= Gerhard Kurz: Traum-Schrecken. K.s literarische Existenzanalyse. Stuttgart 1980.
Marxist Criticsm	= K. Hughes (Hg.): K., An Anthology of Marxist Criticism, Hannover–London 1982.
Philippi	= Klaus-Peter Philippi: Reflexion und Wirklichkeit. Untersuchungen zu K.s Roman »Das Schloß«. Tübingen 1966.
Politzer I	= Heinz Politzer: K., der Künstler. Frankfurt 1965. (Dt. Fassung von: Parable and Paradox, 1962.)
Politzer II	= Das Kafka-Buch. Eine innere Biographie in Selbstzeugnissen. Hg. von H. Politzer. Frankfurt 1965.
Politzer III	= K. Hg. von Heinz Politzer.Wege der Forschung Bd. 37. Darmstadt 1973.
Prager Sicht	= Kafka aus Prager Sicht, hg. von der Tschechoslow. Akademie der Wissenschaften. Prag 1965 (2. Aufl. 1966)
Psychol.- Literaturw.	= Psychologie in der Literaturwissenschaft, hg. von W. Paulsen. Heidelberg 1971.
Richter I	= Helmut Richter: K., Werk und Entwurf. Berlin 1962.

Richter II	= Im Maßstab der Klassik. Zu einigen Prosa-stücken K.s. In: SuF 1959, 837–871.
Robert	= Marthe Robert: Einsam wie K. Frankfurt 1987.
Robertson	= Ritchie Robertson: K., Judentum, Gesellschaft, Literatur. Stuttgart 1988.
Rolleston	= James Rolleston: K.s Narrative Theater. Pensylvania 1974.
Sokel I	= Walter H. Sokel: K., Tragik und Ironie. Zur Struktur seiner Kunst. München–Wien 1964.
Sokel II	= Walter H. Sokel: Das Verhältnis der Erzähler-perspektive zu Erzählgeschehen und Sinngehalt in »Vor dem Gesetz«, »Schakale und Araber« und »Der Prozeß«. In: ZfdtPh 1967, 267–300.
Symposion	= Kafka-Symposion. Datierung, Funde, Materia-lien. 2. veränderte Aufl. Berlin 1966.
Symposion Wien	= W. Schmidt-Dengler (Hg.): Was bleibt von K., Positionsbestimmung, Kafka-Symposion Wien 1983. Wien 1985.
Thieberger	= Richard Thieberger: Gedanken über Dichter und Dichtungen. Essays aus 5 Jahrzehnten. Hg. von A. Faure u. a. Bern und Frankfurt 1982.
Unseld	= Joachim Unseld: K., Ein Schriftstellerleben. Die Geschichte seiner Veröffentlichungen. Mit einer Bibliographie sämtlicher Drucke und Ausgaben der Dichtungen K.s 1908–1924. München 1982.
Uyttersprot	= Hermann Uyttersprot: Eine Neuordnung der Werke K.s. Zur Struktur von »Der Prozeß« und »Amerika«. Antwerpen 1957.
Wagenbach I	= Klaus Wagenbach: K., Eine Biographie seiner Jugend. 1883–1912. Bern 1958.
Wagenbach II	= Klaus Wagenbach: K. in Selbstzeugnissen und Bilddokumenten. Reinbek 1964.
Walser	= Martin Walser: Beschreibung einer Form. München 1961. (Jetzt: Ullstein-TB 2878.)
Weltfreunde	= Weltfreunde. Konferenz über die Prager dt. Literatur. Hg. von Eduard Goldstücker. Prag 1967.
Zeittafel (M)	= Zeittafel 1919–1924 in: M 1983, 402–407.
Zeittafel (O)	= H. Binder/K. Wagenbach: Zeittafel (mit beson-derer Berücksichtigung der Korrespondenz-partner K.s), in: O 228–244.
Zimmermann I, II	= Werner Zimmermann: Dt. Prosadichtungen unseres Jahrhunderts, Bd. 1, Düsseldorf 1966, Bd. 2, Düsseldorf 1969.

A	= Amerika (GW 1953).
A 1983	= Der Verschollene. Fassung der Handschrift (ed. Schillemeit), 1983.
A/Krit. A.	= Der Verschollene (ed. Schillemeit) mit Apparatband, 1983.
Amtl. Schr.	= Amtliche Schriften (ed. Hermsdorf), Berlin 1984.
B	= Beschreibung eines Kampfes (GW 1954).
Br	= Briefe 1902–1924 (GW 1958).
Buber, Brw. I, II	= Martin Buber, Briefwechsel auf 7 Jahrzehnten, Bd. 1, Heidelberg 1972, Bd. 2, 1973.
Die Erz.	= Die Erzählungen (ed. Wagenbach), 1961.
Drei Erz.	= Der Heizer, In der Strafkolonie, Der Bau (ed. Pasley), 1966.
E	= Erzählungen (GW 1952).
F	= Briefe an Felice (GW 1967).
GW	= Gesammelte Werke (Frankfurt 1950 ff.).
H	= Hochzeitsvorbereitungen auf dem Lande (GW 1953).
Krit. A.	= Schriften, Tagebücher, Briefe. Kritische Ausgabe (ed. Born/Neumann/Pasley/Schillemeit), Frankfurt 1982 ff.
KW	= Kurt Wolff, Briefwechsel eines Verlegers (ed. Zeller), 1966.
M	= Briefe an Milena (GW 1952).
M 1983	= Briefe an Milena. Erweiterte und neu geordnete Ausgabe (ed. Born/Müller), 1983.
O	= Briefe an Ottla (GW 1974).
P	= Der Prozeß (GW 1950).
Parallelausgabe	= Beschreibung eines Kampfes (ed. Dietz), 1969.
Reiseaufzeichn.	= Max Brod, Franz Kafka. Eine Freundschaft, Reiseaufzeichnungen (ed. Pasley), 1987.
S	= Das Schloß (GW 1951).
S 1982	= Das Schloß. Fassung der Handschrift (ed. Pasley), 1982.
Sämtl. Erz.	= Sämtliche Erzählungen (ed. Raabe), 1970.
S/Krit. A.	= Das Schloß (ed. Pasley) mit Apparatband, 1982.
T	= Tagebücher (GW 1951).
T 1989	= Tagebücher. Fassung der Handschrift (ed. Koch-Müller-Pasley), 1989.
T/Krit. A.	= Tagebücher (ed. Koch-Müller-Pasley) mit Apparat- und Kommentarbänden, 1989.

0.5 Zur Benutzung der Literaturhinweise

Sekundärliteratur vor 1960 ist nur aufgenommen, wenn sie historische Bedeutung hat; ältere Interpretationen, Forschungsberichte usw. sind in mehreren der unter 1.8 zitierten Bibliographien vermerkt.

Zwei jüngere, je zwei Bände umfassende Werke sind nicht – wie sonst für grundlegende Bücher versucht – inhaltlich aufgeschlüsselt: das Kafka-Handbuch, das Kafkas Leben und sein Werk detail- und umfangreich erschließt, interpretiert und darstellt, und Binders Kommentar, der zu jedem Werk Kafkas eine Einführung gibt und punktuelle Anmerkungen, die zusammen meist über einen Kommentar weit hinausgehen.

Die Literatur ist, um auf beschränktem Raum möglichst viel aufnehmen zu können, nach ein paar einfachen Grundsätzen in z. T. stark verkürzter Form bibliographiert:

1. Vor Angabe der Zs. entfällt das »in«, bei der Angabe der (nach 0.2 abgekürzt oder nicht abgekürzt zitierten) Zs. entfällt Bandnummer oder Jahrgang, da sie durch das mitgeteilte Jahr genau genug definiert ist. Weil die meisten Zss. innerhalb eines Jahrgangs ihre Seiten durchnumerieren, kann meist die Angabe des Heftes oder der Einzelnummer fehlen. Bei der Angabe der Seiten entfällt »S.« – Das gleiche gilt für Sammelschriften.
2. Wird Literatur nur mit dem Familiennamen ihres Verfassers zitiert, d. h. ohne Initiale des Vornamens, so verweist das stets auf Literatur, die nach 0.3 abgekürzt und dort genauer nachgewiesen ist.
3. Ist der Titel eines unter dem ordnenden Stichwort aufgeführten Aufsatzes mit diesem identisch, weitgehend identisch oder relativ nichtssagend (alles häufig bei der Literatur zu einzelnen Werken Kafkas), entfällt dieser Titel. Die Literaturangabe besteht dann nur aus: Initiale des Vornamens, Familiennamen, Zeitschriften- oder Sammelband-Titel, Jahr, Seitenzahlen.
4. Studien in Buchform sind (wenn nicht nach 0.3 abgekürzt) stets an der Ortsangabe vor dem Jahr zu erkennen.

8

1. Materialien

1.1 Ausgaben

1.1.1 Buchausgaben zu Lebzeiten

(Drucke in Zss. etc. sind am Ende der einzelnen Kapitel notiert.)

Betrachtung. Leipzig: Rowohlt 1913; Titelauflage: Wolff 1915.
Der Heizer, Ein Fragment. Leipzig: Wolff 1913; 2. Aufl. 1916; 3. Aufl. 1917/18.
Die Verwandlung. Leipzig. Wolff 1915; 2. Aufl. 1918.
Das Urteil, Eine Geschichte. Leipzig: Wolff 1916; 2. Aufl. München ca. 1920.
In der Strafkolonie. Leipzig: Wolff 1919.
Ein Landarzt, Kleine Erzählungen. Leipzig und München: Wolff 1919/1920.
Ein Hungerkünstler, Vier Geschichten. Berlin: Die Schmiede 1924.

1.1.2 Postume Einzelausgaben (Erstausgaben)

Der Prozeß, Roman. Berlin: Die Schmiede 1925.
Das Schloß, Roman. München: Wolff 1926.
Amerika, Roman. München: Wolff 1927.
Beim Bau der chinesischen Mauer, Ungedruckte Erzählungen und Prosa aus dem Nachlaß. Berlin: Kiepenheuer 1931.
Vor dem Gesetz, Berlin: Schocken 1934.

1.1.3 Gesamtausgaben

Gesammelte Schriften. Hg. von M. *Brod* in Gemeinschaft mit H. *Politzer*:

Bd. I: Erzählungen und kleine Prosa, Berlin: Schocken 1935.
Bd. II: Amerika, Roman, Berlin: Schocken 1935.
Bd. III: Der Prozeß, Roman, Berlin: Schocken 1935.

Bd. IV: Das Schloß, Roman, Berlin: Schocken 1935.
Bd. V: Beschreibung eines Kampfes, Novellen, Skizzen, Aphorismen
        aus dem Nachlaß, Prag: Mercy Sohn 1936.
Bd. VI: Tagebücher und Briefe, Prag: Mercy Sohn 1937.

Gesammelte Schriften [Zweite Ausgabe, größtenteils fotomechanischer
Nachdruck.] Hg. von M. *Brod*. New York: Schocken 1946.

Bd. I: Erzählungen und kleine Prosa.
Bd. II: Amerika.
Bd. III: Der Prozeß.
Bd. IV: Das Schloß.
Bd. V: Beschreibung eines Kampfes, Novellen, Skizzen, Aphorismen
        aus dem Nachlaß.

Gesammelte Werke. Hg. von M. *Brod*, Frankfurt a. M.: S. Fischer
1950 ff. [Nicht numerierte Bände.]

[1] Der Prozeß. (1950)
[2] Das Schloß. (1951)
[3] Tagebücher 1910–1923. (1951)
[4] Briefe an Milena. Hg. von Willy *Haas*. (1952)
[5] Erzählungen. (1952)
[6] Amerika. (1953)
[7] Hochzeitsvorbereitungen auf dem Lande und andere Prosa aus
     dem Nachlaß. (1953)
[8] Beschreibung eines Kampfes, Novellen, Skizzen, Aphorismen aus
     dem Nachlaß. (1954)
[9] Briefe 1902–1924. (1958)
[10] Briefe an Felice und andere Korrespondenz aus der Verlobungs-
      zeit. Hg. von E. *Heller* und J. *Born*. (1967)
[11] Briefe an Ottla und die Familie. Hg. von H. *Binder* und K. *Wagen-*
      bach. (1974)

1.1.4 Zur Ergänzung und Korrektur der »Gesammelten Werke«

Diaries, 1910–1923. New York: Schocken 1948.
Diaries, 1910–1923. London: Secker & Warburg 1949.
Die Erzählungen. [Hg. und mit einem] Nachwort von K. *Wagenbach*,
Frankfurt 1961.
(Briefe an die Arbeiter-Unfall-Versicherungs-Anstalt für Böhmen in
Prag.) Hg. und kommentiert von J. *Loužil*. In: Sbornik, Series C, Vol.
VIII (1963), Nr. 2, 57–83.
Der Heizer, In der Strafkolonie, Der Bau. With Introduction and Notes
by J. M. S. *Pasley*. Cambridge 1966.

Briefe an Kurt Wolff und seinen Verlag. In: Kurt *Wolff*, Briefwechsel eines Verlegers 1911–1963. Hg. von B. *Zeller* und E. *Otten*, Frankfurt 1966, 24–60.

Beschreibung eines Kampfes, Die zwei Fassungen. Parallelausgabe nach den Handschriften. Hg. und mit einem Nachwort versehen von M. *Brod*, Textedition von L. *Dietz*. Frankfurt 1969.

Sämtliche Erzählungen. Hg. [mit einem Nachwort und einem Anhang: Zu den Texten] von P. *Raabe*. Frankfurt 1970 (= Fischer Bücherei 1078).

Briefe an Milena. Erweiterte und neu geordnete Ausgabe. Hg. von J. *Born* und M. *Müller*. Frankfurt 1983.

Amtliche Schriften. Mit einem Essay von K. *Hermsdorf*. Berlin 1984.

Max *Brod*, Franz *Kafka*. Eine Freundschaft. Reiseaufzeichnungen. Hg. von M. *Pasley* unter Mitarbeit von H. *Rodlauer*. Frankfurt 1987.

Einzelne Briefe: An Franz *Blei*, in: P. Raabe, Symposion; An *Brod*, in: Brod I; An *Buber*, in: M. Buber, Briefwechsel aus 7 Jahrzehnten, Bd. 1, Heidelberg 1972; An F. *Kohl*, in: J. Wagner, Sborník 1963; An *Musil*, in: H. Binder, JSG 1968; An Oskar *Pollak*, in: Brod I; An *Schickele*, in: Expressionismus (Katalog), Marbach 1960; An Julie *Wohryzeck*, in: K. Wagenbach, Symposium.

Gespräche. In: Brod I, Janouch I, Janouch II.

(Varianten und Ergänzungen zu Dichtungen K.s siehe auch in einigen der unter »Textkritisches« aufgeführten Arbeiten.)

1.1.5 Wissenschaftliche Ausgaben

Schriften, Tagebücher, Briefe. Kritische Ausgabe. Hg. von J. *Born*, G. *Neumann*, M. *Pasley*, J. *Schillemeit*. Frankfurt a. M. 1982 ff. [Nicht numerierte Bände.]

[1a] Das Schloß. Hg. von M. *Pasley*. 1982.
[1b] Das Schloß. Apparatband. Hg. von M. *Pasley*. 1982.
[2a] Der Verschollene. Hg. von J. *Schillemeit*. 1983.
[2b] Der Verschollene. Apparatband. Hg. von J. *Schillemeit*. 1983.
[3a] Tagebücher. Hg. von H.-G. *Koch*, M. *Müller* und M. *Pasley*. 1989.
[3b] Tagebücher. Apparatband. Hg. wie 3a, 1989.
[3c] Tagebücher. Kommentarband. Hg. wie 3a. 1989.

[Werke] in der Fassung der Handschrift[en]. Frankfurt a. M. 1982 ff. [Nicht numerierte Bände.]

[1] Das Schloß. Roman in der Fassung der Handschrift. Hg. von M. *Pasley*. 1982.
[2] Der Verschollene. Roman in der Fassung der Handschrift. Hg. von J. *Schillemeit*. 1983.
[3] Tagebücher. In der Fassung der Handschrift. Hg. von H.-G. *Koch*, M. *Müller* und M. *Pasley*. 1989. Textband und Kommentarband.

(Wissenschaftliche Einzelausgaben s. unter 1.1.4)

1.2 Übersetzungen

Beicken 364–366 (Übersetzungen ins Englische/Amerikanische und Französische). – *Flores* 13–25 (Übersetzungen ins Englische/Amerikanische). – M. L. *Caputo-Mayr*, J. M. *Herz*: K.s Werke, Bibliographie der Primärliteratur 1908–1980, Bern 1982, 94 S. (Übersetzungen in alle bekannteren Sprachen). –

1.3 Erinnerungen an K.

N. *Baudy*, Entretiens avec Dora Dymant, Evidences 1950, 21–25. – O. *Baum*, Witiko 1929, 126–128; Kafka Problem 25–31. – S. H. *Bergmann*, Universitas 1972, 739–750. – F. *Blei*: Zeitgenössische Bildnisse, Amsterdam 1940, S. 328–339; Schriften, München 1960, 295–305. – Brod I. – Brod II. – Brod III. – M. *Brod*: K. als wegweisende Gestalt, St. Gallen 1951. – D. *Dymant*, Die Neue Zeitung, 18. 8. 1948. – H. *Frank*/K. *Smeijkal*: (Erinnerungen der Gouvernante der Familie K.), Plamen 1964, Nr. 7, 104–107. – R. *Fuchs*, Brod I 367–369. – D. *Gerrit*, Brod I 369–371. – A. *Gütling*, Prager Nachrichten, Nr. 10, 1951, 3–5. – W. *Haas*: Die Literarische Welt, München 1957. – L. *Hardt*, Berliner Tageblatt, 10. 6. 1924; Jüdische Rundschau 1934, 4; Kafka Problem 32–36; Die Fähre 1947, 75–78; Silberboot 1947, 291–293; NR 1947, 239–242. – J. P. *Hodin*: (Dora Diamants) Memories of K., Horizon 1948, 26–45; Der Monat 1949, H. 8/9, 89–96. – Janouch I. – Janouch II. – L. B. *Kreitner*: Connecticut Review 1970, Nr. 2, 28–32. – K. *Krolop*: Zu den Erinnerungen A. Lichtensterns an K., Philologica Pragensia 1968, 21–60. – M. *Mareš*, Literarni Noviny 1946; Wagenbach I, 270–276. – M. *Robert*: Dora Dymants Erinnerungen an K., Merkur 1953, 848–851. – F. *Thieberger*, Eckart, Okt. 1953, 49–53. – J. *Urzidil*, Life and Letters Today (London) 1944, 134–140; NLW 25. 1. 1952; Menorah Journal (New York) 1952, 112–116; Kafka Problem 20–24. – *Ders.*: Da geht K., München 1966. – E. *Utitz*, Wagenbach I, 267–269. – P. *Wiegler*, Aufbau 1948, 608f. – K. *Wolff*, Twice a Year 1942, 273–279. – *Ders.*: Autoren, Bücher, Abenteuer, Berlin 1965, 67–74. – Rezeption und Kritik I, II. –

(Man vgl. auch: I. *Bode*: Die Autobiographien zur dt. Literatur, Kunst und Musik 1900–1965. Stuttgart 1966, 198.)

1.4 Biographien, Chroniken, Daten

Brod I. – *Chronik* – *Dokumente.* – *Hackermüller.* – *J. Bauer* u. a.: K. und Prag, Stuttgart 1971. – R. *Haymann*: K., München 1986. – Janouch II. – Kafka-Handbuch I. – E. *Pawel*: Das Leben K.s, München 1986. – Rohner. – Ch. *Stölzel*: K.s böses Böhmen, München 1975. – Wagenbach II. – Zeittafel (O), (M). –

(Biograph. Einzeluntersuchungen siehe am Ende jedes Kapitels unter: Biographisches.)

1.5 Bildmaterial (Hss., Porträts, Ansichten etc.)

Dokumente.
Exhibition on the Life and Work of K. (1883–1924). Catalog, Leo Baeck Institute, New York 1969.
Exhibition K., 1883–1924, Catalogue. Compiled and ed. by R. *Klingsberg*, Jewish National and University Library, 1969 Jerusalem.
J. *Bauer*/J. *Schneider*/K. *Pollak*: K. und Prag, Stuttgart 1971 (Übersetzung: New York–Washington–London 1971).
E. *Frynta*/J. *Lukas*: K. lebte in Prag, Prag 1960.
D. *Shaham* (Hg.): Kafka – Prag (Ausstellungskatalog), Tel Aviv 1980.
K. *Wagenbach*: K., Bilder aus seinem Leben, Berlin 1983 (Erweiterte Fassung: Berlin 1989).
Brod I, II. – Binder IV. – Dietz. – Janouch II. – JSG 1958, 1968. – O. – OSG 1966. – Prager Sicht. – Symposion. – Wagenbach I, II.

1.6 Gesamtdarstellungen

G. *Andres*: K., Pro und Contra, München 1951; 1972. – G. *Baioni*: K., Romanzo e parabola, Milano 1962. – F. *Baumer*: K., Berlin 1960. – Beicken. – Beißner. – Binder/Kommentar I, II. – Brod I. – M. *Brod*: K. als wegweisende Gestalt, St. Gallen 1951. – M. *Carrouges*: K. contra K., Paris 1962. – Dentan. – Emrich I. – E. *Fischer*: K., SuF 1962, 497–553. – R. *Gray*: K. Cambridge 1973. – R. *Haymann*: K., München 1986. – E. *Heller*: K., New York 1975. – Hillmann II. – Janouch II. – Kafka-Handbuch I, II. – Kurz. – H. *Müller*: K. Düsseldorf 1985. – B. *Nagel*: K., Berlin 1974. – Politzer I. – Richter I. – W. *Ries*: K., München 1987. – H. S. *Reiß*: K., Heidelberg 1952. – M. *Robert*: K., Paris 1960. – Ro-

bert. – Robertson. – Rohner. – D. *Sgrolon*: K. narratore, Venedig 1961.
– Sokel I. – M. *Spann*: K., London 1976. – G. *Stolte*: K., Eine Geome-
trie der Wahrheit, Frankfurt 1979. – H. *Tauber*: K., Eine Deutung seiner Werke, Zürich 1941. – Unseld. – Wagenbach II. – H. *Walther*: K.,
Die Forderungen der Transzendenz, Bonn 1977. – Weinberg.

1.7 Forschungsberichte

C. *David*, EG 1961, 33–45, – H. *Mayer*: Ansichten zur Literatur der
Zeit, Reinbek 1962, 54–70. – *Richter* I, (Stand der Forschung 1962) 12–
38. – J. *Schillemeit*, Göttingische Gelehrte Anzeigen 1965, 156–179. –
C. *Prévost*, Europe 1971, 13–49. – S. *Corngold*: The Commentators'
Despair, The Interpretation of K.s »Metamorphosis«, Port Washing-
ton–London 1973. – C. *Raboin*: Les critiques de notre temps et K., Pa-
ris 1973. – *Politzer* III, (Überblick bis 1974), 1–32. – *Beicken*, 1–351. –
Germanistik, Internationales Referatenorgan, Tübingen 1960 bis heute.
– Kafka-Handbuch I, II. – R. *Thieberger*: K. in der Sicht der heutigen
Forschung, Universitas 1976, 503–512. – W. *Keller*, Beißner (Einfüh-
rung), 7–17. – Caputo-Mayr. –

1.8 Bibliographien

G. *Bangen*: Verzeichnis der germanistischen Dissertationsvorhaben,
JIG 1970 (hg. 1972). – *Beicken*, (Ausgaben, Übersetzungen, Bibliogra-
phie zu Leben und Werk) 352–439. – Caputo-Mayr. – M. L. *Caputo-*
Mayr, J. M. *Herz*: K.s Werke, Eine Bibliographie der Primärliteratur
1908–1980. Bern 1982. – Dietz. – L. *Dietz*: K., Stuttgart 1975. – Dt. Lit.
Prags. – Flores. – Germanistik, Tübingen 1960 ff. – H. *Järv*: Die K.-
Literatur, Eine Bibliographie, Malmö-Lund 1961. – K. W. *Jonas*: Die
Hochschulschriften über K. und sein Werk, Philobiblon 1968, 194–203.
– Kafka-Handbuch I, II. – Unseld, 300–306 (Drucke und Ausgaben zu
Lebzeiten). –

1.9 Forschungsinstitute

Bodleian Library Oxford (Hauptmasse der Handschriften). – Gesamt-
hochschule Wuppertal, Forschungsstelle deutschsprachiger Literatur
Osteuropas, Sektion: Prager Deutsche Literatur (Kopien der Handschriften, Materialien, Sekundärliteratur). – Literaturarchiv Marbach
am Neckar (Handschriften, Originaldrucke, Sekundärliteratur).

2. Historische und literaturhistorische Voraussetzungen

2.1 Traditionen Prags und Böhmens

Alt sind Verbindungen und Spannung zwischen der böhmischen (tschechischen) und der deutschen Nation. Die Kämpfe um die Unabhängigkeit Böhmens gegen die Herrschaft einer deutschen Minderheit, die sie wiederholt zu überfremden droht, haben deshalb eine lange Tradition, die bis in die Zeit Ottos I. zurückreicht. Schon im 14. Jh. ist Prag eine der größten Städte Europas, wird Erzbistum und erhält die erste Universität Mitteleuropas – alles unter Karl IV., Kaiser des Römischen Reiches und König Böhmens. Johannes Hus und das nationalböhmische Hussitentum bestimmen das 15. Jahrhundert: Wenzel IV. gibt der böhmischen Nation Stimmenmehrheit an der Universität und verursacht damit den Auszug der deutschen Studenten und Lehrer; Hus wird in Konstanz verurteilt und verbrannt, und der böhmische Protest dagegen führt zur hussitischen Revolution. Im 16. Jh. gewinnen die Habsburger den böhmischen Thron und behaupten ihn gegen tschechischen Widerstand; Kaiser Rudolf II. residiert ständig in Prag, Tycho Brahe und Johannes Kepler leben zeitweilig an seinem Hof. Unter seinen Nachfolgern wird dann Böhmens Freiheitswille der Beginn des 30jährigen Kriegs; die Schlacht am Weißen Berg macht dem Aufstand selbst allerdings ein rasches Ende und auf lange Sicht auch jeder böhmischen Eigeninitiative: Am Altstädter Ring werden die führenden Teilnehmer hingerichtet. Darnach spielt Wallenstein seine prägende deutsche Rolle und nach dem Großen Krieg bekommen Prag und Böhmen ihr habsburgisch-barockes Gesicht. Erst im 19. Jh. haben die Tschechen wieder eigene Chancen, benutzen und entfalten sie: in der 48er Zeit, die hier zu nationaltschechischen Erhebungen führt; in der kulturellen Entwicklung (Vereine, Universität, Oper, Nationaltheater); in der Zurückdrängung anderer Volksgruppen (etwa der Juden), die deshalb vom Land in die Stadt flüchten. Nationale Selbständigkeit wie Ungarn oder eine Entwicklung hierzu bleibt ihnen allerdings versagt. Der nationale Aufbruch führte indessen zur endgültigen Tschechisierung Prags, die, von der zur Minderheit gewordenen deutschsprachigen Bevölkerung kulturell bekämpft, in einem fruchtbaren Widerstreit gipfelte: die Hauptstadt der Tschechen eine Generation lang – bis wenigstens 1914 – als lebendige deutsche Kulturerscheinung nahezu gleichstellte mit Wien, Berlin oder München. Erst 1907 finden allgemeine Wahlen in den böhmischen Ländern statt. Der drohende Erste Weltkrieg zeigt den Tschechen die Möglichkeit, aus der korrupten Doppelmonarchie auszuscheiden. Während des Kriegs ist Prag eine frontnahe Großstadt; durch den Flüchtlingsstrom aus den Kriegsgebieten (vor allem Juden), der sie zuerst erreicht, hat es aktiven Anteil an den Kriegsfolgen.

Die Juden, die seit dem Mittelalter als minderberechtigte Gruppe hier ihr Ghettodasein lebten, hatten – nach einigen schnell zurückgenommenen Ansätzen – endgültig erst durch die österreichische Verfassung von 1867 (in Preußen dagegen schon 1812) die volle Gleichberechtigung erhalten: Nun erst waren Freizügigkeit des Wohnens, freie Berufswahl und die Möglichkeit, öffentliche Stellungen innezuhaben, gegeben. Ihre schwierige Lage, deren sichtbares Merkmal auch hier Sogrome waren, änderte sich freilich kaum: Wie 1848, als sich der Freiheitsdrang der Tschechen in Prag zunächst in einem Überfall auf die Juden artikulierte, ist auch zur Zeit der Entstehung des tschechoslowakischen Staates 1918 kurze Zeit Pogromgefahr. Von den neu oder wieder entstandenen mittel- und osteuropäischen Staaten war dieser Staat dann freilich der toleranteste; er, mehrere starke Minderheiten einschließend, lebte geradezu aus der Tolerierung seiner Minderheiten; Masaryk hatte das früh erkannt; am meisten profitierten die Juden und die geistige Elite Böhmens davon.

Seit Karl IV. besaß Böhmen einen industriellen Vorsprung, den auch der 30jährige Krieg nicht ganz hatte vernichten können. Im 19. und 20. Jh. hatte seine Industrie es zum wirtschaftlich fortschrittlichsten und weitest entwickelten Gebiet Österreichs werden lassen. Gewiß vermittelte Prag als Stadt, obschon es in mehrfacher Hinsicht Zentrum dieses »Ruhrgebiets« der Doppelmonarchie war, und mit seiner Naturverbundenheit keinen Eindruck davon; aber Kafka hatte aufgrund seiner beruflichen Tätigkeit in der Arbeiter-Unfall-Versicherungs-Anstalt zu dieser Wirklichkeit unmittelbaren Kontakt.

Geschichte und Traditionen Prags und Böhmens stellen sich vor allem auch in den Baulichkeiten der Stadt als gegenwärtig dar. Das Prager Lokalkolorit bleibt ohne seine Geschichtlichkeit unverstanden. So bemerkt Max Brod die »rokokohafte« Prager Qualität der frühen Novelle »Beschreibung eines Kampfes«; oder verweist Werfels frühe Aussage, daß Kafkas Prosa hinter Tetchen-Bodenbach (der Grenzstation zum deutschen Reich) nicht verstanden werde, d. h. eine rein deutsch-böhmische Sache sei, auf die lokale Bindung Kafkas.

Zahlreiche Realitätspartikel der Dichtungen Kafkas findet man in der sich sichtbar und lebendig darstellenden Geschichte Prags und Böhmens. Dabei braucht zunächst nicht entschieden zu werden, ob nun z. B. das »Schloß« den Hradschin, Schloß Friedland, Burg Karlstein oder richtiger Schloß Woßek widerspiegele; wesentlich bleibt hier, daß mögliches Anschauungsmaterial vielfältig bereitsteht. Janouch erzählt, er habe oft über Kafkas »umfassende Kenntnis« der »verschiedensten Baulichkeiten der Stadt« gestaunt: »Er war nicht nur mit den Palästen und Kirchen, sondern auch mit den verstecktesten Durchhäusern der Altstadt wohlvertraut ... [er] las von den Wänden der alten Häuser die Geschichte der Stadt ab.« Er überliefert u. a. auch diese Aussage Kafkas zum Judenviertel: »Unser Herz weiß noch nichts von der durchgeführten Assanation. Die ungesunde alte Judenstadt in uns ist viel wirklicher als die hygienische neue Stadt um uns. Wachend gehen wir durch den Traum: selbst nur ein Spuk vergangener Zeiten.« (Nicht weniger wirkt Geschichte und Gegenwart Böhmens auf Kafka zeitgenössische Prager Schriftsteller – die frühen Gedichte Rilkes, Meyrinks »Golem«, Brods »Tycho Brahe«, Berichte Kischs oder auch Werfels Beschäftigung mit dem Hussitenführer Prokop dem Großen, »Das Reich Gottes in Böhmen«, 1930, zeugen davon.)

Seit dem Mittelalter lebt Prag aus der Spannung dreier Völker in seiner Stadt: der Tschechen, der Deutschen und der Juden; der Nationalität nach sind um 1900 rund 90 % der Prager Einwohner Tschechen, 5–6 % Deutsche, 4–5 % andere Minderheiten (Juden, Kroaten, Ungarn etc.); auch das in Prag gesprochene Deutsch ist nur aus seiner Geschichte verständlich. Kafka hat jedenfalls auf die natürlichste Weise an diesem historischen Wesen Prags als »Dreivölkerstadt« partizipiert: als Jude deutscher Sprache, der fließend tschechisch spricht und schreibt (und tschechische Zeitschriften wie »Kmen«, »Červen«, »Naše Řeč« liest). Die Probleme und Spannungen der drei Völker reichen bis in seine Familie hinein: seine Lieblingsschwester Ottla, wie er deutsch erzogen, heiratete 1920 den ihr seit Jahren befreundeten christlichen Tschechen Josef David.

2.2 Deutsche Sprache in Prag und Böhmen

Die Juden Prags bildeten eine Mehrheit innerhalb der nicht-tschechischen und nicht-deutschen Minorität; ein hoher Prozentsatz von ihnen, darunter alle Angehörigen der wirtschaftlichen und gesellschaftlichen Oberschicht, sprach inzwischen deutsch; in nicht wenigen ihrer Familien hatten erst die Eltern sich entschlossen, die nun mögliche Assimilation zum sozialen Aufstieg zu nutzen und sich den Deutschen anzuschließen, welche die herrschende Oberschicht darstellten. Kafkas Vater war noch als jiddisch und tschechisch sprechender Jude nach Prag gekommen und hatte erst hier (und aufs äußerlichste) diesen Prozeß zum ›deutschen‹ Juden hinter sich gebracht. Kafka und seine Freunde fühlten sich je nach dem Grad ihrer Assimilation oder Abgrenzung als deutsche oder deutschsprachige Juden. Kulturell zählten sie jedenfalls zu den Deutschen. Die rund 35 000 deutschsprechenden Prager waren bildungspolitisch bis 1918 überrepräsentiert: Sie besaßen z. B. eine Universität, eine Hochschule, neun Höhere Schulen, zwei Theater, eine Konzertgebäude und zwei große Tageszeitungen. (Nach der Entstehung der Tschechoslowakei konnten die deutschsprachigen Juden als Bezeichnung ihrer Nationalität »deutsch« oder »nationaljüdisch« wählen.)

Die Landflucht der Juden im Zuge der nationaltschechischen Entwicklung hatte ihren vorher oft sehr lebendigen Kontakt mit dem Jiddischen verringert, das im 13. und 14. Jh. bei dem Durchgang der Juden durch die mittelhochdeutschen Sprachen als Nahsprache des Deutschen sich gebildet hatte und das sie bei ihrer Flucht vor den einsetzenden Pogromen mit sich nach Osten genommen und weiterentwickelt hatten. Eine Voraussetzung für das Jiddische war die Tatsache, daß die Juden ihre Existenz als Volk nicht aufgaben und überall früher oder später in eine Ghettosituation geraten waren. Die Nähe des Jiddischen zum Deutschen führte dann freilich eben dort, wo die Sprache nicht mehr aus ihrer Fülle wirkte und die Ghettosituation aufgehoben war, zu Angleichungen, so hier in Prag zum sogenannten Mauscheldeutsch, einem jiddischen Deutsch, gegen das sich die deutschen Puristen nur mühsam und unter Verlust lebendiger Sprachformen abzugrenzen versuchten. Während und nach dem Weltkrieg kamen durch die Fluchtbewegung aus dem Osten wiederum Tausende jiddisch sprechender Juden nach Prag. Die sprachliche Situation wird deshalb weiter schwierig und verfilzt. Hitlers Einmarsch und der Zweite Weltkrieg machten sie überdies zu einer historischen, die heute kaum noch einwandfrei untersucht werden kann, da die bloß schriftlichen Dokumente die gesprochene Wirklichkeit nur unzureichend widerspiegeln.

Als ethnische Minderheit, die gesetzlich gleichberechtigt, faktisch jedoch gegenüber den Deutschen unterprivilegiert war, sympathisierte vor 1918 die jüngere Generation der deutschsprachigen jüdischen Intelligenz mit den ebenfalls unterprivilegierten Tschechen; von den Tschechen wurden sie gleichwohl als »Herrenschicht« betrachtet.

Die Situation der deutschen Sprache in Prag und Böhmen und derer, die sie hier vorzugsweise verwendeten, hat man als »Insellage« bezeichnet. Von den rund 450 000 Pragern um 1900 sprachen nur 34 000 deutsch, aber 415 000 tschechisch; von den rund 25 000 Juden etwa 11 000 deutsch und 14 000 tschechisch. Das Deutsch der deutschsprachigen Juden mochte im Einzelfall deutlichere Einmischungen (meist unreiner) jiddischer Elemente enthalten. Auf Vorwürfe Karl Kraus' (pauschal an die Prager, speziell an Werfels Adresse) meint Kafka: »So mauscheln [jiddeln] wie Kraus kann niemand«; und »Ich sage damit nichts gegen das Mauscheln, das Mauscheln an sich ist sogar schön, es ist eine organische Verbindung von Papierdeutsch und Gebärdendeutsch« und bekennt: »Wir mauscheln alle«. Tatsächlich sind Spuren des Mauschelns wie bei Brod und Werfel auch bei Kafka, aber auch bei nichtjüdischen deutschen Literaten der Donaumonarchie zu beobachten. Echtem Jiddisch war Kafka bei Löwy und seiner Truppe erst 1910 begegnet.

Das zum Papierdeutsch erstarrte »reine« und das gesprochene »unreine« Deutsch Prags und Böhmens (»Deutsch, das wir von unsern undeutschen Müttern noch im Ohre haben«, sagt Kafka), war *das* Problem des Prager Schriftstellers. Auf diese Tatsache führt man die eigentliche Armut überwuchernde schwulstig-barocke Sprachlichkeit Prager Literaten um und nach 1900 zurück; (natürlich wäre deutlich zu trennen, welchen Anteil an solchen Erscheinungen – wie sie sich an Prosa und Poesie Rilkes, Leppins, Meyrinks, Werfels u. a. leicht beobachten lassen – der Jugendstil und welchen tatsächlich die sprachliche Insellage hat). Kafka sieht eine Möglichkeit, dem »sprachlichen Mittelstand« zu entrinnen, in »allerpersönlichstem Hochdeutsch«: »Das Mauscheln ist eine organische Verbindung von Papierdeutsch und Gebärdensprache […] und ein Ergebnis zarten Sprachgefühls, welches erkannt hat, daß im Deutschen nur die Dialekte und außer ihnen das allerpersönlichste Hochdeutsch wirklich lebt, während das übrige, der sprachliche Mittelstand, nichts als Asche ist, die zu einem Scheinleben nur dadurch gebracht werden kann, daß überlebendige Judenhände sie durchwühlen. Das ist eine Tatsache, lustig oder schrecklich, wie man will; aber warum lockt es die Juden so unwiderstehlich dorthin?« (Br 336 f.). In einigen Formulierungen Kafkas ist Fritz Mauthners Beschreibung des »Pragerdeutschen« (1918) zu erkennen: »Der Deutsche im Innern von Böhmen, umgeben von einer tschechischen Landbevölkerung, spricht ein papierenes Deutsch, es mangelt an Fülle des erdgewachsenen Ausdrucks, es mangelt an Fülle der mundartlichen Formen. Die Sprache ist arm«. Man hat viel vom »reinen« Prager Deutsch und pointiert vom »Kanzleistil« Kafkas gesprochen; Kafkas späte Aussage vom »allerpersönlichsten Deutsch« bleibt dabei unbeachtet. Richtig ist sicher, daß sich die Prager und eben auch Kafka von anderen deutschen Schriftstellern dieser Zeit – Expressionisten, Futuristen, Dadaisten – durch ihr als Treue zu bezeichnendes Verhältnis zur sprachlichen Norm unterscheiden.

2.3 Judentum in Krise und Erneuerung

In der Geschichte des Judentums beginnt mit dem Ende des 19. Jh.s die Entwicklung, die zur Entstehung des Staates Israel geführt hat; kein mitteleuropäischer Jude konnte von diesen für das Judentum großen politischen Ereignissen unberührt bleiben, und dies umso weniger, wenn er in Prag lebte, das früh zu einer Metropole der damit verbundenen jüdischen Renaissance wurde.

1896 war Theodor Herzls »Versuch einer modernen Lösung der Judenfrage«, »Der Judenstaat«, als Buch erschienen. Nicht mehr in der Assimilation, die das liberale Westjudentum – wie etwa die Eltern Kafkas – als Ziel sah, kann der österreichische Jude Herzl eine Lösung erhoffen, seit ihm die Dreyfus-Affäre die ganze Problematik des Antisemitismus gezeigt hat; die Assimilation könne nicht gelingen, da sie den Antisemitismus immer neu erzeuge, der aus verschiedenen Richtungen die Verschmelzung mit dem Gastvolk verhindere; die einzige Lösung sei ein jüdischer Nationalstaat. 1897 ist dann Herzl der erste Präsident der von ihm begründeten Zionistischen Weltorganisation und damit Schöpfer des Zionismus als einer organisierten

Bewegung mit politischer Zielsetzung geworden, und der erste Kongreß in Basel veröffentlicht in seinem »Baseler Programm« die Ziele des Zionismus. Das Westjudentum, dem seit der Französischen Revolution schrittweise die Assimilation zu gelingen schien, lehnte Herzls »Judenstaat« zunächst in überraschender Geschlossenheit als Hemmung der Emanzipation ab, während das Ostjudentum, dem mit der Emanzipation auch die Assimilation verwehrt war, seine Vorstellungen begeistert aufnahm. Herzls späterer Versuch, den Juden, die in Osteuropa Pogromen ausgesetzt waren, etwa in Uganda ein »Asyl« zu schaffen, scheiterte indessen gerade am Widerstand der russischen Zionisten, die keineswegs bereit waren, auf den Gedanken einer Rückkehr nach Palästina zu verzichten. Nach Herzls Tod (1904) wurde deshalb die Kolonisation in Palästina fortgesetzt und verbessert. Ausdruck der hoffnungslosen Lage in Rußland (1905 scheiterte hier mit der Revolution jeder Ansatz einer Emanzipation) und der neuen zionistischen Zielsetzung, der von Chaim Weizmann geforderten Synthese von praktischer Kolonisationsarbeit und politischer Aktivität, ist die zweite Einwanderungswelle (1904–1914); die überwiegend russischen Einwanderer verwirklichten ihre sozialrevolutionären Vorstellungen in landwirtschaftlichen Kollektivsiedlungen z. T. mit dem Prinzip der Lohngleichheit für alle. (Mit entsprechenden Gedanken beschäftigt sich Kafka 1917: »Die besitzlose Arbeiterschaft.«) Der Erste Weltkrieg gab Weizmann durch seine Mitarbeit im britischen Marineministerium die Möglichkeit, nach den Fortschritten der Alliierten im Vorderen Orient und der Stagnation an anderen Fronten, zur Gewinnung der jüdischen Weltöffentlichkeit für die Sache der Alliierten ein Schreiben der britischen Regierung zu erwirken (»Balfour-Deklaration«, 1917), das die Sympathie und Unterstützung der Regierung bei der Schaffung eines jüdischen Nationalheims in Palästina ausdrückt. Während des Kriegs hatte sich auch die Berührung des Westjudentums mit dem Ostjudentum wesentlich verstärkt: Die östlichen Kriegsschauplätze der Mittelmächte konfrontierten die Westjuden über die Flüchtlingsprobleme ständig mit den ostjüdischen Interessen. Martin Buber, der seit langem den Plan einer jüdischen Revue verfolgt hatte und nun 1916 verwirklichte – mit der Monatsschrift »Der Jude« – wollte gerade auch dieses neue und fruchtbare Verhältnis zum Ostjudentum diskutieren als besonders wesentlichen Teil der jüdischen Wirklichkeit. In den Nachkriegsjahren machten die Sieger die Balfour-Deklaration zum Bestandteil internationaler Verträge; die

Präambel der Satzungen des von Großbritannien übernomme-
nen Palästina-Mandats wiederholte den Text der Deklaration
und wurde vom Völkerbund ratifiziert. Damit waren einer dritten Einwanderungswelle (1919–1923) die Türen geöffnet. Der
»Jüdische Nationalfonds« erwarb Boden und vergab ihn in Erb-
pacht an die Siedlergenossenschaften, der »Aufbaufonds« (der
»Keren Hajessod«, für den Bergmann 1923 in Prag sammelte)
finanzierte öffentliche Arbeiten zur Melioration des Landes, die
Unterbringung der Einwanderer und Einrichtungen des Erzie-
hungs- und Gesundheitswesens.

Als sich Kafkas Schulfreund Hugo Bergmann, nach Herkunft und sozialem Status weniger assimiliert als Kafka, noch in
der Gymnasialzeit der zionistischen Bewegung anschloß, war
sie in den ersten Anfängen und bestand in Deutschland und
Österreich nur aus kleinen Gruppen meist junger Juden; und
eine der aktivsten Kleingruppen wird eben die in Prag: der Verein jüdischer Hochschüler Bar Kochba. Bergmann, 1910 Ob-
mann des Vereins, holte den nur wenig älteren Zionisten Martin
Buber, den er schon 1903 hier kennengelernt hatte, zu drei »Reden über das Judentum« nach Prag – »Das Judentum und die Juden«, »Das Judentum und die Menschheit«, »Die Erneuerung
des Judentums« – und machte ihn über Brod auch mit der jüngeren Schriftstellergeneration seiner Stadt, dem engeren und weiteren Prager Kreis, bekannt. Diese Reden erschienen dann 1911
in Buchform. Als der Zionismus langsam, aber endgültig in
Kafkas (um 1910) und dann auch in Brods Gesichtsfeld (1911–
1913) gerückt ist, war dessen ausschließlich von Herzl bestimmte Frühzeit schon vorbei. Ein vom Bar-Kochba-Verein
herausgegebenes repräsentatives und bald berühmtes Sammelbuch »Vom Judentum« (1913) erschien im Verlag Kurt Wolff,
dem sich auch Kafka mit seinem ersten Buch »Betrachtung« an-
geschlossen hatte, und erlebte schnell mehrere Auflagen; den
Plan, diese Publikation durch weitere Bände zu ergänzen, verhinderte nur der Krieg.

1911 gründeten die Prager Zionisten im jüdischen Rathaus
eine »Toynbee- Hall«, die nach englischem Beispiel der Bildung
des jüdischen Proletariats dienen sollte; Kafka nahm an Veranstaltungen dieses Volksbildungswerkes teil und las dort selbst
einmal aus Kleists »Kohlhaas« vor. – Schon seit 1907 besaß
Böhmen ein in Prag erscheinendes militant zionistisches Organ,
die Wochenschrift »Selbstwehr«, getragen vom Bar-Kochba-
Verein. Und Mitglieder der Vereins bildeten seit 1910 auch die
Redaktion der Zeitung, die, als Felix Weltsch sie führte, für

Kafka Bedeutung gewinnen sollte und ihn auf besondere Weise mit dem Leben des Prager Zionismus verband. Kafka gab seit 1915 wiederholt Beiträge in die Wochenschrift, an der zahlreiche seiner Freunde – Brod zeitweilig als intimer Berater, Felix Weltsch zeitweilig als Herausgeber – mitarbeiteten; auch in der von der Redaktion der »Selbstwehr« herausgegebenen Sammelschrift »Das jüdische Prag« ist Kafka vertreten. Bubers bleibende Verbindung zum Prager Kreis drückt sich früh in Beiträgen der Prager, auch Kafkas, für seine Monatsschrift »Der Jude« aus. Der Einfluß Bubers auf sie und ihr Umfeld ist groß; die Vereinsmitglieder verstanden Bubers Ausführungen als ihr Programm. Schon 1915 umschrieb Robert Weltsch die durch Buber eingeleitete Entwicklung so: Der Sinn der Bestrebungen könne nicht sein, einzelne Menschen oder ein ganzes Volk in einem Land anzusiedeln, damit es anderen Völkern gleiche, sondern als Aufschwung für diese Gemeinschaft, der die bisherige Lebensordnung erschüttere und radikal umgestalte.

Kafkas Haltung zum Zionismus ist, ganz anders als Brods, Felix Weltschs oder gar Bergmanns praktizierter Zionismus, über Jahre hinweg rezeptiv und inaktiv; er besucht zionistische Versammlungen und Vorträge, 1913 sogar den Zionistischen Weltkongreß in Wien. Und zweifellos bedrängt ihn auch die Frage nach dem Wesen seines Judentums immer von neuem; das (unvollständige) Verzeichnis seiner Handbücherei nennt eine ganze Reihe von Titeln zur Geschichte und zu Fragen des Judentums und des Zionismus. Doch erst seit 1917 lernt er Hebräisch und führt diese Studien – mit Unterbrechungen – fort bis zu seinem Lebensende; sie stehen im Zusammenhang mit dem bis zuletzt gehegten Plan einer Übersiedlung nach Palästina; offensichtlich dienten sie ihm, dem das elterliche Haus nur moderne Wurzellosigkeit vermittelt hatte, als Annäherung an zionistische Vorstellungen und als Versuch einer Eingliederung in die jüdische Volksgemeinschaft. Nur ein Viertel aller Juden Böhmens – und darunter wie Brod aller Wahrscheinlichkeit nach auch Kafka –, die bei den statistischen Erhebungen nach 1918 als Religionszugehörigkeit »mosaisch« angaben, verstanden sich als zur jüdischen Nation gehörig (als »nationaljüdisch«; dagegen über 90 % der des Landesteils Karpato-Ukraine); drei Viertel verstanden sich demnach hier als Tschechen und Deutsche. So gerechnet gehörte Kafka nach 1918 zu einer Minderheit von 0,3 %.

Prag, dessen Juden Herzl noch pauschal als liberalistisch angeprangert hatte, war bald nach seinem Tod ein Sammelbecken des neuen jüdischen Geistes geworden und blieb es – da hier in Symbiose mit der deutschen Sprache verbunden – bis zum Ende des Prager Deutschtums.

2.4 Der Prager Kreis

Böhmische Traditionen, sprachliche Insellage und das aufgefaßte jüdische Selbstverständnis, das vom extremen Assimilantentum zum militanten Zionismus reicht, wirken bestimmend innerhalb der literarischen Gruppen im Prag jener Jahre, die man unter dem Begriff »Prager Kreis« zusammengefaßt hat. Eine überraschende Fülle beachtenswerter und bedeutender Publizisten hat Prag zu Lebzeiten Kafkas hervorgebracht. Adler, Baum, Brand, M. und O. Brod, Bergmann, Fuchs, Haas, Hadwiger, Kaznelson, Kisch, Kohn, Kornfeld, Leppin, Pick, Rilke, Salus, Ungar, Urzidil, F. und R. Weltsch, Werfel, Wiener, Winder u. v. a. Für längere Zeit hat Prag Claudel, Einstein, Meyrink und Wiegler beherbergt. Zu kürzeren Aufenthalten, wiederholten Besuchen oder Lesungen kamen: Blei, Buber, A. Ehrenstein, Hofmannsthal, Kraus (57 Vorlesungen!), Liliencron, H. Mann, Musil, Steiner, Tucholsky und Weiß. Obwohl das deutschsprachige Prag kaum die Größe einer Mittelstadt erreicht, mißt es sich in dieser literarischen Aktivität mit Großstädten des deutschen Sprachraums.

Daß bei einer beschränkten Anzahl der an deutscher Sprache und Literatur Interessierten die gleichaltrigen Schriftsteller Kontakt miteinander haben, ist natürlich; schon dieser selbstverständliche Kontakt läßt Begriffe wie »Prager Schule« und »Prager Kreis« fragwürdig erscheinen, da sie eine literarische Gemeinschaft vortäuschen, wo es eher um Gruppen geht, die sich durch Freundschaften oder Bekanntschaften aus den verschiedensten Motiven heraus konstituieren und wieder untereinander auf die verschiedenste Weise verbinden. Wo der Ausdruck »Prager Kreis« verwendet wird, ist er immer als Begriff dieser Verhältnisse zu verstehen; nicht als Begriff eines festen Kreises, sondern eines ständigen und wechselreichen Kontaktes der Prager Schriftsteller unter sich und mit ihren gerade in Prag weilenden und wie sie selbst durchaus verschiedenen literarischen Richtungen verpflichteten Freunden.

Die nächsten Freunde um Kafka nennt Brod den »engeren Kreis«: Brod, Kafka, F. Weltsch und Baum. Ohne Max Brod –

bis 1939 in Prag wohnhaft, aber immer auch dort zu finden, wo Literatur und Literaten sich verknäueln: in Leipzig, Hellerau, München, Berlin und Wien – und seine Mobilität ist das Prag Kafkas und des Zionismus nicht denkbar. Seit 1902 sind er und Felix Weltsch mit Kafka befreundet; Brod erlebt Kafkas Leiden am Brotberuf aus dem eigenen Kummer der Notwendigkeit eines Geldberufs mit, Kafka verfolgt Brods Aktivitäten in teilnehmender Geduld. Sie und der blinde Oskar Baum, dessen »optische Organe« sie waren, lesen einander ihre Dichtungen vor; Felix Weltsch vermittelt den Freunden zeitgenössische Philosophie, Bergson und den Prager Ehrenfels. Von Franz Blei angeregt, wird Brod Entdecker und Förderer junger Talente (außer von Kafka auch von Baum, den Brüdern Janowitz, Walser, Werfel und Wolfenstein) und weitet durch seine Offenheit den Kreis.

Der »weitere« Kreis stellt sich vor allem in den Personen dar, die regelmäßig im Café »Arco« verkehren. Werfel und Haas gehören in sein Zentrum. Ernst Deutsch, Otto Pick und Rudolf Fuchs, Egon Erwin Kisch (der jüngere Bruder seines Klassenkameraden Paul Kisch), Urzidil, Brand und Kornfeld, auch Milena und ihr Mann sind Kafka von hier bekannt. Er besuchte das Arco offensichtlich nur sporadisch und mit aller Reserve gegenüber dem lauten Treiben der (von Kraus so verspotteten) »Arco-nauten«. Seine Verbindungen zu den Genannten sind durch Beiträge in Prager Publikationen, durch die Nennung ihrer Namen in seinen Schriften gesichert; aber seine Beziehungen gehen über das so Dokumentierte gewiß hinaus. (Von vielen der Genannten und ihren Freunden sind Äußerungen über Kafkas Persönlichkeit, Lebensweise und Werk erhalten.)

In der Prager »Herder-Vereinigung« – nach Herder benannt, weil er über den »Geist der hebräischen Poesie« geschrieben hatte –, einem Jugendverein, den die jüdische Loge »Bne Brith« als Nachwuchsorgan gegründet hatte, organisierten sich die jungen Schriftsteller. Willy Haas veranstaltete als Präsident der Vereinigung, die sich gegenüber der Loge verselbständigte, Vorlesungen und Vorträge; ihr größtes Unternehmen nennt Haas eine Veranstaltung mit Hofmannsthal, Bie und der Tänzerin Wiesenthal. Auf einem Autorenabend der Vereinigung lasen Kafka (»Das Urteil«), Baum, Brod und Haas eigene Dichtungen und die ihrer Freunde Werfel und Pick. Und von eben dieser Vereinigung wurden auch die »Herder-Blätter« herausgegeben: die erste literarische Zeitschrift des »Prager Kreises«, die es auf immerhin vier Nummern brachte und das weitgefächerte und keineswegs auf Prag eingeschränkte Streben der jungen Generation zeigt: Neben den Pragern Baum, Bergmann, Brod, Fuchs, Haas, Kafka, Pick und Werfel erscheinen die ihnen befreundeten Böhmen Hans und Franz Janowitz, die Wiener Blei, Ehrenstein, Mell, Musil, Michel und Viertel, die Berliner Blaß, Beradt und Hiller. Von einer Prager Einkapselung kann damit kaum die Rede sein. Max Brods Jahrbuch »Arkadia« ist ein nächster und größerer Versuch, ein Prager literarisches Periodikum zu schaffen, nun allerdings mit dem Ziel einer reichsdeutschen Verbreitung: Das Jahrbuch erscheint in dem jungen expansiven Leipziger Verlag Kurt Wolff (vormals Ernst Rowohlt) und sammelt Beiträge ebenfalls nicht nur des Prager Kreises. Auch in dem schon erwähnten Sammelbuch »Vom Judentum« stellen sich die Prager dar, besonders in ihren außerprager und zionistischen Verbindungen. Eine literarisch breitere und zugleich betonte Prager Selbstdarstellung ist die spätere Sammelschrift »Das jüdische Prag«, mit Beiträgen auch der etwas älteren Prager Dichter, auch tschechischer Dichter und bildender Künstler. Ein Merkmal des »Prager Kreises« und seiner Freunde ist ja eben die Offenheit für tschechische Literatur und Kunst (Brod, Ehrenstein, Fuchs, Pick, Werfel u. a. übersetzten Bezruč, Březina, Čapek, Janaček, Machar, Šrámek). Oskar Wiener versammelte die Prager dann möglichst vollzählig noch einmal in seiner Anthologie »aus dem sterbenden deutschen Prag«: »Deutscher Dichter aus Prag« (1919): Kafka allerdings hat, obschon alle seine Freunde dazu beigetragen haben, die Mitarbeit verweigert. (Nicht damals freilich, unter der tschechischen Herrschaft, starb das deutsche Prag; Deutschtum und Judentum wurden in Prag erst durch das entmenschte ›Deutschtum‹ Hitlers vernichtet.)

Die deutschen Dichter können einander gar nicht übersehen: das ist die unlösliche eine Gemeinsamkeit; die andere, daß sie, ob sie nun ein Programm hatten oder keines, laut Brods einleuchtender Erfahrung, »Prag selber, die Stadt, ihre Menschen, ihre Geschichte, ihre […] Umgebung, die Wälder und Dörfer, […] als ihren Lehrer und ihr Programm« ansehen mußten. Daß Kafka und seine Freunde, Juden sie alle, die überwiegend nichtjüdische und überwiegend tschechischsprechende Umgebung als »mehrfache Ghettomauer« (Eisner) erlebt hätten, wird von Brod bestritten, ebenso die Behauptung Peter Demetz' von der Prager Literatur als einer »Stadtliteratur par excellence«, der »jede Kommunikation mit der Natur mangelte«. In einer geglückten Formel Brods schließt sich die wirkende Geschichte

Prags – Hussitentum, Deutschtum, Judentum – mit den nun in der Doppelmonarchie (und dann in dem jungen tschechischen Staat) beieinander lebenden Nationalitäten und mit der in Prag immer dynamischeren jüdischen Erneuerung zusammen: Das »Programm« des »Prager Kreises« sei gewesen »die Stadt mit ihren Kämpfen, ihren drei Völkern, ihren messianischen Hoffnungen in vielen Herzen«.

2.5 Literatur zum Prager Deutsch- und Judentum und zu seiner deutschsprachigen Literatur

Böhmen und Prag

K. *Bosl* (Hg.): Handbuch der Geschichte der böhmischen Länder, Stuttgart 1967. – C. B. *Cohen*: The politics of ethnic survival. Germans in Prague 1861–1914. Princeton 1981. – H. *Hantsch*: Die Nationalitäten im alten Österreich, Das Problem der konstruktiven Reichsgestaltung, Wien 1953. – R. *Rosenheim*: Die Geschichte der Deutschen Bühnen in Prag 1883–1918, Prag 1938. – G. *Kurz*: Der junge Kafka, 9–15. – K. *Krofta*: Bibliographie zur tschechischen Geschichte, Prag 1936. – O. *Schürer*: Prag, Kultur, Kunst, Geschichte, Wien 1930. – V. *Tomek*: Geschichte der Stadt Prag, 12 Bde, 1855–1901. – H. *Tramer*: Prague, City of three Peoples, YBI 1964, 305 ff. – J. *Wechsberg*: Prague, The Mystical City, New York 1971.

K. und Prag

P. *Demetz* (Hg.): K. a Praha, Prag 1947. – P. *Eisner*, Books Abroad 1947, 264–270. – *Ders.*: K. and Prague, New York 1950. – *Ders.*: K.s »Prozeß« und Prag, GLL 1969, 16–25. – E. *Goldstücker*: On Prag as Background, Kafka-Studien, 81–86. – W. *Haas*: Um 1910 in Prag, Aus Jugendtagen mit Werfel, K., Brod und Hofmannsthal, Forum 1957, 223–226. – *Janouch* II, 6–19. – H. *Koch*: Chronik zum jungen K. im Umkreis des kulturellen Lebens von Prag, Der junge Kafka 242–252. – H. *Politzer*: Prague and the Origins of Rilke, K., and Werfel, MLQ 1955, 49–62. – G. v. *Schwarzenfeld*: Prag als Esoterikerzentrum, Von Rudolf II. bis K., Antaios 1962, 341–355. – Ch. *Stölzl*: K.s böses Böhmen, München 1975. – J. *Urzidil*, GR 1951, H. 2. – *Ders.*: Da geht K., München 1966. – *Wagenbach* I, (Prag um die Jahrhundertwende) 65–98. – *Wagenbach* II, 49–58. – F. *Weltsch*: The Rise and Fall of the Jewish-German Symbiosis, The Case of K., YBI 1956, 255–276. – *Ders.*: K.s Home City, Survey 1961, 115–117.

A. *Bein*: Die Judenfrage, Biographie eines Weltproblems, 2 Bde, Stuttgart 1980. – J. *Bloch*: Judentum in der Krise, Emanzipation, Sozialismus, Zionismus, Göttingen 1966. – A. *Böhm*: Die zionistische Bewegung, 1. Bd. Berlin 1935, 2. Bd. Jerusalem 1937. – M. *Buber*: Briefwechsel aus sieben Jahrzehnten, Heidelberg 1972 ff. – J. *Elbogen*: Ein Jahrhundert Wissenschaft des Judentums, Berlin 1922. – *Ders.*: Ein Jahrhundert jüdischen Lebens, Die Geschichte des neuzeitlichen Judentums, Frankfurt 1967. – Encyclopaedia Judaica. Das Judentum in Geschichte und Gegenwart, 10 Bde, Berlin 1928–1934. – J. *Heller*: Geschichte des Zionismus, Berlin 1935. – H. J. *Loth*: Judentum, Göttingen 1989. – F. A. *Meißner*: A Social Ecology of the German Jews in Prague, Dalhousie Review 1960, 511–523. – O. *Muneles*: Bibliographical Survey of Jewish Prague, Prag 1952. – M. A. *Riff*: The assimilation of the Jews of Bohemia and the rise of political antisemitism 1848–1918. Diss. London 1974. – H. *Tramer*, (Fs.) Robert Weltsch, hg. von H. Tramer und K. Löwenstein, 1961, 138–203. – The Jews of Czechoslovakia, Philadelphia 1968. – Das jüdische Prag, Eine Sammelschrift, Prag 1917. – Vom Judentum, Ein Sammelbuch, hg. vom Verein jüd. Hochschüler Bar-Kochba in Prag, Leipzig 1913.

Judentum K.s

Beck. – S. H. *Beckmann*, Universitas 1972, 739–750. – *Binder* I, 2–16, 38–55. – H. *Binder*: K. und die Wochenschrift »Selbstwehr« DVjs 1967, 283–304. – *Binder* II. – *Brod* I, 223–299. – *Brod* II, 47–64, 92–112. – *Brod* III, 42–54. – M. *Buber*: Drei Reden über das Judentum, Frankfurt 1911. – *Ders.*: Die jüdische Bewegung, Gesammelte Aufsätze und Ansprachen. Erste Folge, Berlin 1916; Zweite Folge, Berlin 1920. – *Ders.*: Zwei Glaubensweisen, Zürich 1950, 167–172; Werke, Bd. 1, Heidelberg 1962, 777–782. – K. E. *Grözinger* u. a. (Hg.): K. und das Judentum, Frankfurt 1987. – W. *Hoffmann*: K. und die jüdische Mystik, Stimmen der Zeit 1972, 230–248. – H. *Kohn*: Buber, Sein Werk und seine Zeit. Hellerau 1930 (Reprint 1979). – *Kurz* 60–63. – B. *Kurzweil*, BBI 1965, H. 29, 28–40; NR 1966, 418–436. – C. *Neider*: The cabbalists, Kafka Problem 398–445. – *Robert*. – *Robertson*. – J. H. *Schoeps* (Hg.): Im Streit um K. und das Judentum, *Brod* – H. J. *Schoeps*, Briefwechsel, Königstein 1985. – F. *Strich*: Kunst und Leben, Bern 1960, 139–151. – *Wagenbach* I. – F. *Weltsch*: The Rise and the Fall of Jewish-German Symbiosis, The Case of K.,m YBI 1956, 255–276.

Prager Kreis, Prager dt. Literatur und K.

Bibliographie Dt. Lit. Prags 63–74. – H. *Arie-Gaifman*: (Beziehung K.s und Milenas zu Prager Literaten), Juden in der dt. Lit., 257–268. – H. *Boeschenstein*: Emil Utitz, der Philosoph aus dem Prager Kreis, Rice

Univ. Studies 1971, 19–32. – *Brod* II. – *Brod* III, 9–81. – H. *Demetz*: Meine persönlichen Beziehungen und Erinnerungen an den Prager dt. Dichterkreis, Weltfreunde 135–145. – *Ders.*: Der Prager Dichterkreis oder die Arco-Nauten, Tiroler Tageszeitung, 6. 2. 1971, 17. – P. *Demetz*: René Rilkes Prager Jahre, Düsseldorf 1953. – R. *Engerth*: Im Schatten Hradschin, Kafka und sein Kreis. Graz 1965. – L. B. *Foltin*: Franz Werfel, Stuttgart 1972, besonders 17–26. – E. *Goldstücker*: Das dt. literarische Prag vor dem Ersten Weltkrieg, Herder-Blätter (Faks.-Ausgabe) Hamburg 1962, XIII–XV. – *Ders.*: Zum Profil der Prager dt. Dichtung um 1900, Philologica Pragensia 1962, 130–135. – *Ders.*: Über die Prager Literatur am Anfang des 20. Jahrhunderts, Dortmunder Vorträge, H. 70, 1965. – *Ders.*: Die Prager dt. Literatur als historisches Phänomen, Weltfreunde 21–45. – W. *Haas*: Die Literarische Welt, Hamburg 1957. – *Ders.*: Prague in 1912, Virginia Quarterly Review 1948, 409–417. – *Ders.*: Die Entstehung der Herder-Blätter, Herder-Blätter (Faks.-Ausgabe) Hamburg 1962, V–VII. – K. *Hermsdorf*: Werfels und K.s Verhältnis zur tschechischen Literatur, Germanistica Pragensia 1964, 39–47. – M. *Jähnichen*: Die Prager dt. Dichter als Mittler tschechischer Literatur vor und während des Ersten Weltkriegs, Weltfreunde 155–170. – E. J. *Knobloch*: Dt. Lit. in Böhmen, Mähren, Schlesien von den Anfängern bis heute. Kleines Handlexikon. 2. Aufl. 1976. – O. *Kosta*: Wege Prager dt. Dichter zum tschechischen Volk, Aufbau 1958, Nr. 5/6. – K. *Krolop*: Ein Manifest der »Prager Schule«, Germanistica Pragensia 1964, 329–336. – *Ders.*: Zur Geschichte und Vorgeschichte der Prager dt. Lit. des »expressionistischen Jahrzehnts«, Weltfreunde 47–96. – M. *Pazi*: Max Brod, Bonn 1970. – *Dies.*: Fünf Autoren des Prager Kreises, Frankfurt 1978. – O. *Pick*: 20 Jahre dt. Schrifttum in Prag, Witiko 1929, 116–120. – G. *Schaeder*: [Buber und] Der Prager Kreis, in: M. Buber, Briefwechsel aus 7 Jahrzehnten, Bd. 1, Heidelberg 1972, 44–49. – J. W. *Storck*: Prager dt. Lit., Rilke 1875/1975, Katalog Marbach 1975, 1–8. – J. *Urzidil*: Der lebendige Anteil des jüdischen Prag an der neueren dt. Literatur, BBI 1967, 276–297. – J. *Vesly*: Bibliographie der in der Tschechoslowakei seit 1945 erschienenen Beiträge zur Prager dt. Literatur, Weltfreunde 394–409.

Prager Deutsch

Bibliographie Dt. Lit. Prags 82–85. – *Brod* III, 135 f. – E. E. *Kisch*: Vom Kleinseitner Deutsch und vom Prager Schmock, in : E.E.K., Die Abenteuer in Prag. Wien 1920, 276–285. – F. *Mauthner*: Prager Jugendjahre, Erinnerungen, Frankfurt 1969 (erstmals 1918), 47–51. – H. *Politzer*, (Pragismen und Austriacismen K.s) Politzer III, 161. – H. *Teweles*: Der Kampf um die Sprache, Leipzig 1884. – P. *Trost*: Das späte Prager Deutsch. Germanistica Pragensia 1962, 31–39. – *Ders.*: K. und das Prager Deutsch, Philologica Pragensia 1964, 29–37. – *Ders.*: Die Mythen vom Prager Deutsch, ZfdtPh 1981, 381–390. – E. *Skala*: Das Prager Deutsch, Weltfreunde 119–125. – *Wagenbach* I, 65–68. – *Wagenbach* II, 50–58.

Jiddisch

H. *Dinse*: Die Entwicklung des jiddischen Schrifttums im dt. Sprachge-
biet. Stuttgart 1974. – O. F. *Best*: Mameloschen. Jiddisch – eine Sprache
und ihre Literatur. Frankfurt 1973. – S. *Landmann*: Jiddisch, Das
Abenteuer einer Sprache. Olten-Freiburg, 2. Aufl. 1962. (Mit Bibliographie, 468 f.).

3. Leben und Werk

3.1 Herkunft, Kindheit, Jugend (1883–1906)

3.1.1 Vorfahren und Eltern

Da ihr Jüdisch-Sein nicht als eigene Nationalität, d. h. die einer Minderheit, anerkannt war, hatten die Juden Böhmens sich zur tschechischen oder zur deutschen Nation zu bekennen. Obwohl zunächst mehr als die Hälfte sich zu den Tschechen gerechnet hatte, bedrückte sie der tschechische Nationalismus, der durchweg und schon allein wegen ihrer jiddischen als »deutsch« verstandenen Sprache sie des Deutschtums bezichtigte, so sehr, daß viele die Landflucht in die deutschösterreichisch bestimmten Städte antraten. Die kleinen jüdischen Gemeinden in den tschechischen Dörfern hatten nämlich als deutsche Sprachinseln Privatschulen unterhalten können, in denen ihre Kinder das Judentum in deutscher Sprache vermittelt bekamen. Und diese Schulen, religiöses und nationales Band zugleich, mußten nun auf Drängen der tschechischen Nationalisten aufgelöst werden. Wer seine Kinder weiterhin deutsch erziehen wollte, war gezwungen, nach Prag umzusiedeln. Viele Verwandte der Prager Juden – auch Kafkas und Bergmanns Großeltern – wohnten auf dem Lande und erlebten dort den tschechischen Nationalismus auf intensivere Weise als in dem vom Deutschtum beherrschten Prag. Die Übersiedlung in die Hauptstadt bedeutete meist den Anfang der sich dort dann rasch beschleunigenden Assimilation an die Deutschen.

Der Vater Herrmann Kafka, 1852 geboren, stammte aus dem südböhmischen Dorf Wossek; der Großvater, ein Fleischhauer, sprach als Umgangssprache wohl tschechisch und jiddisch, die Kinder lernten wohl erst in der jüdischen Privatschule deutsch. Die Mutter, Julie Löwy, 1856 geboren, stammte aus Podiebrad; mütterlicherseits hatte ihre Familie fromme Gelehrte hervorgebracht; ein Großonkel hatte sich allerdings durch die Taufe ganz assimiliert; schon der Vater übersiedelte mit der Familie nach Prag; vier ihrer Brüder waren Fabrikbesitzer, ein fünfter

Arzt, der Landarzt Siegfried Löwy, den Kafka öfters besuchte; auch einer dieser Brüder konvertierte.

Kafkas Vater zog nach dem Militärdienst nach Prag und gründete nach der Heirat (1882) mit der wohlhabenden deutsch-jüdischen Julie Löwy ein Galanteriewarengeschäft (Kurzwaren, Modeartikel, Sonnen- und Regenschirme, Spazierstöcke etc.); Geschäftsemblem wurde eine »kavka«, die Dohle (auch Amsel, Rabenvogel – wie der Familienname auf tschechisch mißverstanden werden konnte). Der mit dem Erfolg verbundene soziale Aufstieg und die fortschreitende Assimilation der Familie spiegelt sich in der Zugehörigkeit Herrmann Kafkas zunächst zu der erst damals gegründeten tschechischen Synagoge in der Heinrichsgasse, dann zur Zigeunersynagoge, endlich zur Pinkas-Synagoge. Durch den ursprünglich tschechisch-jüdischen Vater – und auch im Geschäft wurde natürlich der Kunden wegen tschechisch gesprochen – stand Kafka den Tschechen näher als die meisten seiner Freunde und Bekannten.

3.1.2 Kindheit und Schulzeit

Franz Kafka wurde am 3. Juli 1883 im Eckhaus Maislgasse-Karpfengasse (Kaprová, das 1897 anläßlich der Sanierung der Ghettos abgerissen und 1903 durch einen Neubau ersetzt wurde) als ältestes von sechs Kindern geboren; zwei vor drei Schwestern Elli (1889), Valli (1890) und Ottla (1892) geborene Brüder starben in frühkindlichem Alter. Zur Familie gehörten eine Amme (die an Stelle der im Geschäft gebrauchten Mutter Franz aufzieht), eine Köchin, eine tschechische Haushälterin, ein Kindermädchen und später nach – Kennzeichen, ja Statussymbol einer bestsituierten bürgerlichen Familie – eine französische Gouvernante. Die Kafkas zogen zunächst öfters um (Mai 1885: Wenzelsplatz 56, Dezember 1885: Geistgasse V/187, Herbst 1887: Niklasstraße 6, 1888: Zeltnergasse 2); 1889 bezogen sie eine Wohnung des Hauses Minuta, Altstädter Ring 2, 1896 in der Zeltnergasse 3 (Celetná), 1907 in der Niklasstraße 36 (Pařížská). Das väterliche Geschäft befand sich zuerst in der Zeltnergasse 12, später im Kinsky-Palais, Altstädter Ring 16.

Betrachtet man die Lage der Schulen, dieser und der späteren Wohnungen Kafkas und seiner Arbeitsstätten, so sieht man, daß ein Großteil seines Lebens in dem begrenzten Bereich der Altstadt abläuft; intime Kenntnis der Stadt und enge Verbundenheit mit ihr sind die Folgen; daraus Naturferne, Isolation etc. abzuleiten, ist gleichwohl wegen der Naturnähe Prags eine fragwürdige Stilisierung; überdies sind die Kafkas früh in der Lage, den Familiensommer einkommens- und standesgemäß außerhalb Prags zu verbringen, und Kafka selbst hat nach dem Abitur Prag zu umfänglichen Ferien oft verlassen.

Kafkas geschlossenster autobiographischer Versuch, der »Brief an den Vater« aus dem Jahr 1919, ist Zeugnis der schwierigen familiären Situation, in die sich das sensible Kind gestellt sah: zwischen den robust konstruierten, diktatorischen Vater und die fürsorgliche, empfindsame Mutter. Der »Brief« begründet die Lebensschwierigkeiten Kafkas mit Figur und Verhalten, Übermacht und Eigenart des Vaters; doch hat Kafka zugleich von den »advokatorischen Kniffen« seiner Darstellung gesprochen und damit ihre Gültigkeit selbst wieder bezweifelt. Beide Eltern waren aus Oppotunismus assimilatorisch gesinnt (so wird etwa die Feier bei Erreichung des 13. Lebensjahres – die Barmizwa – als »Konfirmation« bekannt gegeben).

Vom 15. September 1889 an besucht Kafka vier Jahre die Grundschule in der »Deutschen Volks- und Bürgerschule in Prag I« am Fleischmarkt. Die Schüler waren überwiegend Juden; die Lehrerschaft ein Spiegel des österreichischen Nationalitätenstaates: im ersten, dritten und vierten Jahr war der Klassenlehrer ein Jude, im zweiten ein Tscheche, der Schulleiter war Deutscher. Während der ganzen Schulzeit ist Hugo Bergmann Klassenkamerad (der spätere Samuel Hugo Bergman an der Hebräischen Universität Jerusalem).

Von 1893 bis 1901 besuchte Kafka zusammen mit Bergmann, Paul Kisch, Oskar Pollak, Felix Přibram und Emil Utitz das »Altstädter Deutsche Gymnasium« im Kinsky-Palais; Brod ging dagegen in das Stefansgymnasium (wie – einige Jahrgänge unter ihm – auch Werfel, Haas, Kornfeld und Hans Janowitz). Bergmann bezeichnet den Geist, der von der humanistischen Schule ausstrahlte – »in welcher der Konjunktiv nach ut eine wirkliche Realität war« –, als das »Erlebnis« eines »letzten Stükkes der Ordnung«, eine in sich geschlossene Welt heiler Werte; außer Latein und Griechisch lernte man hier freilich auch Tschechisch und Französisch. Mit 1897 ist jedoch schon das Ende dieser Welt und damit das Epoche setzende Jahr erreicht: Das Baseler Programm des politischen Zionismus zwingt alle Juden zu bisher unbekannten Entscheidungen; auch die Schülerschaft wurde in der Folgezeit mit seinen Forderungen konfrontiert. Bergmann, in der 6. und 7. Gymnasialklasse mit

Kafka eng befreundet, bejahte sie und wurde Zionist, Kafka lehnte sie ab und wurde Sozialist; erst in der späteren Geschichte des Zionismus kam es zu harmonischen Verbindungen von Sozialismus und Zionismus. Die erste zionistische Versammlung in Prag 1899 wurde von den durchweg jüdischen Sozialisten zusammen mit den Tschechen gesprengt: Die jüdischen Assimilanten mußten ihr Ziel endgültiger Assimilation mit der herrschenden und systembejahenden deutschen Schicht durch die jüdisch-nationalstaatlichen, wenn nicht gar nationalistischen Tendenzen des Zionismus bedroht sehen. Das gegensätzliche politische Engagement konnte damals jedoch das freundschaftliche Verhältnis einzelner oder ganzer Gruppen zueinander noch nicht zerstören: Bergmann und Kafka blieben Freunde. Sie beabsichtigten, nach Beendigung der Schulzeit der schlagenden Studentenverbindung des »Altstädter Kollegien-Tages« beizutreten. Während die anti-tschechische Einstellung der Verbindung die Aspiranten nicht gestört hätte, verhinderte dann die deutschnationale Haltung, mit der reichsdeutsche Verbindungen kopiert wurden, einen Eintritt in die schlagende Korporation.

Noch während der Schulzeit entwickelt sich die jahrelang wesentliche Impulse gebende, starken Einfluß ausübende und Einflüsse vermittelnde Freundschaft zu Oskar Pollak, mit dem ihn viele Vorlieben verbinden, so für Darwin, Haeckel, Nietzsche und Spinoza. Stärker als oftmals angenommen ist auch die vom Deutschunterricht ausgehende Anregung; er vermittelte nicht bloß eine breite literarische Bildung, sondern stiftete dauerhafte Beziehungen (u. a. zu Goethe, Schiller, Hebbel, Hebel, Grillparzer, Mörike, Stifter, Chamisso, Uhland), deren offene und geheime Spuren Kafkas Werk durchziehen.

3.1.3 Studienzeit

Nach dem Abitur im Juli 1901 ging Kafka an die deutsche Universität in Prag; wie Pollak und Bergmann wollte er keines der üblichen ›jüdischen‹ Fächer (Jura und Medizin) studieren, sondern Chemie. Die Laborarbeit gefiel ihm indessen nicht, so daß er doch Jura wählte. Zum Germanistikstudium, zu dem er 1902 ansetzte und das er – wie Paul Kisch – in München 1902/03 fortführen wollte, kam es nicht. Eine Übergangsprüfung in Philosophie, zu deren halbjährigem Studium auch Jurastudenten verpflichtet waren und der er sich zusammen mit Bergmann bei

Anton Marty – einem Schüler Franz Brentanos – über »Deskriptive und genetische Psychologie« unterzog, bestand er nicht. Er verkehrte, wie auch Emil Utitz und die ihm befreundeten Bergmann, Pollak, Brod und Weltsch, während dieser Zeit im philosophischen Kreis des Hauses Fanta, aus dem auch der philosophische Zirkel des Café Louvre in der Gefolgschaft Brentanos hervorging. Kafkas Interesse am theoretischen Denken war und blieb jedoch äußerst gering. Damals und früher entstandene poetische Versuche hat er vernichtet. Einblick in ihre Art geben die erhaltenen Briefe. Einzelstücke – kleine Prosa – sind vielleicht in die Novelle »Beschreibung eines Kampfes« eingegangen – Brod datiert die Entstehung dieser Novelle bis zurück ins Jahr 1902; Pasley, Wagenbach und Binder auf Ende 1904; Dietz die erste Handschrift auf 1906/1907. Längst haben sich Kafkas Vorlieben verfestigt: Er liest Flaubert und (Januar 1904) »Hebbels Tagebücher (1800 Seiten) in einem Zuge«; schon seit den ersten Hochschuljahren gehört Fischers »Neue Rundschau« zu seiner ständigen Lektüre, hier begegnet er Thomas Mann (»Tonio Kröger«, »Ein Glück«) und Robert Walser; die Kindheits- und Jugendfreundin Selma Robitschek-Kohn berichtet, daß er ihr Nietzsche vorgelesen hat; von 1900 bis 1904 hat er, unter dem Einfluß Pollaks, Avenarius' »Kunstwart« abonniert (in dem z. B. Hofmannsthal und Emil Strauß erscheinen).

In der »Lese- und Redehalle« in Prag, einer Vereinigung deutscher Studenten, hörte er Vorträge (über Nietzsche, Grillparzer, Kainz) und Lesungen (von Brod, Dehmel, Liliencron, Meyrink, Oskar Wiener), wurde Mitglied und 1904 – als Nachfolger Pollaks – ihr Kunst-, dann Literatur-Berichterstatter; über die »Halle« lernte er auch Brod, anläßlich eines Vortrags über Nietzsche, 1902 kennen; die Vereinigung besaß eine sehr umfangreiche (inzwischen aufgelöste) Bibliothek, gerade auch zeitgenössischer Autoren; ihre Veranstaltungen besuchte Kafka bis etwa 1906.

Das trockene und stures Auswendiglernen fordernde Studium wird besonders auf sein Ende hin strapaziös; so kommt Kafka zu seinem ersten Sanatoriumsaufenthalt in den Sommerferien 1905 nach Zuckmantel (Schlesien). Hier erlebt er seine erste Liebe (»eine Frau, ich unwissend«), die er später nur mit der Liebe zur »Schweizerin« wird vergleichen können und ebenso geheim hält. Seit Ende 1905 beginnt sich der engere Prager Kreis mit Kafka, Brod, Weltsch und Baum (seit 1904) in regelmäßigen Zusammenkünften zu konsolidieren. Brods Vorlesungsnotizen erleichtern Kafka die Vorbereitung auf die Prüfungen. Schon 1903 hat er im Sommer die rechtshistorische Staatsprüfung abgelegt; jetzt folgen die drei Rigorosen, die auch das Staatsexamen einschließen, am 7. November 1905, am 16. März 1906 und am 13. Juni – und das Studium ist am 18. Juni mit der Promotion zum Dr. jur. bei Alfred Weber (Note »genügend«) abgeschlossen. Der Sommer sieht Kafka wieder in Zuckmantel.

Biographisches

Br, H; Chronik 7–29.- Dokumente 10–49. – Zeittafel (0) 228f. – S. H. *Bergmann*, Universitas 1972, 739–750. – *Brod* I, 11–72. – *Brod* III, 149–160. – *Janouch* II, 19–86. – H. *Koch*, Der junge Kafka, 242–247. – *Neesen*: Vom Louvrezirkel zum Prozeß, K. und die Psychologie F. Brentanos, Göppingen 1972. – *Politzer* II, 13–51. – *Rohner* 8–21. – *Wagenbach* I. – Wagenbach II, 11–58, 70f. –

3.2 Erste Berufsjahre und Frühwerk (1906–1912)

3.2.1 Das Gerichtsjahr

Die juristische Ausbildung wird durch Tätigkeiten ohne Einkommen abgeschlossen: vom 1. April bis 1. Oktober 1906 als Advokaturs-Concipient bei seinem Onkel Dr. Richard Löwy in Prag und vom 1. Oktober 1906 bis 1. Oktober 1907 als Rechtspraktikant beim Landgericht Prag. Das »Gerichtsjahr« war für den Staatsdienst obligatorisch (mit dem Referendariat vergleichbar, doch ohne abschließendes zweites Examen). Es ist kaum ernst zu nehmen, daß Kafka in dieser Zeit literarisch »nichts fertig gebracht« habe, da sie alle Freiheiten bot und vor allem Muße zum Schreiben; im Vergleich zu Brod freilich, dem Kafka zutraute, daß er sich während des Gerichtsjahres eine literarische Existenz schaffe, die er selbst sich auch ersehnte, mag diese seine Aussage berechtigt sein. Wahrscheinlich fällt in diesen Zeitraum ein Teil der Arbeit an der »Beschreibung eines Kampfes«. Noch ist er keineswegs entschlossen, in den Staatsdienst einzutreten oder überhaupt im Lande zu bleiben. Seine Pläne, etwa nach einem zusätzlichen Studium an der Wiener Exportakademie nach Südamerika auszuwandern, halten freilich der Wirklichkeit nicht stand. 1907 erhält er durch Beziehungen seines in Madrid lebenden Onkels Alfred Löwy eine Stelle bei der weitverzweigten Versicherungsgesellschaft Assicurazioni Generali; Hauptsitz der privaten Versicherungsgesellschaft ist Triest; in Prag unterhält sie eine »General-Agentschaft«. Kafka glaubt deshalb hoffen zu können, schon allein durch seinen Beruf von Prag wegzukommen.

3.2.2 Bei der Assicurazioni Generali

Die Prager General-Agentschaft der Assicurazioni Generali beschäftigt ihn als Aushilfskraft in der Lebensversicherungsabteilung bei nur 80 Kronen Monatsgehalt mit einer Arbeitszeit von 8–12 und 14–18 Uhr, der Verpflichtung zu unbezahlten Überstunden und nur 14 Tagen Urlaub in jedem zweiten Jahr. Die einengenden Bedingungen dieses Dienstverhältnisses, die zum Schreiben keinen Platz lassen, wecken früh den Wunsch nach Veränderung. Seine bürofreien Stunden, so schreibt er an die seit seinem Urlaub in Triesch 1907 (bei seinem Onkel Siegfried Löwy, dem Landarzt) ihm befreundete Hedwig Weiler, »fresse er wie ein wildes Tier«. Von Februar bis Mai 1908 besucht er deshalb einen Kurs der Prager Handelsakademie über Arbeiterversicherung, legt hier Prüfungen ab und bereitet so einen Eintritt in die halbstaatliche »Arbeiter-Unfall-Versicherungs-Anstalt für das Königreich Böhmen in Prag« vor; wiederum persönliche Beziehungen (über den Vater des frühen Freundes Přibram) haben ihm hier eine Stelle geöffnet. Schon im Juli 1908 verläßt Kafka die Assicurazioni Generali; ein freundschaftliches Verhältnis zu ihrem Prager Direktor Eisner bleibt über Jahre erhalten.

3.2.3 Bei der Arbeiter-Unfall-Versicherungs-Anstalt

Am 30. Juli 1908 tritt er hier als »Aushilfsbeamter« seinen Dienst an. Gegenüber der Assicurazioni Generali sind Einkommen und Arbeitszeit ungleich günstiger; die Bürozeit beginnt um 8 Uhr morgens und endet (ohne Pause) schon um 14 Uhr. Genau besehen war es ein Halbtagsberuf, der außergewöhnlich viel Zeit zum Schreiben ließ; mit der Stelle verbunden war eine überdurchschnittliche gesellschaftlich-bürgerliche Anerkennung. Die Bedeutung der Anstalt erhellt daraus, daß Böhmen der am stärksten industrialisierte Raum der Doppelmonarchie ist. Eben 1908 erhielt die Anstalt auch einen neuen Direktor, der sie erfolgreich organisierte und ausbaute. So avancierte

Kafka, dessen Fähigkeiten als »vorzügliche Konzeptskraft« sofort erkannt wurden, 1910 zum Konzipisten, 1913 zum Vizesekretär – die Anstalt hatte inzwischen über 250 Angestellte mit beamtengleichem Status –, 1920 zum Sekretär und 1922 zum Obersekretär. Am 1. Juli 1922 mußte er pensioniert werden. Nach einer Praktikantenzeit (mit einem Jahreseinkommen von rund 1400 Kronen) verdiente Kafka recht gut. Sein Jahreseinkommen betrug in Kronen 1910: 2500–3000, 1912: 3800, 1913: 4600, 1915: 5800, 1917: 6200, 1920: 8100; mehrmals verwies er auf nötige Gehaltssteigerung und erhielt sie auch. (Die österreichische Krone hatte etwas weniger Wert als die deutsche Mark; der Kaufkraft nach läßt sich Kafkas Gehalt 1912 mit dem eines Regierungsrates in der BRD um 1970, schon 1915 mit dem eines Oberregierungsrates vergleichen.) Seine Pension betrug zuerst monatlich 884, dann 1000 Kronen.

Kafka arbeitete in der wichtigsten, der ›technischen‹ Abteilung der Anstalt. Nach einer Qualifikationsliste hatte er statistische Arbeiten und vorrangige Korrespondenzen zu erledigen, z. B. über die Einreihung der Betriebe in Gefahrenklassen und deren Einsprüche dagegen; für die Jahresberichte der Anstalt waren Referate zu verfassen, die zu seinen ersten gedruckten Äußerungen zählen; später führte er wiederholt Betriebsbesichtigungen durch (Inspektionsreisen). Hervorgehoben werden sein »Fleiß« und sein »Interesse«; unter »Allgemeine Bemerkungen« hält eine Beurteilung fest: »Dr. Kafka ist ein eminent fleißiger Arbeiter von hervorragender Begabung und hervorragender Pflichttreue.«

Sein Verhältnis zu Kollegen und Vorgesetzten war durchweg gut; er stand bei ihnen in bestem Ansehen. Zu den Beamten der Anstalt gehört auch der Vater Gustav Janouchs, des jungen Freundes der frühen zwanziger Jahre, der die »Gespräche mit Kafka« überliefert hat; seine Direktoren – Marschner, dann Ostrčil – bewunderte Kafka, sie schätzten seine beruflichen Fähigkeiten. Robert Marschner hatte sich an der Deutschen Technischen Hochschule in Prag für Versicherungsrecht habilitiert, publizierte zahlreiche entsprechende Schriften, dilettierte aber auch als Goethe-Forscher. Bei seiner Ernennung 1909 zum leitenden Direktor der Anstalt hielt Kafka eine kleine Rede, 1910 rezensierte er seine Schrift über »Mutterschaftsversicherung«. Wenn er von seinem »Chef im Bureau« spricht, meint er seinen direkten Vorgesetzten Eugen Pfohl; er hat die zitierte Beurteilung verfaßt, und ihm fühlt sich Kafka besonders eng verbunden.

Mit dem verlorenen Krieg und der Gründung der CSR erhielt die Anstalt tschechische Führung und Amtssprache; Marschner und Pfohl wurden entlassen. Da Kafka allen deutsch-patriotischen Unternehmen ferngeblieben war und schon 1913 als einer jener Prager Schriftsteller galt – mit Baum, Brod, Fuchs, E. E. Kisch, Pick, Werfel –, die sich mit ihren Beziehungen zur tschechischen Kultur von »deutscher« Politik distanzieren, verlor er, überdies wohl protegiert, seine berufliche Stellung nicht und erreichte 1920 sogar die Beförderung zum Sekretär und damit die Leitung eines der 20 Referate (des Konzeptreferats); man konnte – so sieht es Kafka (Brief an Brod, März 1921) – »den Deutschen gegenüber sagen, [man] habe einen der ihrigen außergewöhnlich gut behandelt, aber im Grunde war es doch nur ein Jude«.

Zweifellos hat die berufliche Tätigkeit Kafkas Bild der Welt geformt; die Arbeiterschaft und ihre Probleme, das Ausgeliefertsein an die überwiegend anonymen Mächte (Arbeitgeber, Versicherung, Staat) ist hier eine tägliche Erfahrung. Die nüchtern-präzise Beschreibung in den juristischen Referaten der Jahresberichte, so hat man festgestellt, ist etwa von der erzählerischen Darstellung einiger Partien der »Strafkolonie« nicht allzu weit entfernt. Daß Kafka selbst seine Referate für durchaus nicht nur beiläufige Leistungen ansieht, dokumentiert die Sendung einer dieser Arbeiten an Franz Blei.

3.2.4 Freunde; Lektüre; Löwy und seine Truppe

Unter den Freunden dieser Zeit ist seit etwa 1908 der ihm Welt und weitere Bekanntschaft vermittelnde Max Brod an erster Stelle zu nennen; das Tagebuch bekennt 1911, er stehe »fast ganz unter Maxens Einfluß«, Kafka verkehrt in den Familien Brod, Baum, Werfel und Kisch, ist vertraut mit zahlreichen Literaten des Prager Kreises, hat den vielseitigen Franz Blei und einige von diesem Geförderte, darunter Carl Sternheim, Robert Musil, Paul Wiegler, Albert und Carl Ehrenstein kennengelernt, ist etwa mit Kubin, Tucholsky und Szafranski bekannt geworden. Er besucht Vorträge von Claudel, Kraus, Loos, Steiner, Buber. Reisen bringen ihn mit Max und Otto Brod im September 1909 nach Tirol und Italien (u. a. zum »Flugmeeting in Brescia«), im Oktober 1910 mit Brod nach Paris, im Dezember 1910 nach Berlin, im Spätsommer 1911 mit Brod in die Schweiz, nach Italien (Mailand) und Frankreich (Paris); Dienstreisen führen ihn durch Böhmen.

Zu seiner Lektüre gehören noch immer Hebbel, Kleist, Flaubert und Grillparzer, inzwischen aber auch Dickens, Hauptmann, Beradt, Kellermann, Wilhelm Schäfer und Stoeßl. Anläßlich ausgedehnter Lektüre von Werken Goethes und über Goethe entsteht sogar der Plan eines Aufsatzes »Goethes entsetzliches Wesen« (T Januar 1912). Ein besonderes Interesse am Theater bezeugt etwa, daß er 1910 für wenige Tage in Berlin gleich mehrere Aufführungen ansieht (Molière, Shakespeare, Schnitzler); auch in Prag nimmt er das Angebot an erstrangigen Aufführungen und Gastspielen regelmäßig wahr. Seine Lust nach gestischer Darstellung führt ihn hier auch häufig in die Oper, ins Kino, Variété und Kabarett.

Das nachhaltigste Ereignis, das einen tatsächlichen neuen Horizont öffnet, und der untergründigste Einfluß zugleich ist jedoch die Beziehung zu der Lemberger Schauspielertruppe. Diese ostjüdischen Theaterleute gastieren seit 1910 in Prag im Café Savoy, und Brod hatte den Freund erstmals am 4. Mai 1910 dorthin mitgenommen. Die Truppe spielte in jiddischer Sprache. Brod war zu einzelnen Aufführungen gegangen, um das jüdische Volkstum besser kennenzulernen; Kafka, fasziniert von Jargon, ostjüdischer Religiosität, den gebärdenstarken Darbietungsmitteln, den Autoren und ihren volkstümlichen Stücken, besuchte die Vorstellungen allmählich regelmäßig. Er verliebte sich in die verheiratete Aktrice Tschissik, sah den Hauptdarsteller Jizchak Löwy als Freund an, brachte ihn mit seinen Freunden zusammen und nahm, zum Verdruß des standesbewußten Vaters, den verachteten polnischen Juden und Schmierenkomödianten sogar in die Wohnung mit.

In wenigen Wochen sieht Kafka ein Dutzend jiddischer Stücke. Vom 5. Oktober 1911 an ist das Tagebuch beherrscht von der »Lemberger Gesellschaft«; Kafka referiert Inhalte der Stücke, wägt die schauspielerischen Leistungen, ordnet die Autoren ein, interessiert sich für den Jargon und beginnt »gierig und glücklich« die Lektüre der vielbändigen Geschichte des Judentums von Heinrich Graetz. Vor allem aber beschäftigt ihn Löwy, der ihm das jiddische Volkstum in seiner Gestalt, seiner Vergangenheit und Gegenwart, seinen Erzählungen und Darbietungen vermittelt, ihn mit dem Talmud und der Kabbala bekannt macht, von den Chassidim berichtet. Wiederholt notiert er sich Sätze aus dem Talmud, darunter auch diesen, der über sein Junggesellentum ein für alle Male urteilt: »Ein Mann ohne Weib ist kein Mensch« (T Nov. 1911).

Das Tagebuch zeigt, in welcher Breite und Intensität sich Kafka durch die jiddischen Stücke von Feimann, Goldfaden, Gordin, Lateiner, Richter und Scharkansky und durch die Person Löwy und deren Erlebnisbereich erstmals mit originärem Judentum auseinanderzusetzen versucht. Kafka ist sich dabei immer bewußt, daß er selbst zu dem »in einem deutlichen unabsehbaren Übergang begriffenen westeuropäischen Judentum« gehört und »als richtiger Übergangsmensch das trägt, was ihm auferlegt ist« (T Dez. 1911). Und so kann der über die jüdisch-polnischen Komödianten getane Blick in die Tiefe des Judentums keineswegs alte Vorlieben verdrängen oder gar ersetzen, wie etwa die zu Goethe und Kleist. Zu beiden hat sich die Beziehung in der gleichen Zeit eher noch gefestigt; so notiert das Tagebuch etwa (Jan. 1912): »Ich glaube, diese Woche ganz und gar von Goethe beeinflußt gewesen zu sein« oder »Der mich ganz durchgehende Eifer, mit dem ich über Goethe lese [...] und der mich von jedem Schreiben abhält«. Am 18. Februar organisiert er sogar einen Vortragsabend Löwys im Festsaal des jüdischen Rathauses und hält eine einführende Rede über die jiddische Sprache. Die Auseinandersetzung mit jiddischer Literatur deckt sich mit Erkenntnissen Kafkas über tschechische Literatur und führt zu generellen Einsichten in die »Literatur kleiner Nationen«. – Die Verbindung mit Löwy bleibt über Jahre erhalten. Nach einem Wiedersehen in Budapest 1917 übersetzt er (in einem Oktavheft) einen für Bubers »Juden« vorgesehenen Aufsatz Löwys »Vom jüdischen Theater« und notiert, nach Erzählungen und Unterlagen Löwys, Teile zu dessen Lebensbeschreibung; unter deren Wirkung denkt er daran, seinem »Verlangen, eine Selbstbiographie zu schreiben«, endlich nachzugeben. Der »Durchbruch« zum eigentlichen Schreiben, der 1912 mit dem »Urteil« gelingen wird, bereitet sich vor außer in den poetischen Versuchen besonders auch in der Verarbeitung des Einflusses des gestenreichen, innere Vorgänge ins Sichtbare hervorkehrenden und bis zur Groteske steigernden jiddischen Schauspiels.

Die Faszination durch alles Theatralische ist indessen unabhängig von Gattung und Inhalt, transportiert jedoch auch die Inhalte. Die Wirkungsmacht des jiddischen kleinen Theaters ist deshalb nicht isoliert zu sehen, mit ihr vermischen sich andre Wirkungen, auch wesensmäßig fremde. Wie Kafka alles Gestische fesselt, er geradezu begierig aus ist auf geglückte Umsetzungen ins Optische, dokumentiert das Tagebuch auch für völlig andere Gegenstände; so nach dem sehr kritisch aufgenom-

menen »Biberpelz« Hauptmanns: »Zartes Spiel (der Darstelle-
rin). Einlegen des Rocks zwischen die Schenkel, wenn sie sich
bückt«, oder anläßlich eines Konzerts (das der unmusikalische
Kafka besuchen mußte): »Die Zerstörung in der Frisur des Diri-
genten... Die singenden Frauen, die oben an der niedrigen Ba-
lustrade standen, wie auf einer frühitalienischen Architektur«
(T Dez. 1911). Der Sinn fürs Theatralische wurde auch nicht
erst geweckt durch die ostjüdischen Schauspieler; Kafkas Bereitschaft, sich an diesem Punkt erregen zu lassen, ist schon immer groß, so daß er dadurch auch schon früher (z. B. von der
Tänzerin Eduardowa) bis zum Schreiben erregt wird.

3.2.5 Das Frühwerk in den Briefen

»Zweifellos« und alt wie seine »Gier nach Büchern« ist Kafkas
Wille zur Literatur. Schon während der Gymnasialzeit schreibt
er. Diese frühesten Versuche gingen ganz verloren oder wurden
von Kafka vernichtet; den Briefen an den Schulkameraden und
Freund von 1900 bis 1904, Oskar Pollak, ist zu entnehmen, daß
schon diese Produktion einigen Umfang hatte; Kafka spricht
von ein »paar tausend Zeilen«, von »Heften«, einem »Roman«,
einem Fragment »Das Kind und die Stadt«; aus den Briefen ist
auch zu folgern, daß Pollaks Einfluß, der sich mit Avenarius
und seinen Forderungen in Theorie und Praxis bejahend be-
faßte, auf Kafkas damalige Schreibweise eingewirkt hat. So sind
zunächst einmal – und man erkennt darin schon die Anlage eines »Musters«, das – sich variierend – im Gesamtwerk auch der
weiteren Phasen seines Schaffens sich wiederholen wird, die
Briefe selbst literarisches Werk; und rechtens isoliert man aus
ihm Teile, die sich als selbständige »Erzählungen« erweisen,
von denen einiges ja auch durch Kafka selbst in Erzählungen
eingeht; auch wenn sie als Einheit genommen (»Briefe an Pollak«, »an Hedwig W.«) nicht die Geschlossenheit der späteren
Briefwerke an Felice oder Milena erreichen. In den Briefen enthalten sind etwa die »Geschichte vom schamhaften Langen...«,
Erzählpartikel, die in die »Beschreibung eines Kampfes« einge-
hen und Aphoristisches.

3.2.6 »Beschreibung eines Kampfes« u. a.

Die älteste überlieferte Erzählung »Beschreibung eines Kampfes«, von der zwei Handschriften erhalten sind, ist vielleicht mit ihrer Entstehung noch in die Studienzeit zu datieren, ihre abgeschlossene Fassung in Manuskript A jedoch mit großer Wahrscheinlichkeit erst 1906 bis 1907 entstanden, ihre fragmentarische und völlig neue Ansätze zeigende Handschrift B um 1910 (bis vielleicht 1912). Deutlicher als die kleineren Arbeiten läßt diese Novelle Vorformen späterer Themen erkennen: Junggesellentum, Isolation, Darstellung von Widerständen, Flucht- und Rettungsversuche. Eine zweite größere Erzählung, nach Entstehung und Ausführung etwas jünger und freilich nur in mehreren kürzeren Fragmenten erhalten, »Hochzeitsvorbereitungen auf dem Lande«, bestätigt diese Themen; am deutlichsten vorgeformt erscheint hier wie dort das der Verwandlung. Um Unannehmlichkeiten zu entgehen, stellt die Hauptperson der »Hochzeitsvorbereitungen« (mit dem auf Kafka verweisenden Namen Raban) sich vor, sich zum Winterschlaf im Bett in Käfergestalt auszustrecken und nur ihren »angekleideten Körper« außer Haus zu schicken. Schon Brod bemerkte »viele Berührungspunkte« der »Du«-Fragmente der ersten Tagebuchhefte mit bestimmten Kapiteln der Fassung A der »Beschreibung eines Kampfes«. Tatsächlich wird man diese Fragmente als Teil der 1910 noch nicht abgeschlossenen Beschäftigung mit demselben Thema begreifen müssen, ja vielleicht sogar als Fortsetzung von Fassung B, die an eben dieser Stelle als verändernde Abschrift von A scheiterte oder aufgegeben wurde, d. h. als sie zu völlig neuen Ansätzen führte; ja selbst die erst im Sommer 1912 »fertig gemachte« Geschichte »Entlarvung eines Bauernfängers« läßt sich als direkte Fortsetzung von Fassung B verstehen.

Die vollständige Fassung A bildet den Innenbau der Erzählung nach außen genau ab: in drei mit römischen Ziffern bezeichneten Kapiteln, wobei das mittlere seine Teile (im Gegensatz zu den anderen) mit Überschriften versieht. Das erste und dritte Kapitel bilden einen Rahmen: Sie erzählen Zusammenkommen des Ich-Erzählers und seines Bekannten bei einer abendlichen Gesellschaft, ihren nächtlichen Spaziergang durch Prag bis auf den Laurenziberg, den Aufenthalt dort und den Aufbruch zur Heimkehr. In dem herausgehobenen Kernkapitel »vergnügte sich« der Erzähler »auf seine Weise«: Während er neben dem ihm »gleichgültigen« Bekannten hergeht, ergeht er

sich zugleich in erzählerisch real vorgestellten inneren »Belustigungen oder (dem) Beweis dessen, daß es unmöglich ist zu leben«, benutzt den Bekannten als Reittier, transformiert »nach
seinem Willen« die ganze Umgebung und verschafft sich eine
Begegnung mit dem »Dicken«, dessen Geschichte und Gespräch mit dem Beter. Der Ich-Erzähler verläßt die Außenwelt,
indem er sich in eine übermächtige Innenwelt zurückzieht, die
sich in weitere Binnenräume öffnet, und kehrt mit demselben
»Sprung« (so Kafkas im Bild bleibender Ausdruck zu Beginn
des Kernkapitels) wieder aus ihr zurück. – Die fragmentarische
Fassung B versucht die in Fassung A wenn auch verklammerte
Zweiheit der Erzählung der Außenwelt und Innenwelten auf-
zuheben und – so ist zu vermuten – scheitert eben daran, daß
zwar die Tendenz und der »Beweis« beider dieselben sind, das
Bloßstoffliche jedoch auseinanderstrebte. Die neuartige Sicht-
und Darstellungsweise des früheren Kernkapitels, die das
Traumhafte oder Irreale mit der Genauigkeit des Realen fixiert
und als selbstverständlich vorstellt, wird allerdings jetzt in Fassung B schon alleiniges Darstellungsmittel.

Die »Beschreibung eines Kampfes« zeigt Kafka nicht nur in
Verbindung mit Haltungen um die Jahrhundertwende, wie
Narzißmus, Doppelgängertum und Sprachskepsis, und zu der
von ihm rezipierten Literatur (Flaubert, Hofmannsthal, Dostojewski, Walser) und deren eigentümliche Assimilation, sondern
zeigt auch die Teilhabe an einer grundsätzlichen und radikalen
Kritik traditioneller Ausdrucksformen. Nicht von ungefähr
steht die erst zweite Publikation Kafkas mit einem Kernstück
aus eben dieser Novelle in einer Zeitschrift Franz Bleis, der
nicht lange vorher das früheste literarische Werk Carl Einsteins
publik gemacht hatte, dessen künstlerische Leistung für den
deutschsprachigen Raum bald die Propagierung und Durchset-
zung der »neuen« kubistisch-expressionistischen Kunst sein
wird. Im selben Jahr – 1915 – werden Carl Einsteins Epoche set-
zendes Werk »Negerplastik« (das eine ganz neue Wirklichkeit
von Kunst vermittelte) und Kafkas »Verwandlung« beim selben
Verleger veröffentlicht werden. Kafka, keineswegs isoliert, ist
jetzt schon Teil eines Netzes junger Leute, welche das Modern-
ste in Literatur, Kunst und Wissenschaft diskutieren und
schöpferisch entwickeln (neben Carl Einstein u. a. Musil, Tu-
cholski, Brod, Werfel, Stadler, Gütersloh, Sternheim, Schik-
kele – mit Blei inmitten als Verbindung, Entdecker, Promotor).
Einsteins von Einfällen blitzender Roman »Bebuquin oder
die Dilettanten des Wunders«, dessen erste Kapitel mit Ge-

schichten wie »Verlieren der Sprache oder Auflösung einer Person oder Verunreinigung der Zeit« (so Einstein) in Bleis Zeitschrift Kafka schon zur Zeit der Niederschrift von Fassung A wohlbekannt war, wurde von empfindlichen Zeitgenossen als »symptomatisch für die Ursprünge des Kunstwollens« der jungen Generation verstanden. Kafkas zwei Fassungen der »Beschreibung eines Kampfes« und die »Hochzeitsvorbereitungen auf dem Lande« sind hier einzuordnen.

3.2.7 Frühe Publikationen

Die erste Veröffentlichung Kafkas – acht Prosastückchen unter dem Titel »Betrachtung« – erschien im März 1908 in der ersten Nummer der von Blei und Sternheim herausgegebenen Zweimonatsschrift »Hyperion«. Diese erste Publikation – Kafka ist übrigens von allen vorgestellten Autoren der einzige noch völlig unbekannte – ist zunächst Brod, dann aber vor allem dem eigentlichen Herausgeber Blei zu danken (dessen Bedeutung für die deutsche Literatur zu Beginn des Jahrhunderts erst ungenügend erkannt ist). Mit Blei war er über Brod, bei dem Blei verkehrte und mit dem er zusammenarbeitete, bekannt geworden; und mit Brod zusammen war er schon Abonnent der früheren Zeitschriften Bleis: des »Amethyst« (1905/06) und der »Opale« (1907). Als der »Hyperion« nach Abschluß des zweiten Jahrgangs im März 1910 nicht mehr erschien, widmete ihm Kafka einen Nachruf in der Prager Tageszeitung »Bohemia«, in welchem er die exklusive Zeitschrift in der Tradition des »Pan« und der »Insel« und zugleich als literarisches Organ von Außenseitern sieht, zu denen er deutlich auch sich selbst gerechnet hat: »Der ›Hyperion‹ sollte denen, die an den Grenzen der Literatur wohnen, eine große lebendige Repräsentation geben; aber sie gebührte jenen nicht und sie wollten sie im Grunde auch nicht haben. Diejenigen, welche ihre Natur von der Gemeinschaft fernhält, können nicht ohne Verlust regelmäßig in einer Zeitschrift auftreten.« Neben Arbeiten seiner Prager und österreichischen Freunde (Brod, Musil, Wiegler und Werfel) erschien von Kafka hier 1909 noch das »Gespräch mit dem Beter« und das »Gespräch mit dem Betrunkenen«, die erwähnten Kernstücke aus der vollständigen Fassung der »Beschreibung eines Kampfes«. Brod, der eine begeisterte Aufnahme dieser poetischen Prosa erhofft hatte, überliefert Werfels Urteil, das sei »nichts als eine Prager Lokalangelegenheit« und »hinter Tetschen-Bodenbach werde kein Mensch Kafka verstehen« – eine Aussage, die weniger die literarische Qualität als die ausschließlich an Prager Gegenständlichkeiten und Vorkommnisse (auch privater Art) gebundene Bildlichkeit und damit ihre Hermetik kritisiert.

Die Verbindung zu Blei, seinem »Hyperion« und dessen Verlag Weber (München) regte Kafka zu einigen Buchkritiken an, die alle in der »Bohemia« erschienen. Literarischer Redakteur dieser bedeutenden Tageszeitung war der aus Berlin gekommene Wiegler, den Kafka früh bewunderte; über ihn wurden weitere kleine Arbeiten Kafkas, darunter eine Wiederholung von vier der »Betrachtung« genannten Prosastückchen, das Stück »Zum Nachdenken für Herrenreiter« und der Sachbericht »Die Aeroplane von Brescia« publiziert, der auf der Reise Kafkas mit Brod und dessen Bruder Otto nach Südtirol bei dem von Kafka gewünschten Abstecher zur Flugwoche in Brescia entstanden war. Während Brod und andere Bekannte wie Wiegler, Musil oder Baum schon längst ihr erstes größeres Buch veröffentlicht hatten, hatte Kafka offensichtlich nichts, was er gerne als selbständiges Buch veröffentlicht hätte. Beträchtlich war dagegen seine schriftstellerische Leistung als Beamter der Versicherungsanstalt: vielseitige Referate in den Jahresberichten 1908 bis 1911, die zwar nicht mit seinem Namen gezeichnet, jedoch durch Selbst- oder Zeugenaussagen als seine Arbeiten gesichert sind.

3.2.8 Die ersten Tagebuchhefte und das frühe Werk

Bestimmt war Kafkas literarische Produktion dieser Jahre umfangreicher als das Erhaltene erkennen läßt: Im Dezember 1910 vermerkt er im Tagebuch, daß er allein in diesem Jahr »fünfmal so viel«, als er je geschrieben, »weggelegt und weggestrichen habe«, oder im März 1912: »Heute viele alte widerliche Papiere verbrannt.« Kafka fühlt sich noch nicht fähig, etwas »in seiner Gänze aus sich zu heben«, »Es kommen daher immer nur abreißende Anfänge zutage«. Von solchen »abreißenden Anfängen« wimmelt auch gerade das Tagebuch, der Ansatz zu einer größeren Novelle »Die städtische Welt« nimmt dabei schon Motive des »Urteils« vorweg; und eben 1911/12 ist auch schon eine (vernichtete) Vorform des Amerika-Romans entstanden. Wesentlicher als das wenige Publizierte ist Kafka offensichtlich das Schreiben an sich und hier vor allem das Tagebuch, die Selbstbehauptung durch das Schreiben: »Ich werde das Tagebuch nicht mehr verlassen.«Hier muß ich mich festhalten, denn nur hier kann ich es« (Dez. 1910). Ein Briefentwurf an einen Vorgesetzten der Versicherungsanstalt (im T Febr. 1911) faßt die Konkurrenz zwischen Beruf und dem Zwang zum privaten Schreiben in den Begriff des »schrecklichen Doppellebens«, aus dem es »wahrscheinlich nur den Irrsinn als Ausweg« gebe. Nur das inspirierte Schreiben vermittelt Kafka Glück. Das Tagebuch befriedigt zunächst sein Bedürfnis, eine Selbstbiographie zu schreiben, das ihm schon 1911 bewußt wird und das seine literarische Produktion deutlich beeinflußt, ja eigentlich erst hervortreibt.

Ob die ersten Tagebuchhefte von vornherein als Tagebuch gedacht waren, ist fraglich; es könnten ähnliche Materialienhefte vorangegangen sein, die vernichtet wurden, weil die in ihnen enthaltenen »selbstbiographischen« Texte gegenüber dem Anteil unbefriedigender »erfindender« Texte wenig umfangreich oder weniger wesentlich waren. Das sogenannte »erste« Heft fängt nicht mit Tagebuchartigem, sondern eben mit poetischen Sätzen an, die z. T. mit der »Beschreibung des Kampfes« verbunden sind; auch künftighin sind diese Hefte nie im üblichen Sinne – und nicht im Sinne vergleichbarer großer Tagebuchschreiber dieses Jahrhunderts – Tagebuch, sondern ebenso Hefte für die erste Niederschrift von Erzählungen oder Erzählbruchstücken. Kafka selbst hat sie jedoch bald als Tagebuch bezeichnet. In ihm schon jetzt, 1909 bis 1912, enthaltene Erzählentwürfe sind – wenn sie nicht von Kafka selbst daraus isoliert wurden, wie z. B. »Unglücklichsein« und »Der plötzliche Spaziergang« – viel weniger als selbständige und in sich geschlossene Äußerungen respektiert worden als die Entwürfe in den Oktavheften.

Die frühen Erzählungen Kafkas sind sicher nicht als »Juvenilia« (Politzer I) abzutun –, auch wenn erst in jüngster Zeit die Forschung, gelenkt durch die »Beschreibung eines Kampfes«, das Werk des »jungen« Kafka betrachtet und über Erzählansätze in den Briefen an Pollak sich Urformen und -motive seines vernichteten Jugendwerks zu erschließen versucht. Wo die Bedeutung des frühen Werks erkannt ist, wird gelegentlich zugleich die Funktion des »Urteils« als eines »Durchbruchs« bestritten und dieser Begriff, den Paul Wiegler – keineswegs als »militärische Metapher« und »Hindenburgangelegenheit«, eben schon anläßlich einer Lesung Kafkas 1912 benutzte – abgelehnt. Dabei ist übersehen, daß Kafka den Sachverhalt des

»Durchbruchs« und seine Formulierung durch Wiegler viel
später selbst noch einmal bestätigt, indem er Milena gerade zum
»Urteil« sagt, daß »damals [...] in einer langen Nacht die
Wunde zum erstenmal aufbrach«. Von der spielerischen An-
mut, welche frühe Erzählungen wiederholt kennzeichnet, ist
nach dem »Aufbrechen der Wunde« nur noch ein irisierender
Abglanz übrig. Die jetzt gefundene »Reduktion« auf eine »einsinnige« Darstellung (in thematischer und formaler Hinsicht)
bildet mehr als eine Zäsur.

3.2.9 Dokumentation des Frühwerks; Literatur zur Biographie und zum Werk bis 1912

Biographisches

Br, T, O; *Politzer* II, 53–107; J. *Loužil*, Sborník 1963; P. *Raabe*, Symposion. – Dokumente 50–64. – Zeittafel 229 f. – Chronik 20–64. – *Brod*
I, 54–59, 72–110. – *M. Brod*: K. und Brod in ihren Doppelberufen, LW
1928, Nr. 18. – *Wagenbach* I, 133–185, 246–250. – *Wagenbach* II, 58–
80. – *Janouch* II, 86–108. – *Rohner* 22–38. – K. *Hermsdorf*: Briefe des
Versicherungsangestellten K., SuF 1957, 639–662. – *Ders.*: K.s Beruf als
Erfahrung und Gestaltung, Der Gingkobaum 1984, 37–45.

Löwy und das jiddische Theater

E. T. *Beck*: K.s »Durchbruch«, Der Einfluß des jiddischen Theaters auf
sein Schaffen, Basis 1970, 204–223. – *Dies.*: K. and the Yiddish Theater,
Its Impact on His Work, Madison-London 1971. – *Binder* I, 8–10. –
Binder II, 531 f. – *Brod* I, 98–102. – J. *Hlaváčová*: K.s. Beziehungen zu
Löwy, Judaica Bohemia I 1965, 75 ff. – *Wagenbach* I, 179–182. – *Wa-
genbach* II, 71 f.

Zu den Tagebüchern

G. *Baumann*: Schreiben – der endlose Prozeß im Tagebuch von K., EG
1984, 163–174. – *Beißner* 85–122. – *Bezzel* 99–104. – *Binder* IV, (Typi-
sche Formen des Tagebuchs K. s.) 34–114. – J. *Morand*, Europe 1971,
95–111. – E. *Weiß*, Kafka Problem 363–375.

»Reisetagebücher«

Reiseaufz. –
Tagebuch einer Reise nach Friedland und Reichenberg, Januar/Februar
1911. GW: T.
Reise Lugano–Paris–Erlenbach, August/September 1911. GW: T.
Reise Weimar–Jungborn vom 28. Juni bis 29. Juli 1912. GW: T.

Lit.: *Binder* IV, 34–76. – M. *Pasley*: K. als Reisender, Symposion Wien, 1–16.

K.s amtliche Schriften

Amtl. Schriften. –
Drucke einzelner Referate und Aufsätze in:
Wagenbach I, 281–306:
Umfang der Versicherungspflicht der Baugewerbe und der baulichen Nebengewerbe, 1908.
Wagenbach I, 307–313:
Einbeziehung der privaten Automobilbetriebe in die Versicherungspflicht. Übernahme bzw. Ablösung der Privat-Automobilversicherungsverträge nach § 61 U. V. G., 1909.
Wagenbach I, 279.
»Die Mutterschaftsversicherung vom Standpunkt der Versicherungswissenschaft« (Rezension), 1910.
Brod I, 76 f., Wagenbach II, 64–66.
Unfallverhütungsmaßregel bei Holzhobelmaschinen, 1910. Wiederabdruck nicht ganz vollständig.
Wagenbach I, 314–325: Maßnahmen zur Unfallverhütung, 1911.
Wagenbach I, 326–337: Die Arbeiterunfallversicherung und die Unternehmer, 1911.
Lit.: *Dietz*, Nrn. 2, 6, 9, 10, 13 und 14. K. *Hermsdorf:* Amtl. Schriften, 9–91.

»Die Geschichte vom schamhaften Langen und vom Unredlichen in seinem Herzen«
GW: Br.
Lit: P. *Čersovsky*, Sprachkunst 1976, 17–35. – G. *Kurz*, Der junge Kafka 82-91.

»*Beschreibung eines Kampfes*«
Hss.: Brod.
Entst.: 1902 ff. (Brod); 1904/05, 1904–08 (Pasley-Wagenbach); 1902?–1912 (Dietz). 1902?–1910 (Schillemeit).
Orig. Druck: für Teilstücke siehe: »Gespräch mit…«: »Betrachtung.«
GW: B.
Krit. Druck: Die zwei Hss., Parallelausgabe; 1. Fassung: Sämtl. Erz.

Dokumente:
Br, T, F, P (Nachwort zur 1. Ausgabe); Heller-Beug 9 f.; Datierung 58; Dietz Nrn. 1, 4, 8, 17, 25.
Lit.:
Beicken, (Forschungsreferat und -kritik mit Lit.), 226–234. – *Beck* 49–55. – *Beißner* 133–135. – H. *Binder*, (Randstriche in B.) DVjs 1976, 683–719. – *Bezzel* 7–22. – M. *Brod*, Parallelausgabe 148–159. – L. *Dietz*, (Die Hss.) Philobiblon 1969, 209–218; (Randstriche in Hs. B), JSG 1972, 648–658; (Brods Hand in K.s Hss.) GRM 1973, 178–188;

(Datierung Hs. A) JSG 1973, 490–503; (Editionsprobleme) JSG 1974, 549–558. – *Emrich* I, 87–91, 98 f. – *Kurz* 30 f., 194–200. – H.-T. *Lehmann*, Der junge Kafka 213–241. – *Richter* I, 39–50, 81–98. – *Richter* II, 844–849. – *Robert*, 135–142. – J. *Ryan*: Die 2 Fassungen der »Beschr. e. K.«, Zur Entwicklung von K.s Erzähltechnik, JGS 1970, 546–572. – S. *Sandbank*: The Unity of K.s »Beschr. e. K.«, Archiv für das Studium der neueren Sprache und Lit. 1973, 1–21. – J. *Schillemeit*, Der junge Kafka 102–132. – W. H. *Sokel*, Der junge Kafka 133–153. – *Sokel* I, 33–43. – H. *Sussman*: K., Geometrician of Metapher. Madison 1979, 61–74. – *Wagenbach* I, 119–135, 237 f.

Betrachtung« (8 Stücke), Hyperion 1908; »*Betrachtungen*« (5 Stücke), Bohemia 1909 – s. Kapitel 3.3 unter : Betrachtungen.

»*Gespräch mit dem Beter*« / »*Gespräch mit dem Betrunkenen*«
Hs.: Brod
Entst.: 1904–1909.
Orig. Druck: in: Hyperion 1909.
GW: B, E.
Krit. Druck: Parallelausgabe; Prosa des Expressionismus (Hg. F. Martini) 1972: Gespräch mit dem Beter.

»*Hochzeitsvorbereitungen auf dem Lande*«
Hss.: Brod.
Enst.: 1907–1910.
GW: H.
Dokumente:
Br; Heller-Beug 11; Datierung 59.
Lit.:
Beicken (Forschungsreferat und -kritik mit Lit.) 234–237. – Ch. *Bernheimer*, Der junge Kafka 154–183. – *Bezzel* 22–29. – *Binder* I, 373–375. – *Emrich* I, 115–118. – *Richter* I, 167–171. – *Wagenbach* I, 135–238.

Rezensionen K.s

»*Ein Damenbrevier*«
Hs.: –.
Entst.: Dez. 1908/Januar 1909.
Orig. Druck: in: Der neue Weg 1909.
Krit. Druck: Symposion.
Datierung 59; Dietz Nr.3.

»*Ein Roman der Jugend*«
Hs.: –.
Entst.: Dezember 1909.
Orig. Druck: in: Bohemia 1910.
GW: E.
Datierung 60; Dietz Nr. 7.

»*Hyperion (Eine entschlafene Zeitschrift)*«
Hs.: Brod.
Entst.: 1910/11.
Orig. Druck: in: Bohemia 1911.
GW: E.
Datierung 60; Dietz Nr. 11.

»*Über Kleists Anekdoten*«
Hs.: Privat.
Entst.: 1911/12.
Orig. Druck: bisher unbekannt.
GW: E.
Datierung 60; Dietz Nr. 12.

»*Die Aeroplane in Brescia*«
Hs.: –.
Entst.: September 1909.
Orig. Druck: (gekürzt) in: Bohemia 1909.
Ungekürzter Druck: Brod I, 359–367; Die Erz.; Sämtl. Erz.
Dokumente:
T, F; Helle-Beug 12; Datierung 59; Dietz Nr. 5.

»*Großer Lärm*«
Hs.: Bodleian.
Entst.: November 1911.
Orig. Druck: in: Herderblätter 1912.
Faks. Druck: Herder-BII., Hamburg 1962.
GW: B, T.
Dokumente:
T, F; Heller-Beug 13; Datierung 61; Dietz Nr.16.

»*Die städtische Welt*«
Hs.: Bodleian.
Entst.: Febr./März 1911.
GW: T.

»*Richard und Samuel*«
Hs.: Brod.
Entst.: 1911–1912.
Orig. Druck: des Teils: Die erste lange Eisenbahnfahrt, in: Herderblätter 1912. Reiseaufz.
Faks. Druck: dieses Teils: Herder-Blätter, Hamburg 1962.
GW: E, H, T.
Dokumente:
T, Br, F, H; Heller-Beug 14–16; Datierung 60 f., Dietz Nr. 15.

»*Rede über die jiddische Sprache*«
Hs.: Kopie Brod.
Entst.: Februar 1912.

GW: H.
Dokumente:
T, F; Heller-Beug 17 f.; Datierung 61.

Lit. zum Frühwerk

Binder I, 373–380. – *Brod* III, 89–96. – M. *Brod*: Zusammenarbeit mit K., Herder-Bll. Hamburg 1962, VII–IX – P. *Čersowsky*: K. im Umfeld der lit. Dekadenz, Würzburg 1983. – *Dietz*, Nrn. 1–17. – L. *Dietz*: K. und »Hyperion«, DVjs 1963, 463–473. – W. *Haas* (»Herder-Bll«), Herder-Bll., Hamburg 1962, V–VII. – Der junge Kafka. – G. *Kratzsch*: Kunstwart und Dürerbund, Göttingen 1969. – G. *Kurz*: (Lyrik), Der junge Kafka 34–36. – *Politzer* I, (Juvenilia) 45–80. – P. *Raabe*: K. und Blei, Symposion 7–20. – *Richter* I, 39–100. – *Richter* II, 844–856. – *Weinberg* 351–406. – A. *Zanoli*: K. e Pollak, Paragone 250, 1970, 328.

Sprachreflexion, Sprachkritik bei K.

G. *Heintz*: K., Sprachreflexion als dichterische Einbildungskraft, Würzburg 1983. – *Keßler*. – *Kurz*, (Die Ermöglichung eines wahren Wortes), 194–200. – *Robert*, 143–160. – W. H. *Sokel*: Von der Sprachkrise zu K.s Poetik, Österreichische Gegenwart (Hg. W. Paulsen), Bern 1980, 39–58. – M. *Walter-Schneider*: Denken als Verdacht, Zum Problem der Wahrnehmung im Werk K.s, Zürich 1980.

3.3 Der Durchbruch (1912–14)

3.3.1 Das erste Buch

Im Sommer 1911, als er Schwierigkeiten mit seinen Angestellten hat, erwartet Kafkas Vater wieder einmal, daß sich der Sohn in seiner Freizeit für das elterliche Geschäft einsetze. Überdies hat Kafka vom Herbst 1911 bis zum März 1917 immer wieder nachmittagelang in einer Asbestfabrik Aufsicht zu führen, die durch den Schwager Karl Hermann, den Mann seiner ältesten Schwester Elli, in die Familie gekommen war; er hatte sie mitgegründet und war Teilhaber. Obwohl oder gerade weil ihn diese zusätzliche Arbeitslast beinahe verzweifeln läßt, gedeiht in der verbleibenden Zeit die literarische Produktion. Die Reise »Lugano–Paris–Erlenbach« von Ende August bis Mitte September 1911, ein Teil zusammen mit Brod, hat den Plan einer »gemeinsamen Reisearbeit«, kontrastierender Reisenotizen, hervorgebracht; Brod drängt monatelang auf die Erfüllung dieser Idee

Kafkas; noch Anfang 1912 wird an der gemeinsamen Geschichte geschrieben. Kafka verbindet freilich jeden Satz Brods
»mit einer widerwilligen Konzession«, »die er schmerzlich bis
an seine Tiefe fühlt«. So erscheint nur das erste Kapitel dieser
»Richard und Samuel« genannten Arbeit im Mai 1912 in den
Prager »Herderblättern«, von denen Haas und Pick vier Nummern edieren können und die zahlreichen Beiträge der jungen
Prager – darunter als weiteren Beitrag Kafkas das Tagebuchblatt
»Großer Lärm« – enthalten. Diejenige Arbeit, an der er sich
»gegen alle Unruhe festhält«, und zwar »ganz wie eine Denk-
malsfigur, die in die Ferne schaut und sich am Block festhält«,
ist jedoch die seit dem Winter 1911/12 entstehende erste, bis auf
etwa 200 Manuskriptseiten wachsende Fassung des Romans
»Der Verschollene (Amerika)«. Kafka hat diese Fassung allerdings bald als »gänzlich unbrauchbar« vernichtet. Unter ande-
rem diese recht umfangreiche Produktion wird Kafka überhaupt bewogen haben, eine Buchpublikation nicht mehr völlig
abzulehnen: Im Sommer 1912 ist er bereit, mit Brod einen Verleger zu besuchen.

Brod bereitete 1912 die Lösung von seinem bisherigen Verleger Axel Juncker (Berlin) vor; Gespräche mit dem sich ausdeh-
nenden Rowohlt-Verlag (Leipzig) hatten ihm bessere Aussich-
ten gezeigt. Der Rowohlt-Verlag wurde in dieser Zeit noch von
Ernst Rowohlt geführt, doch trat sein junger Kompagnon Kurt
Wolff gerade jetzt stärker in Erscheinung. Ende Juni 1912 fuh-
ren Brod und Kafka zusammen ins Deutsche Reich: Das gemei-
same Ziel war das Weimar des verehrten Goethe, die erste Sta-
tion jedoch Leipzig. Brod hatte am 29. Juni noch einmal mit seinem künftigen Verleger zu verhandeln; zu erschließen ist, daß
es dabei um die Herausgabe von Büchern Brods ging, vor allem
auch um Brods Versuch, als Existenzsicherung die Herausgabe
eines Periodikums zu erreichen. Nach diesen Verhandlungen
führte er auch Kafka bei Rowohlt ein. In Rowohlts bekanntem
Stammlokal, Wilhelms Weinstuben, lernte Kafka diesen, Hasenclever und Pinthus kennen; später war man im Verlag, hier
auch mit Kurt Wolff. Kafka nahm von dieser Begegnung die
persönliche Überzeugung mit, daß der Verlag »ziemlich ernst-
haft« ein Buch von ihm wolle. Das Ergebnis war die Herausgabe der »Betrachtung«.

Kafka ist unsicher und stellt erst auf energisches Drängen
Brods aus dem reichen Arsenal des Geschriebenen ein kleines
Manuskript kurzer Prosa zusammen und möchte die Heraus-
gabe sofort wieder »ungeschehen machen«, noch ehe das Buch

im Druck ist. Kurt Wolff, der die Herstellung leitet, wählt auf Wunsch Kafkas die größte verfügbare Schrift (Tertia); so wird aus dem dünnen Manuskript ein wirkliches Buch, das noch vor Weihnachten 1912 erscheint. Das Entgegenkommen des Verlegers, die beiderseitige Befriedigung über die gefundene Buchgestalt begründen ein bis zum Tod des Dichtes bestehendes gutes Verhältnis zwischen Verlag und Autor; die Tatsache, daß Brod beim selben Verleger blieb und seine Rührigkeit von Kafka deshalb oft benutzt werden konnte, ohne daß er selbst beim Verlag hätte vorstellig werden müssen, spielt für ihn dabei gewiß keine nebensächliche Rolle. Auch alle späteren Bücher bis auf das letzte sollten in diesem Verlag herauskommen.

Die Hälfte der 18 nun Brod gewidmeten Prosastücke lag vorher schon gedruckt vor; zwei der größeren und bisher nicht publizierten Stücke, die Kafka zusammen an den Anfang stellte, stammen – wie andere kleine Stücke – aus der Novelle »Beschreibung eines Kampfes«, mit deren zweiter oder gar dritter Fassung er sich bis zu diesem Augenblick beschäftigt zu haben scheint. Die Publikation so wichtiger Partien aus dem Fragment erübrigt offensichtlich seine Vollendung, die bisher schon in Frage gestellt war, nun endgültig – ein Verfahren, das auch späterhin bei Kafka zu beobachten ist. – Schon in diesem Ausschnitt, den das Buch darstellt und der Kafkas Schreiben auf die kleinen Formen der Betrachtung und Kürzestgeschichte reduziert zeigt, sind seine zentralen Themen vollständig da: Hilflosigkeit, Einsamkeit, Fremdheit, Ausweglosigkeit.

In einem der jüngsten Stücke, dem »Unglück des Junggesellen«, findet sich die knappste Ausformung einer bleibenden inhaltlichen Grundstruktur: daß ein essentieller Mangel (hier Ehelosigkeit) zu Isolierung oder Ausstoßung aus Gemeinschaft und Zukunft (Familie) führt. Alle Protagonisten Kafkas sind bisher und werden Junggesellen sein, wie er selbst; insofern sind sie von vornherein zum »Unglück« verurteilt, und irgendwelche Verfehlungen, für die sie bestraft werden, scheinen ursächlich damit verbunden.

Fazit der Publikation ist für Kafka jedoch, daß er »in Wirklichkeit nichts erreicht« habe und sich deshalb von jetzt an »noch viel mehr von Zeitschriften und Kritiken zurückhalten müsse«, wenn er sich nicht damit zufrieden geben wolle, »nur mit den Fingerspitzen im Wahren zu stecken« (T 1912). Tatsächlich hat Kafka von nun an keine Kritiken mehr veröffentlicht.

3.3.2 Verleger und Verlag Kurt Wolff

Der Verlag, mit dem sich Kafka durch das Buch »Betrachtung« verband, existierte nach geringer und unregelmäßiger verlegerischer Liebhabertätigkeit seines Gründers Ernst Rowohlt (geb. 1887) seit 1910. Noch im selben Jahr wurde der gleichaltrige Kurt Wolff stiller Teilhaber, wandelte sich jedoch mit wachsendem Interesse zum aktiven Mitgestalter; die befreundeten Kurt Pinthus und Walter Hasenclever wurden Lektoren, später kam Werfel hinzu. Seit 1912 wendet sich der Verlag dann vor allem jungen Autoren zu. In dieser Phase werden Brod, die Brüder Ehrenstein, Kafka, Trakl, Werfel, Robert Walser und andere gewonnen. Rowohlt allerdings schied, nachdem Anfang 1912 Wolff Kommanditist geworden war, nach Streitigkeiten mit dem Partner, der das Unternehmen finanziell beherrschte, Anfang November 1912 aus. Von Mitte Februar 1913 an firmierte es als Kurt Wolff Verlag, wurde jetzt zügig ausgebaut und während des Krieges unter der Direktion G. H. Meyers zum führenden Verlag der jungen, vereinheitlichend »expressionistisch« genannten Generation. Die Autoren Kurt Wolffs profitierten von dieser Entwicklung; auch ihre Publikationen – Art, Umfang, Reihenfolge, Auflage, Ausstattung – sind oft von daher zu verstehen. Die bibliophile Ausstattung von Kafkas »Betrachtung« etwa und auch noch die exklusiven Drucke der »Strafkolonie« und des »Landarztes« sind auf die seit Gründung des Verlags gewahrte bibliophile Neigung zurückzuführen oder die Erfolge der drei in der Bücherei »Der jüngste Tag« erschienenen Geschichten Kafkas wesentlich auf den Erfolg dieser Reihe selbst. Kafkas Entschluß, dem Verlag die »Betrachtung« zu überlassen, war eine Bindung für die Zukunft, denn Rowohlt und Wolff wollten nicht einzelne Werke, sondern Autoren verlegen. So bestimmt die Entwicklung des Verlags Kurt Wolff und seiner Publikationsorgane – Jahrbücher, Almanache, Zeitschrifen und Bücherreihen – die Geschichte der von Kafka zum Druck freigegebenen Dichtungen, ja teilweise sogar die Geschichte jener Drucke, die außerhalb dieses Verlags erscheinen. Auch seine Einordnung in den Expressionismus ist durch die Zugehörigkeit zum Kurt Wolff Verlag und die Publikationen in dessen Organen verursacht.

3.3.3 Felice Bauer

Als Kafka am 13. August 1912 zu Brod kam, um das Manuskript der »Betrachtung« vor der Absendung noch einmal durchzusehen, traf er hier nicht erwarteten Besuch: die 24jährige Felice Bauer aus Berlin. »Während ich mich setzte«, so notierte Kafka im Tagebuch, »sah ich sie zum erstenmal genauer an, als ich saß, hatte ich schon ein unerschütterliches Urteil.« Und bei der Feststellung der Reihenfolge seiner Prosastücke fühlt er sich schon so »unter dem Einfluß des Fräuleins«, daß er Brod (dem er das Manuskript zur Einreichung an den Verlag überließ) am nächsten Tag brieflich bittet, darauf zu achten, ob deshalb nicht eine »vielleicht auch nur im Geheimen komische Aufeinanderfolge« entstanden sei. Erst zu Ostern 1913 wird Kafka Felice wiedersehen, aber die kurze Begegnung bei Brod hat alles vorweg entschieden: Vom 20. September 1912 ist der erste Brief an Felice datiert, und bis zur Wiederbegegnung im März 1913 entsteht etwa die Hälfte einer (rund 350 umfangreiche Briefe und 150 Postkarten umfassenden) partnerbezogenen Produktion, neben der das eigentliche literarische Schreiben keineswegs aussetzt, sondern ebenfalls in außerordentlicher Fülle hervorbricht. Die Briefe berichten von seiner Umwelt und seiner beruflichen Arbeit, endlich auch von seinem Schreiben; selten sind es kurze Briefe, meist sind sie viele Seiten lang; oft vergeht kein Tag, an dem nicht ein Brief geschrieben wird. Die für beide Teile aufs äußerste anstrengende Verbindung – von Kafka selbst als »Kampf« bezeichnet – hat begonnen.

Felice Bauer, 1887 geboren, lebte seit 1899 in Berlin. Sie hatte zunächst als Stenotypistin gearbeitet, war dann wegen ihrer Tüchtigkeit in einer Firma für Diktiergeräte und Parlographen Prokuristin geworden und wohnte inzwischen im Berliner Westen, der großbürgerlichen Wilmersdorfer Straße. Kafka beschreibt Felice nach der ersten Begegnung: »Knochiges leeres Gesicht, das seine Leere offen trug. Freier Hals. Überworfene Bluse. Sah ganz häuslich angezogen aus, trotzdem sie es, wie sich später zeigte, gar nicht war [...] Fast zerbrochene Nase. Blondes, etwas steifes, reizloses Haar, starkes Kinn.« Er bewunderte ihre »Tüchtigkeit«, hielt sie für »lustig, lebendig, sicher und gesund«.

Die Wiederbegegnung an Ostern 1913 im Hotel »Askanischer Hof« in Berlin und gemeinsame Spaziergänge befestigten die Verbindung. Über Pfingsten 1913 ist Kafka wieder in Berlin. Mitte Juni 1913 fragt er Felice, ob sie seine Frau werden wolle. So sinnvoll ihm eine Ehe mit Felice scheint, haben sich doch auch schon Vorbehalte gemeldet: »Die Angst vor der Verbingung, dem Hinüberfließen. Dann bin ich nie mehr allein.« Das Alleinsein aber ist ihm Bedingung des Schreibens, ohne das er nicht leben zu können glaubt. Schreiben und Leben gehören zusammen; ohne die Fähigkeit des Schreibens gibt es für ihn keine Lebensfähigkeit; wo das Schreiben aussetzt, beginnt die Unsicherheit des Lebens; erst das Schreiben ermöglicht das Leben. Und da ihm die »Ehe der Repräsentant des Lebens« ist (wie er später gegenüber Milena formuliert), die Ehe ihm aber das Schreiben gefährdet, kann er das Leben nicht ergreifen; diese Verknüpfung wird ihm erst im letzten Lebensjahr gelingen. So mußte er »das Leben [die Ehe] wegwerfen, um es [über das Schreiben] zu gewinnen. So ist es in der Kunst immer« (Janouch I). Von hier aus ist auch die außerordentliche Hervorbringung von Briefen, wie jetzt an Felice so später an Milena, zu verstehen: Durch die Briefe kann Kafka leben und das Leben zugleich fernhalten; in ihnen und nur in ihnen ist Schreiben und Leben zu vereinigen.

Tatsächlich macht die in sich geschlossene Mitteilung der Briefe, ihre inhaltlich »romanhafte« und formal nahezu episch detaillierende Selbstdarstellung die Wirkung eines Kunstprodukts, im deutschen Sprachraum von Intensität und Umfang her am ehesten Briefwerken Rilkes vergleichbar. Es überrascht deshalb kaum, daß diese Briefe gelegentlich sogar »Roman« genannt wurden oder etwa einen Schriftsteller vom Rang Canettis zum epischen Essay reizten.

Der Jahresurlaub 1913, den Kafka ursprünglich gerne mit Felice verbracht hätte, führt ihn im September zunächst mit seinem Chef Dr. Marschner zu einem Kongreß für Rettungswesen und Unfallverhütung, der in Wien stattfindet; hier besucht er auch den Zionistenkongreß und trifft mit Bekannten zusammen (darunter Ehrenstein und Ernst Weiß, den er im Juni in Prag kennengelernt hatte). Anschließend reist er nach Triest, Venedig, Verona und Riva am Gardasee. Hier begegnet er der »Schweizerin« G.W. Mit ihr – »sie ein Kind und ich ganz und gar verwirrt« – lernte er »zum ersten Mal ein christliches Mädchen verstehen und lebte fast ganz in seinem Wirkungskreis« (von der kurzen – seit dem Zuckmantel-Erlebnis erstmals wieder glücklichen – Liebesgeschichte ist nur dieses wenige durch apokryphe Aussagen bekannt). Zur Schonung Felices hat er mit dem Briefschreiben seit dem 20. September aufgehört, erst von Ende Oktober an schreibt er wieder und bittet überdies ihre

Freundin Grete Bloch um Vermittlung, er fährt nach Berlin, sieht Felice jedoch nur kurz, dafür den zum Freund werdenden Ernst Weiß.

Seit November steht Kafka in enger, vor allem brieflicher Verbindung zu Grete Bloch (irrig ist die manchmal vertretene Annahme, Kafka sei der Vater ihres 1914 geborenen unehelichen Sohnes); denn Felice entzieht sich ihm weiterhin und weicht erneuten Heiratsanträgen aus. Kafka will seine Prager Stellung kündigen und als freier Schriftsteller in Berlin leben. Nicht Felices wegen, sondern weil seiner Meinung nach in Berlin »die meisten Möglichkeiten sind« und er doch »fast nichts« brauche als »ein Zimmer und vegetarische Pension«. Berlin und sein kulturelles Leben – die jüngere literarische Generation und die expressionistische Bewegung haben besonderen Teil daran – beweisen damit auch gegenüber Kafka ihre Anziehungskraft; noch wichtiger freilich ist dabei die Befreiung von Prag.

Felices Einwilligung, Ende März 1914, ihn zu heiraten, läßt ihn diesen Plan jedoch aufgeben. An Ostern besucht er Felice wieder, sie beschließen, im September zu heiraten, und Ende Mai wird in Berlin die offizielle Verlobung gefeiert. Kafkas Eltern sind mit Felice sehr einverstanden; sie erhoffen sich einen in ihrem Sinne positiven Einfluß auf den unbürgerlichen Lebensstil ihres Sohnes, z. B. auf sein »Manöverleben«, wie er sein nächtliches Schreiben bezeichnet. »Er schläft und ißt so wenig«, hatte die besorgte Mutter schon im November 1912 an Felice geschrieben, »daß er seine Gesundheit untergräbt, und ich fürchte, daß er erst zur Einsicht kommt, wenn es Gott behüte zu spät ist.« Kafka empfindet die zeremonielle Verlobungsfeier allerdings als »Folterung« – und die Verlobung bald als »Sackgasse«. Die vorher schon und immer von neuem ihn aufreibenden Zweifel äußert er gegenüber Grete Bloch und Ernst Weiß; dieser rät von der Verbindung mit Felice ab. Felices Vorstellungen von ihrer gemeinsamen Wohnung und ihrem gemeinsamen bürgerlichen Leben entsetzt Kafka. Das von Anfang an komplizierte Verhältnis, der Versuch, die Distanz zum Leben zu verringern und die Abwehr der Nähe um des Schreibens willen, wird durch die Verlobung noch komplexer. Am 12. Juli spricht er sich mit Felice aus; ihn begleitet Weiß, Felice kommt mit ihrer Schwester Erna und Grete Bloch in den »Askanischen Hof«, Kafka nennt ihn den »Gerichtshof«; das Verlöbnis wird gelöst. Anschließende kurze Ferien verbringt er mit Weiß und dessen Freundin Rahel Sanzara in Marielyst an der dänischen Ostsee.

Tagebucheinträge zeigen, wie Kafka ständig eigene Lebens-
verhältnisse, und eben auch seine Beziehung zu Felice, durch
literarische Gestaltungen hindurch sieht oder erklärt: Leben li-
terarisiert (etwa durch Kleist, Grillparzer, Flaubert, Dostojewski, Hebbel, Schopenhauer, Kierkegaard) und Literatur lebt
– Ausdruck seiner ganz persönlichen Auffassung von Literatur
und Leben. Auch seine eigene Dichtung hat für ihn diese le-
bensdeutende und -voraussagende Funktion; »Folgerungen aus
dem ›Urteil‹ für meinen Fall« hieß es schon 1913 im Tagebuch,
oder von Kierkegaard: »Er bestätigt mich wie ein Freund.«

3.3.4 »Urteil« und »Arkadia«

Zwei Tage nach seinem ersten Brief an Felice schreibt Kafka in
der Nacht vom 22. zum 23. September in einem Zug die Geschichte »Das Urteil«. Ihre Entstehung erlebt er als Durchbruch zum eigentlichen Schreiben und dokumentiert: »Nur so
kann geschrieben werden, nur in einem solchen Zusammenhang, mit solcher vollständigen Öffnung des Leibes und der
Seele.« Anläßlich der Korrektur vermerkt er, daß »die Geschichte wie eine regelrechte Geburt mit Schmutz und Schleim
aus ihm herausgekommen sei«, und notiert, bewußt freudia-
nisch, die ihm schon während der Entstehung klargewordenen
autobiographischen Bezüge. Das Gefühl des »Durchbruchs«
und die »Zweifellosigkeit der Geschichte« bestätigt sich ihm bei
jeder Lesung – vor den Schwesten, bei Baum, bei Weltschs;
auch zu einer öffentlichen Lesung ist er sofort bereit: Er nimmt
die Einladung von Haas für die Herder-Vereinigung »natürlich« an, es wird ihm »sogar Freude machen«, das »Urteil« bei
der »Vorlesung junger Prager Autoren« am 4. Dezember 1912
zu lesen. Auch die Freunde verstanden das »Urteil« als Durchbruch: Paul Wiegler schrieb nach der öffentlichen Vorlesung,
Kafkas Novelle sei »der Durchbruch eines großen, überraschend großen, leidenschaftlichen und disziplinierten Talents«.
Schon die erste größere, von Kafka selbst publik gemachte Geschichte zeigt die »private« Qualität seiner Dichtung; er meint,
er verdanke die Geschichte »auf Umwegen« Felice, zählt die
Kryptogramme auf (Frieda/Felice, Bende/Kafka usw.) und
zieht »Folgerungen« aus der Geschichte für sich. Oft scheint
Kafkas Einschätzung eigener Dichtungen mit der gelungenen
oder mißlungenen Leistung als »selbstbiographischer Untersuchung« zusammenzuhängen; und zweifellos konkurrieren, das

Schreiben erschwerend, während des Entstehens einer Geschichte häufig autobiographische und poetologische Absichten.

Georg Bendemann hat nach dem Tod der Mutter den Vater allmählich fast ganz aus dem Geschäft verdrängt; die geplante Heirat mit Frieda wird ihn das Ziel vollends erreichen lassen; der Vater wird auch aus seinen privaten Räumen ausquartiert werden, jetzt schon, als ob er krank und kindisch sei, wird er im Bett gehalten. Wie sehr es sich bei alledem um eine Wunschvorstellung Georgs handelt, zeigt sich plötzlich, als der Vater Georgs Vorhaben durchschaut und nun, mächtig wie eh und je, Georg zum Selbstmord verurteilt. Dieses Urteil vollzieht Georg sofort. – Derart mag die Geschichte in platte Prosa zu reduzieren sein. (Siehe die Interpretation des Schlußsatzes in 6.3.2)

Kafka allerdings hielt sie mehr für ein »Gedicht« als für eine Erzählung, mit der Notwendigkeit »viel freien Raums« um sich. Dies ernstnehmen heißt, die Artistik der Geschichte zu erkennen, die mit der Präzision eines vollkommenen Gedichts die darstellerischen Mittel nutzt und weiterentwickelt, welche Tradition und Kritik an ihr herausgebildet haben. Die scheinbare »Einsinnigkeit« des Erzählens (mit ihren oft verkannten Folgerungen, etwa deren lügenhafte Einseitigkeit), die Auffindung tradierter und zitathafter, privatester, vor allem auch judaistischer Stofflichkeiten, deren geglückte poetisch-kühne Verwendung und Mischung, die zugleich klassische wie gestisch-metaphorisch überhöhende Sprache und die Frage, zu welchem Ziel dieses und anderes denn –: das wurden Gegenstände überzahlreicher philosophischer, psychologischer und philologischer Versuche, die an Zahl und Intensität nur noch übertroffen werden durch die Literatur zur »Verwandlung«.

Kafkas widerstandslose Bereitschaft zur mündlichen Veröffentlichung des »Urteils« schließt von vornherein den Druck ein, es ist für die »Arkadia« bestimmt. Dieses Jahrbuch, vom Herausgeber Brod und dem Verleger Rowohlt als Periodikum geplant, empfanden die jungen Prager als »ihre« Zeitschrift; sie sind denn auch hier die dominierende literarische Gruppe (Brod, Baum, Kafka, Pick und Werfel); Kafkas Beitrag steht an erster Stelle des Teils »Episches« und mit der Widmung »für Fräulein Felice B.«. Die »Arkadia« und die »Herderblätter« umschreiben mit ihren Autoren ungefähr den engeren literarischen und persönlichen Bekanntenkreis der jungen Prager. Die Hoffnungen, die sie auf das Jahrbuch setzten, erfüllten sich freilich nicht: Es verkaufte sich miserabel. Allerdings fand Kurt

Wolff schon während seines Erscheinens Publikationsformen, die ebenso für den jungen Schriftsteller, der noch wenig umfangreiche Dichtungen produzierte, wie für den Leser, der qualifizierte und preisgünstige Lektüre suchte, geeigneter waren, vor allem die Bücherei »Der jüngste Tag«.

3.3.5 »Der Verschollene« und »Die Söhne«

Das »Urteil« ist jedoch nicht nur wegen seiner spontanen und gültigen Formung als Druchbuch zu verstehen, es leitet auch eine Zeit fruchtbaren Schreibens ein. Unterbrechungen bereiten ihm Qualen; als er Anfang Oktober die Nachmittage wieder in der Asbestfabrik verbringen soll, denkt er sogar an Selbstmord. Schon Ende September beginnt die zweite Fassung des Romans »Der Verschollene (Amerika)«, mit der es Kafka gelingt, aus den »schädlichen Niederungen des Schreibens«, in denen er sich mit der ersten Fassung fühlte, in die Freiheit des eigentlichen Schreibens zu kommen. Die Niederschrift des ersten Kapitels, »Der Heizer«, steht im Tagebuch nach dem 25. September 1912. Bis zum 12. November sind die ersten sechs Kapitel abgeschlossen. Am 17. November wird die Arbeit am Roman unterbrochen, weil eine »kleine Geschichte« Kafka »innerlichst bedrängt«. Die Unterbrechung dauert bis zum 6./7. Dezember, weil sich die Geschichte, die zunächst mit ihrem dann ersten Teil abgeschlossen sein sollte, ständig ausgeweitet hat: Es ist die »Verwandlung«.

Die »Verwandlung« wurde von qualifizierten Kritikern sofort als herausragende Leistung erkannt. Der frappierende Einsatz, daß sich Gregor Sama eines Morgens »in seinem Bett zu einem ungeheuren Ungeziefer verwandelt« hat, fand die Zustimmung natürlich jener, die in die ungewöhnliche Thematik und Darstellungsarten der Expressionisten eingestimmt waren. Der Germanist Oskar Walzel leistete schon 1916 in nuce eine vollständige noch heute gültige Interpretation und Einordnung. Er beobachte die »unwiderstehliche Logik« mit der hier »in die Welt des Wunderbaren« versetzt wird, womit jedoch »das Wunderbare« (hier ein poetologischer Begriff) vollständig erschöpft scheint. »Es ist, als hätte Kafka bei jedem Schritt, den seine Erzählung vorwärts macht, mit peinlicher Strenge erwogen, was sich aus der augenblicklichen Lage ergeben mußte. Und zwar immer im Sinn strenger Echtheit und Wirklichkeit.« Walzel macht auch auf die Verbindung zu Kleist, Chamisso und

Hoffmann aufmerksam. Die exorbitante Interpretationsliteratur hat natürlich viele Details hinzugefügt und doch fast nur an einer Stelle Weiterführendes geleistet: in der wohlbegründeten Ansicht, wie sehr auch diese Geschichte mit Kafkas Judentum verbunden ist. Keine andere Erzählung Kafkas hat zu so umfangreicher, immer neuer Beschäftigung gereizt, wobei jede Generation, jede neue existenzielle Lage, jede andere psychologische Schule und philosophische Richtung, literaturwissenschaftliche Tendenz in ihr jeweils sich Bestätigungen glaubte finden zu können. Deshalb ist es sinnvoll, vor und nach der Kenntnisnahme solcher Deutungen auf Kafkas eigene Aussagen, die Hinweise auf seine Poetologie geben, zurückzugehen; wie etwa auf diese: »Die Krankheitsbezeichnung ist nichts als ein Charakterisierungsmittel, und zwar ein sehr zartes und sehr ergiebiges. [...] es liegt darin [...] eine unendliche Mischung von Absichten« (T Dez. 1914).

Nach Abschluß der »Verwandlung« setzt Kafka die Arbeit am siebten Kapitel des »Verschollenen« fort, doch wird sie schon am 9. Dezember wie vorher auch die »Verwandlung« durch eine Dienstreise verhängnisvoll gestört. Immer mühsamer, von Pausen zerrissen, wird die Weiterarbeit, und am 24. Januar 1913 gibt er auf, »vorläufig«, wie er meint; neben kleineren Fragmenten entsteht indessen bis Ende 1914 nur noch ein letztes in sich abgeschlossenes Kapitel. Schon mit dem Entschluß zur Veröffentlichung des ersten Kapitels »Der Heizer« fällt Kafka zunächst auch ein Urteil über die wenigstens vorläufige Nichtvollendbarkeit seiner bisher umfangreichsten Arbeit.

Das ihm isoliert zur Publikation geeignet erscheinende Kapitel »Der Heizer« erzählt nur die Voraussetzungen für Karl Roßmanns Weg in Amerika: die Verführung durch das Dienstmädchen, das ein Kind von ihm bekommt; den Entschluß des Vaters, ihn nach Amerika zu deportieren; die Schiffsreise; die Benachrichtigung des amerikanischen Onkels durch das Mädchen; dessen Suche nach Karl, die zur Aufnahme beim Onkel führt. Indem sie Karls Weg in Amerika offen läßt, verlangt die Erzählung nach Fortführung und ist Bruchstück, das rechtens den Untertitel »Ein Fragment« erhält; abgeschlossen ist das Kapitel jedoch – und konnte deshalb, ohne daß man ihm die »500 nächsten und vollständig mißlungenen Seiten« ansah (wie Kafka dem Verleger gegenüber bemerkte), getrennt veröffentlicht werden –, weil es vor allem die Begegnung mit dem Schiffsheizer vorstellt und die andern Erzählstränge für die Dauer dieser Begegnung zurücktreten. Diese Begegnung schließt dem Leser zwar Karls Charakter auf, ist aber für die Fortsetzung des amerikanischen Romans ohne kausale Konsequenz, bleibt in seinem Zusammenhang bloße Episode.

Das Kapitel »Der Heizer« ist jedoch auch Paradigma später erzählter Vorgänge (wodurch sich deren Publikation gewissermaßen erübrigt): So entspricht etwa der Verführung durch Johanna die Begegnung mit Klara oder das Verhältnis zum Onkel dem zum Schiffsheizer, wiederholt sich die Verstoßung durch die Eltern in der Verstoßung durch den Onkel und in der Entlassung aus dem Hotel; auch Räume und Örtlichkeiten wiederholen sich in ihrer Struktur. – Die inhaltliche Fortführung des gesamten Roman-Fragments, wie sie Brod überliefert hat, Karl solle nach seiner Aufnahme ins »Naturtheater von Oklahoma« all das, was er auf seinem bisherigen Leidensweg – einem stetigen sozialen Abstieg – verloren hat, »Beruf, Freiheit, Rückhalt, ja sogar die Heimat und die Eltern wie durch paradiesischen Zauber wiederfinden«, wird durch Kafkas Selbstaussage, die eindeutig davon spricht, daß Karl »strafweise umgebracht« werde, nur dann bestätigt, wenn es sich bei dem »Theater« um eine ironisch-visionäre Darstellung nach dem Tode Karls handelt, darin etwa dem zum »Prozeß« gehörenden Stück »Ein Traum« vergleichbar.

Daß Kafka noch eine andere Funktion des »Heizers« denn die als erstes Kapitel des »Verschollenen« oder eben als eines in sich geschlossenen Fragments wichtig war, zeigt seine Bemühung um die Veröffentlichung eines »Novellenbuchs«: »Der Heizer‹, ›Die Verwandlung‹...und ›Das Urteil‹« gehören äußerlich und innerlich zusammen, es besteht zwischen ihnen eine offenbare und mehr noch eine geheime Verbindung, auf deren Darstellung durch Zusammenfassung in einem etwa ›Die Söhne‹ betitelten Buch ich nicht verzichten möchte [...] Mir liegt eben an der Einheit der drei Geschichten nicht weniger als an der Einheit einer von ihnen (Br an Wolff, April 1913). Mit der »geheimen Verbindung« ist wohl außer ihrem Autor, der die einfachen Kryptogramme »Bende[mann]« und »Samsa« als »Kafka« selbst erkennt, u. a. auch der Entstehungszusammenhang gemeint: Die drei Geschichten sind Ende September bis Anfang Dezember 1912 entstanden und bewahren in ihren Handschriften die Spuren der gemeinsamen Geburt: Mehrmals erscheint im »Heizer« für die Hauptperson zunächst statt des Namens »Karl« der Name »Georg« und in der »Verwandlung« einige Male zuerst der Name »Karl« statt »Gregor«. Schon damit erweisen sie sich als variante Über- oder Ausformungen ein

und derselben Grundform, ihres Autors nämlich, als des Sohnes schlechthin. Jede der drei Erzählungen führt bekanntlich
zum Tode des Sohnes durch den Vater, und jedesmal ist eine
Art Verführung Anlaß für das Ereignis. Beachtet man die von
Kafka gewünschte Reihenfolge, so ergibt sich in der Darstellung des Vater-Sohn-Konfliktes eine deutliche Klimax, von
einer weitgehend verborgenen zu seiner fast unverhüllten
Äußerung.

Wie Kafka an gerade diesem Plan über Jahre hin festhält, bezeugt die Druckgeschichte der Jahre 1912 bis 1916, in welcher
der Plan eines Novellenbuchs »Strafen« ebenfalls auftaucht,
doch nicht als Ziel, sondern als Mittel zu einer einheitlichen
Darstellung der Novellen »Die Söhne«. Seit der – ihn überra-
schenden – Aufnahme der »Verwandlung« in den »Jüngsten
Tag« betreibt er den Druck des »Urteils« eben da, bis alle drei
Geschichten dann in diesem Rahmen und der gleichen Ausstattung erschienen sind, die »Darstellung durch Zusammenfassung« erreicht war. – Die Interpretation hat sich dieser Kompo-
sition bisher weitgehend verschlossen. Ihre Gemeinsamkeit ist
auch in ihrem »Mythos« (Jahn) zu sehen, einen »überindividu-
ellen Plan«, »dem abstrakten Kompositionsschema einer möglichen Handlung, das eine unendliche Anzahl verschiedener Ver-
wirklichungen zuläßt« (Jahn). Die Novellen »Die Söhne« kon-
kretisieren eben diesen »Mythos«: »Ein Mensch hat innerhalb
einer festen Daseinsordnung gelebt. Da verführt ihn jemand zu
einer Handlung, die dieser Ordnung widerspricht. Ohne
Schuld schuldig, wird er von einer höchsten Autorität sofort
und ohne Möglichkeit der Rechtfertigung ausgestoßen.«

Die Trilogie »Die Söhne« – und nicht nur das »Urteil« – ist
das Ergebnis des »Durchbruchs«.

Die Schaffenskrise, in die er nach dem Abbruch des Romans
gerät, wird identisch mit der akuten Krise seines Verhältnisses
zu Felice. Als seine Bitte um ihre Hand zunächst ohne Erfolg
bleibt, erwägt er Anfang März, als freier Schriftsteller nach Berlin zu übersiedeln. Der Plan wird jedoch sofort aufgegeben, als
Felice ja sagt und ihm, um Felicens Erwartungen erfüllen zu
können, der Beruf unerläßlich erscheint. Erst nachdem die erste
Verlobung wieder gelöst ist, kann wieder geschrieben werden.
Nur drei Jahre später hat Kafka, zweifellos im Blick auf das
letzte, durch gelingendes Schreiben glückliche Drittel des Jahres, 1912 als das Jahr bezeichnet, in dem er »im Vollbesitz aller
Kräfte« gewesen sei, »mit klarem Kopf«, »nicht zernagt von
den Anstrengungen, lebendige Kräfte zu unterdrücken«: 1912,

so meint er, hätte er Prag und alle hier durch Familie und Beruf gegebenen Einschränkungen verlassen müssen.

3.3.6 Dokumentation des Werks bis 1914; Literatur zu Biographie, Werken, Briefen dieser Zeit

Biographisches

F, Br, T, KW, M, O, H; *Janouch* I; J. *Wagner*, Sborník 1963; H. *Binder*, JSG 1968. – Chronik 65–99. – Dokumente 65–73. – Zeittafel 230–233. – *Brod* I, 110–133. – *Wagenbach* II, 80–94. – *Janouch* II, 108–117. – *Rohner* 39–71. – H. *Binder*: K. und »Die Neue Rundschau«, Mit einem bisher unpublizierten Brief zur Druckgeschichte der »Verwandlung«, JSG 1968, 94–111. – J. *Born*: K. und Felice Bauer, Ihre Beziehung im Spiegel des Briefwechsels 1912–1917, ZfdtPh 1967, 176–186. – *Ders.*: Vom »Urteil« zum »Prozeß«, Zu K.s Leben und Schaffen in den Jahren 1912–1914, ZfdtPh 1967, 186–196. – *Ders.*: K.s unermüdliche Rechner, Euph. 1970, 404–413. – A. D. *Northey*: K.s American Cousins and the »Prager Asbestwerke«, Kafka Debate 133–146. – *Politzer* I, (1912, Der Durchbruch) 81–129.

Zu den Briefen an Felice

Binder IV, (Bau und Stil, Erkenntniswert), 3–34. – J. *Born*: K.s Briefe an F. B., Northwestern Univ. Diss. 1963. – *Ders.*: »Das Zwei in mir kämpfen«, Zu einem Brief an F. B., LuK 1968, H. 22, 105–109. – B. M. *Bornmann*, Riv. di lett. mod. e comp. 1968, 245–290. – E. *Canetti*: Der andere Prozeß, München 1969 (zuerst: NR 1968, 185–220, 568–623). – J. *Ebner*, LuK 1969, 429–436. – J. *Günther*, NDL 1968, H. 3, 127–137. – E. *Heller*, F 9–34. – H. *Jacobi*, Universitas 1968, 297–302. – H. *Politzer*: K.s vollendeter Roman, Zur Typologie seiner Briefe an F. B., Nachleben der Romantik in der mod. dt. Literatur, Heidelberg 1969, 192–211. – J. *Urzidil*: Epilog zu den F.-Briefen, Nachleben der Romantik in der mod. dt. Literatur, Heidelberg 1969, 212–219.

»Betrachtung« (Sammelband mit den Einzelstücken [1] bis [18])
Hs.: –
Entst.: 1902?–1912.
Orig. Druck: Leipzig 1912.
GW: E.
Krit. Druck: Die Erz.; Sämtl. Erz.
Dokumente:
F, T, Br, KW, P (Nachwort zur 1. Ausgabe); Heller-Beug 63–75; Datierung 58–61; Dietz Nr. 17.
Lit.:
Beicken, (Forschungsreferat und -kritik mit Lit.) 237–241. – *Bezzel* 29–

44. – B. *Böschenstein*, Der junge Kafka 200–212. – *Emrich* I, 98–100. – *Flach*, 37–56, 122–131. – H. *Glinz*, (»Kinder auf der Landstraße«), JIG 1969, 74–107. – *Hillmann* II, 269 f. – *Kobs* (»Die Bäume«), 7–19. – *Kurz* (»Die Bäume«), 129 f. – H. T. *Lehmann*, Der junge Kafka 213–241. – K. *Ramm*: Reduktion als Erzählprinzip bei K., Frankfurt 1971 (»Fahrgast«), 7–9, (»Wunsch, Indianer…«), 16–19. – *Richter* I, 52–81. – J. *Rolleston*, Der junge Kafka 184–199. – *Thieberger* (»Die Vorüberlaufenden«), 202–204. – *Weinberg*, 351–406.

(Weitere Angaben s. Kapitel 3.2 unter: Lit. zum Frühwerk.)

Die Einzelstücke der »Betrachtung«

[1]   »Kinder auf der Landstraße«
      Hs.: Brod.
      Entst.: 1910.
      Krit. Druck: Parallelausgabe.

[2]   »Entlarvung eines Bauernfängers«
      Hs.: –
      Entst.: 1911/12.

[3]   »Der plötzliche Spaziergang«
      Hs.: Bodleian.
      Entst.: Januar 1912.

[4]   »Entschlüsse«
      Hs.: Bodleian.
      Entst.: Februar 1912.

[5]   »Der Ausflug ins Gebirge«
      Hs.: Brod.
      Entst.: 1910.
      Krit. Druck: Parallelausgabe.

[6]   »Das Unglück des Junggesellen«
      Hs.: Bodleian.
      Entst.: November 1911.

[7]   »Der Kaufmann«
      Hs.: –
      Entst.: 1907/08.
      Orig. Druck: in: Hyperion 1908.

[8]   »Zerstreutes Hinausschaun«
      Hs.: –
      Entst.: 1907/08.
      Orig. Druck: in: Hyperion 1908; in: Bohemia 1910.

[9]   »Der Nachhauseweg«
      Hs.: –
      Entst.: 1907/08.
      Orig. Druck: in : Hyperion 1908.

[10] »Die Vorüberlaufenden«
      Hs.: –

Entst.: 1907/08.
Orig. Druck: in: Hyperion 1908; in: Bohemia 1910.
[11]   »Der Fahrgast«
        Hs.: –
        Entst.: 1907/08.
        Orig. Druck: in: Hyperion 1908; in: Bohemia 1910.
[12]   »Kleider«
        Hs.: Brod.
        Entst.: 1902/04?–07.
        Orig. Druck: in: Hyperion 1908; in: Bohemia 1910.
        Krit. Druck: Parallelausgabe.
[13]   »Die Abweisung«
        Hs.: –
        Entst.: 1906/07.
        Orig. Druck: in: Hyperion 1908.
[14]   »Zum Nachdenken für Herrenreiter«
        Hs.: –
        Entst.: 1909/10.
        Orig. Druck: in: Bohemia 1910; in: Das bunte Buch 1914.
[15]   »Das Gassenfenster«
        Hs.: –
        Entst.: 1906–09?
[16]   »Wunsch, Indianer zu werden«
        Hs.: –
        Entst.: 1909/10.
[17]   »Die Bäume«
        Hs.: Brod.
        Entst.: 1904?–07.
        Orig. Druck: in: Hyperion 1908.
        Krit. Druck: Parallelausgabe.
[18]   »Unglücklichsein«
        Hs.: Teil: Bodleian.
        Entst.: Spätherbst 1910.

Gustav-Blenkelt-Fragment

Hs.: Bodleian.
Entst.: September 1912.
GW: T.

»Das Urteil«
Hs.: Bodleian.
Entst.: September 1912.
Orig. Druck: in: Arkadia 1913; Leipzig 1916; München 1920.
Faks. Druck: in: Arkadia, Kraus, Reprint 1970; Der Jüngste Tag (des
orig. Drucks Leipzig 1916), Frankf. 1970.
GW: E.

Dokumente:
T, Br, F, KW, M, Janouch I; Heller-Beug 19–30; Datierung 62; *Dietz*
Nrn. 20, 31, 54.
Lit.:
Beicken (Forschungsreferat und -kritik mit Lit.) 241–250. – A. *Bartels*:
Der Kampf um den Freund, die psychoanalytische Sinneinheit im »Ur-
teil«, DVjs 1982, 225–258. – *Beißner* 49–70. – *Bezzel* 66 f. – *Binder* I,
125–135, 350–360. – H. *Binder*: K.s Schaffensprozeß mit besonderer
Berücksichtigung des »Urteils«, Euph. 1976, 129–174. – J. *Demmer*:
K., der Dichter der Selbstreflexion, München 1973. – L. *Dietz*: Das
Jahrbuch »Arkadia«,Philobiblon 1973, 178–188. – R. *Falke*: Biograph.-
literarische Hintergründe von K.s »Urteil«, GRM 1960. 164–180. – A.
Flores (Hg.): The Problem of the Judgement, Eleven Approaches to K.,
New York 1977. – H.-G. *Kemper*, Expressionismus, München 1975,
286–305. – H. *Kobligk*, (Zum Verständnis der Schuld), WW 1982, 391–
405. –*Kurz* 167–172. – E. L. *Marson*, AUMLA 1961, 167–178. – B. *Na-
gel*: K., Berlin 1974, 172–200. – G. *Neumann*: K., »Das Urteil«; Text,
Materialien, Kommentar, München 1981. – *Politzer* I, 87–104. – C. N.
Pondrom, SSF 1972, 59–79. – *Rehfeld*. – *Richter* I, 105–112. – *Richter*
II, 855–861. – K. H. *Ruhleder*, MH 1963, 13–22. – *Robertson*, (K.s
Hinwendung zum Judentum, Der Kontext der Erzählung), 9–55. – *Rolleston* 42–51. – J. *Seidler*, Psychologie in der Literaturwissenschaft, hg.
von W. Paulsen, Heidelberg 1971, 174–190. – *Sockel* I, 44–76. – E. R.
Steinberg, MFSt 1962, 23–30. – J. P. *Stern*, GQ 1972, 114–129. – *Weinberg* 318–350. – J. J. *White*, DVjs 1964, 208–229. – *Zimmermann* I, 189–
208.

»*Der Heizer*«
Hs.: Bodleian.
Entst.: September 1912.
Orig. Druck: Leipzig 1913; Leipzig 1916; Leipzig 1917/18.
Faks. Druck: Der jüngste Tag, Frankfurt 1970 (von 1913).
GW: E.
Krit. Druck: Drei Erz.; Sämtl. Erz.
Dokumente:
F, T, KW, Br, M, Janouch I; Heller-Beug 31–50; Datierung 62; Dietz
Nrn. 21, 29, 42.
Lit. (s. auch die Lit. zum »Verschollenen«):
E. *Goldstücker*, Germanistica Pragensia 1964, 49–64. – *Jahn*16–20. – A.
D. *Klarmann*, WIZ 1962, 35–39. – R. *Musil*, NR 1914, 1166–1172. – M.
Pasley, Drei Erz., 7–14. – O.*Walzel*, Berliner Tageblatt, 6. 7. 1916.

»*Die Verwandlung*«
Hs.: Privat CSSR.
Entst.: November 1912.
Orig. Druck: in: Weiße Blätter 1915; Leipzig 1915; Leipzig 1918.

Faks. Druck: Die Weißen Bll., Kraus Reprint 1970; Der jüngste Tag (des orig. Drucks: Leipzig 1915), Frankfurt 1970.
GW: E.
Krit. Druck: Sämtl. Erz.
Dokumente:
F, Br, T, KW, Janouch I, Brief an Schickele (Expressionismus, Marbach 1960), Brief an Musil (JSG 1968); Heller-Beug 51–61; Datierung 64; Dietz Nrn. 25, 26, 47.
Lit.:

Beicken, (Forschungsreferat und -kritik, Lit.) 261–272. – S.*Corngold*: The Commentators' Despair, The Interpretation of K.s»Metamorphosis«, Port Washington-London 1973. (Mit einer kritisch-kommentierenden Bibliographie von über 130 Titeln, S. 39–256.) – *Beck* 135–146. – *Beißner* 43–83. – *Bezzel* 67–71. – *Binder* I, 265–298, 350–360. – *Binder* III. – H. *Binder*: K.und die neue Rundschau, JSG 1968, 94–111. – V. *Cerny*, Host do domu 1964, Nr. 3, 9–12. – *Emrich* I, 118–127. – *Fingerhut* 189–200. – *Hasselblatt* 189–205. – M. *Hosaka*: Die erlebte Rede in »Die Verwandlung«, Doitsu Bungaku 1968, H. 41, 39–47. – *Jahn* 16–20. – H. *Kobligk*, (Zum Verständnis der Schuld), WW 1982, 391–405. – M. *Krock-Eichner*: K.s »Die Verw.«, Von der Larve eines Kieferspinners über die Boa zum Mistkäfer, Eine Deutung nach Brehms »Thierleben«, Euph. 1970, 326–352. – *Kurz* 172–177. – F. D. *Luke*, Kafka Today 25–44. – L. *Moss*: A Key to the Door Image in the »Metamorphosis«, MFSt 1971, 37–42. – V. *Nabokov, NR 1982, 110–139.* – *Politzer* I, 104–129. – *Robertson* 56–119. – *Rolleston* 52–68. – K. H. *Ruhleder*: Die theologische Dreizeitenlehre in K.s »Verwandlung«, LWU 1971, 106–114. – J. *Schubinger*, K., »Die Verw.«, Zürich 1969. – *Sokel* I, 77–103. – K. *Sparks*, ZfdtPh 1965, Sch., 73–82. – P. B. *Waldeck*: (As influenced by Sacher-Masoch), MH 1972, 147–152. – O. *Walzel*, Berliner Tageblatt, 6. 7. 1916 (mit anderen zeitgenöss. Kritiken abgedruckt in: Kritik und Rezeption). – *Weinberg* 235–317. – B. v. *Wiese*, Die dt. Novelle von Goethe bis K., Interpretationen, Bd. 2, Düsseldorf 1962, 319–345.

»Die Söhne«
Druck: Frankfurt 1989, Hg. M. Müller.
Lit.: L. *Dietz*: K.s Plan einer Trilogie, Druckgeschichte als Textkritik und Interpretationshilfe, Fs. Schumacher (Hg. H. Colberg), Stuttgart 1986, 413–424. – *Jahn* 16–20. – M. *Müller*, (Nachwort), K.: Die Söhne, Frankfurt 1989, 133–148. – U. *Ruf*: K., Das Dilemma der Söhne, Berlin 1974.

»Der Verschollene« (»Amerika«)
Hs.: (2. Fassung) Bodleian.
Entst.: 1. Fassung: 1911/12; 2. Fassung 1912–14, haupts. 1912.
GW: A.
A/Krit. A., A 1983.
Dokumente:
T, F, Br, KW, M; Heller-Beug 31–50; Datierung 62 f.

Lit.:
Beicken (Forschungsreferat und -kritik mit Lit.) 251–261. –*Bezzel* 44–
66. – A. *Borchardt*: K.s zweites Gesicht, Der Unbekannte, Das große
Theater von Oklahoma, Nürnberg 1960. – *Emrich* I, 227–258. – K.
Hermsdorf: K., Weltbild und Roman, Berlin 1961. – *Ders.*, Marxist
Criticism, 22–37. – H. *Hillmann*: K.s »Amerika«, Lit. als Problem-
lösungsspiel, Der dt. Roman im 20. Jh., Bamberg 1975, 135–158. –
Jahn. – *Keßler*, (Mimesis, Realität und Sprachkritik), 24–52. – *Kobs* 98–
531. – *Kraft* 78–97. – G. *Loose*: K. und Amerika, Frankfurt 1968. – R.
R. *Nicolai*, (Motive und Gestalten), Würzburg 1981. – *Politzer* I, 179–
240. – J. *Pütz*: K.s »Verschollener, ein Bildungsroman?, Frankfurt
1983. –*Richter* I, 175–190. – *Robertson* 56–119. – R. E. *Ruland*, American Quarterly 1961, 33–42. – M. *Sonnenfeld*: Die Fragmente »Ame-
rika« und »Der Prozeß« als Bildungsromane, GQ 1962, 34–46.– J.
Schillemeit: Darstellung und Wahrnehmung der Wirklichkeit in K.s
Romanen, Nürnberg 1979. – C. *Steiner*: K., Symposion in Philadelphia
(Hg. Caputo-Mayr), 1978, 46–58. – J. *Thalmann*: Wege zu K., Eine
Interpretation des Amerikaromans. Frauenfeld-Stuttgart 1966. – J. W.
Tilton: K.s »Amerika« as a Novel of Salvation, Criticism 1961, 321–
332. – J. *Urzidil*: Edison und K., Der Monat 1961, 53–57. – *Uyttersprot*.
– A. *Wirkner*: Quellenstudien zum »Amerika«- Fragment, Stuttgart
1976.

Ernst-Liman-Fragment
Hs.: Bodleian.
Entst.: Februar 1913.
GW: T.

Die Verlage Rowohlt und Wolff

Göbel. – W. *Göbel*: Der Rowohlt Verlag 1910–1913, Seine Geschichte
und seine Bedeutung für die Literatur seiner Zeit, Börsenbl. für den Dt.
Buchhandel, Frankfurt 1974, Beilage, 57–107. – M. *Hintermeier*/F. J.
Raddatz (Hg.): Rowohlt Almanach 1908–1962, Mit einem Vorwort
von K. *Pinthus* und der vollständigen Bibliographie von 1908–1961,
Reinbek 1962. – Paul *Mayer*: Ernst Rowohlt, in Selbstzeugnissen und
Bilddokumenten, Reinbek 1968. – KW. – K. *Wolff*: Autoren, Bücher,
Abenteuer, Betrachtungen und Erinnerungen eines Verlegers, Berlin
1965. – K. H. *Salzmann*: Kurt Wolff, der Verleger; Ein Beitrag zur Ver-
lags- und Literaturgeschichte, Börsenbl. für den Dt. Buchhandel,
Frankfurt 1958, Archiv XII, 1729–1749. – M. *Durzak*: Dokumente des
Expressonismus, Das Kurt-Wolff-Archiv, Euph. 1966, 337–369. – K.
Pinthus: Der Zeitgenosse, Literarische Porträts und Kritiken von K. P.,
hg. vom Dt. Literaturarchiv, Marbach 1971, – Unseld.

3.4 Während des Krieges (1914–1918)

3.4.1 Bis zum Ausbruch des Krieges; Kriegsfolgen

1913 und die erste Hälfte des Jahres 1914 sind eine schriftstelle-
risch unfruchtbare Zeit. Die zur Publikation vorgesehene frühere Produktion überbrückt sie. Für die Zukunft ist wichtig,
daß sich das Verhältnis zu seinem Verleger, nach dem Ausschei-
den Rowohlts nun ausschließlich Kurt Wolff, vollends klärt:
Der sich rasch ausdehnende Verlag kann Kafkas Produktion
aufnehmen. Er schafft gerade geeignete Medien oder hat schon
an ihnen teil – Periodika (»Der lose Vogel«, »Arkadia«, »Die
weißen Blätter«), Bücherreihen (»Der jüngste Tag«) und Almanache (»Das bunte Buch«) – und ist an Kafka offensichtlich interessiert. Schließlich erweitert auch Robert Musils Einladung
im Frühjahr 1914, zur »Neuen Rundschau« beizutragen, Kafkas Möglichkeiten. Da macht der Kriegsausbruch allen Aus-
sichten ein Ende; Verlage und Druckereien müssen aus Perso-
nalmangel jegliche Tätigkeit abrupt einstellen; es dauert Monate, bis sie eine zunächst reduzierte Tätigkeit wieder aufnehmen und allmählich auch an dem vom Krieg verursachten Boom
teilnehmen können. Die geplante Veröffentlichung der »Verwandlung« in der »Neuen Rundschau« war nicht zu realisieren,
weil Musil sein Programm, das auf Widerstand stieß, bis zum
Kriegsausbruch nicht hatte durchsetzen können; und auch im
Kurt Wolff Verlag bleibt die »Verwandlung« wegen der kriegs-
bedingten Stagnation in der Schublade.

Kafka hatte sich vor kurzem wieder entlobt, war anschließend an der Ostsee und kehrte nach Österreichs Ultimatum an
Serbien nach Prag zurück; er wurde nicht, wie Wolff, Musil,
Blei, Bergmann und sein Schwager, eingezogen; er war ja, wie
auch Brod, »wegen Schwäche« »militärfrei« gewesen und ist
jetzt als Beamter eines wichtigen staatlichen Betriebs zurückge-
stellt. Wohl aber sollte er sich nun mehr für die im Familienbe-
sitz befindliche Asbest-Fabrik einsetzen und dafür seine bürofreien Nachmittage verwenden statt zur Vorbereitung auf sein
nächtliches Schreiben; diese Arbeit ist eine Qual für ihn, er sieht
sie als Opfer insbesondere für den Vater und nennt sie deshalb
seinen »dauernden Versöhnungstag«. Da er seinen Platz in der
elterlichen Wohnung der ältesten Schwester Elli (deren Mann
eingezogen ist) und ihren Kindern zu räumen hat, muß er erstmals die Familie verlassen und eine eigene Wohnung nehmen
(Bilekgasse 10). Seine Lärmempfindlichkeit zwingt ihn immer

wieder zur Suche einer stilleren Wohnung; so zieht er zunächst
im gleichen Haus um, dann in die Lange Gasse 18 (Haus »Zum
goldenen Hecht«, März 1915), in die Alchemistengasse 22
(1917), ins Schönborn-Palais (bis August 1917). Und nach der
seit Februar 1913 dauernden Schaffenspause beginnt Kafka endlich wieder zusammenhängend zu schreiben. Für den Krieg
zeigt er zunächst fast nur beiläufige Abneigung. Er findet pa-
triotische Umzüge »widerlich«, läßt sich aber zur Zeichnung
von Kriegsanleihen verführen, wodurch er sich »unmittelbar
am Krieg beteiligt« fühlt. Tiefer sind Auswirkungen, die nicht
so abzutun sind: die Fluchtbewegung des überwiegend polnischen Ostjudentums, die Prag als eine nord-östliche Großstadt
der Donaumonarchie bedrückend erreicht; oder die Tatsache so
vieler Schwerkriegsverletzter (so daß Kafka im Mai 1917 einer
der Initiatoren der »Deutschen Krieger- und Volks-Nerven-
heilanstalt« wird, für die er auch noch nach dem Krieg tätig ist).
Prag ist Frontstadt geworden.

Kafkas wiederholte Überlegung, die militärfreie Stellung auf-
zugeben und Soldat zu werden – Bergmann war inzwischen
schon als Reserve-Offizier an der italienischen Front –, ist vor
allem Ausdruck des Dranges zu Fluchtversuchen vor sich selbst
während seines Kampfes um Felice und zugleich eine typisch
jüdische Reaktion auf den antisemitischen Vorwurf in den Staaten der Mittelmächte, die Juden hielten sich drückebergerisch
fern von den Verpflichtungen der Bevölkerung zur Verteidi-
gung ihrer Heimat und zeigten sich damit als Land- und Volks-
fremde.

3.4.2 »Prozeß«, »Strafkolonie«, Fragmente

Seit Ende Juli 1914 schreibt Kafka am »Prozeß«. Im Oktober
nimmt er zwei Wochen Urlaub, »um den Roman vorwärtszu-
treiben«, und bis zum Dezember sind Hauptteile fertig. Das
neue Kapitel mit dem Kernstück des Romans, der später isoliert
veröffentlichten Türhüterlegende »Vor dem Gesetz«, die ihm
ein besonderes »Zufriedenheits- und Glücksgefühl« vermittelt,
entsteht in der ersten Dezemberhälfte, und wohl 1915 ist das
Stück »Ein Traum« entstanden, das – ebenfalls für sich veröffentlicht – Brod in seine Ausgabe des »Prozeß« nicht aufgenommen hat. Erst vor Oktober 1915 entsteht das Schlußkapitel, womit vielleicht alle Kapitel abgeschlossen sind, die sich mit dem
Gericht beschäftigen sollten und Kafkas weiteres Interesse am

Thema erschöpft ist. Vielfältige autobiographische Bezüge – so ist Josef K. bei seiner Verhaftung ebenso alt wie Kafka oder Fräulein Bürstner im Manuskript mit F. B. wie Felice Bauer abgekürzt – liegen offen zutage; und »gute Arbeit« am Roman bringt »zum Teil vollständiges Begreifen« seiner Lage. Damit werden die Selbstaussagen Kafkas von aufschließendem Wert für das Verständnis dieses auf seiner erlebten und nachwirkenden Krise gründenden Romans. Das Tagebuch dieser Zeit berichtet von Not und Glück des Schreibens (»ohne jede Verbindung mit F. . . . ruhig gelebt«, »von F. geträumt wie von einer Toten, die niemals wieder leben könnte«). Während bei den zwei anderen Romanfragmenten keine Klarheit über den inhaltlichen Schluß besteht, ist der Rahmen beim »Prozeß« vollständig, lediglich Einzelteile des Weges zwischen Verhaftung und Hinrichtung Josef K.s sind nicht dargestellt; insofern ist der »Prozeß« der am weitesten ausgeführte Roman Kafkas. Er selbst sieht eine Verbindung zu dem früheren Roman, zu dem er während des eigentlich für den »Prozeß« projektierten Urlaubs noch ein letztes Kapitel fertiggestellt hat: »Roßmann und K., der Schuldlose und der Schuldige, schließlich beide unterschiedslos strafweise umgebracht, der Schuldlose mit leichter Hand, mehr zur Seite geschoben als niedergeschlagen.«

Mit diesem Roman ist für die Protagonisten Kafkas endgültig ein üblicher Name aufgegeben. Hatte die Hauptperson im »Verschollenen« noch den vollen Namen Karl Roßmann, ist der Name jetzt reduziert auf »Josef K.«, im »Schloß« nur noch »K.«, und in der späten Geschichte »Erstes Leid« namenlos mit »der Trapezkünstler« alles gesagt. Was mit dem Helden geschieht und welche Antworten er in sich, seinen Handlungen oder seiner Umwelt findet, ist wichtiger. Ein in übliche d. h. gleichgültige Verhältnisse einordnender Name müßte täuschen über die ganz und gar unüblichen d. h. neu und richtig gesehenen Vorkommnisse in einer neu und richtig gesehenen Welt. Das Vorgehen Kafkas entspricht hier durchaus dem der zeitgenössischen Kunst, in der kontrahierende, deformierende und aperspektivische Gestaltung die gewohnte Abbildung verneint und eine neue Anschauung des Dargestellten gibt. Die Namenskürzung, das Namenskürzel oder die Berufsbezeichnung meint damit nicht einen Menschen, »in dem nur noch der letzte Funke des Menschlichen überlebt« (Robert), sondern lehnt die ausdrucksleere Wiedergabe des Menschen durch seinen Namen, diese allgemeinste Bürgerlichkeit, ab und sagt in nuce, daß hier – Kafkas Verständnis für moderne Kunst erlaubt diese Formulierung, wollte er doch z. B. auch das »allermodernste Amerika« darstellen – auf allermodernste Kunstweise gesprochen ist. Das leergewordene Konkrete wird aufs Abstrakte (und Wesentliche) konzentriert.

Während der Arbeit am »Prozeß« – wie immer, wenn er sich in einer Phase des Schreibens befindet – drängen sich mehrere Pläne und Entwürfe nebeneinander vor, so daß es schwierig wird, mit den konkurrierenden Aufgaben fertig zu werden und an die vielen »abreißenden Anfänge« wieder anzuknüpfen. »Anfang jeder Novelle«, stellt Kafka diesmal fest, »zunächst lächerlich. Es scheint hoffnungslos, daß dieser neue, noch unfertige, überall empfindliche Organismus in der fertigen Organisation der Welt sich wird erhalten können, die wie jede fertige Organisation danach strebt, sich abzuschließen«. Die »russische« Geschichte »Erinnerung an die Kaldabahn«, »Der Dorfschullehrer (Der Riesenmaulwurf)«, »Blumfeld, ein älterer Junggeselle« und »Der Unterstaatsanwalt« bleiben Fragmente.

Im Urlaub ist jedoch auch die ganze Novelle »In der Strafkolonie« entstanden. Ihre Entstehung so kurz nach Kriegsbeginn, bei überraschend knappen, immer negativen Äußerungen Kafkas zu diesem Ereignis, macht wahrscheinlich, daß sie auch eine Art von »Zeitkritik« darstellt; so hat man die hier einem Forschungsreisenden vorgeführte Strafmaschinerie als bildhafte Gestaltung eines Systems totalitärer Macht und Unmenschlichkeit verstanden. Und gerade diese Geschichte hat Kafka während des Krieges und als einzige außerhalb Prags, im November 1916 in München, öffentlich vorgelesen.

Innerhalb einer weiteren vertrackten Variation von Gerechtigkeit, Schuld und Strafe ist hier zugleich, wenn auch kaschiert, das Problem von Kunst und Künstler gestaltet. Ein »kunstvoller« Apparat sticht dem Verurteilten den Richtspruch in einem zwölfstündigen Prozeß mit buchstabenförmigen Zieraten in den Leib, so daß er die Schrift der immer tieferen Wunden allmählich »entziffern« kann und im Augenblick der vollendeten Bestrafung, im Tod, das Urteil ganz körperlich besitzt. Der Offizier, der als letzter Befürworter und Organisator dieses schrecklichen Kunstwerks sich mit ihm identifizierte, programmiert den Apparat, um seinen gültigen Sinn zu beweisen, endlich mit dem Schriftsatz »Sei gerecht« und bietet sich selbst zur Verurteilung an. Entgegen ihrer üblichen Kunstregel tötet die Maschine ihn darauf sofort und zerstört sich selbst. Der Offizier ist nicht nur Vertreter einer archaischen Rechtsauffassung und eines entsprechenden Gerichtsverfahrens, sondern auf seine Weise auch Künstler und auch als solcher schon Opfer. Daß Künstlertum Martyrium sei – die Kunstreiterin (»Auf der Galerie«) und weitere Erzählungen werden dies bald variieren –, dessen ist sich Kafka seit längerem sicher. Er bewegt sich damit innerhalb der zeitgenössischen Tradition, die z. B. im Zirkus- oder Straßenartisten den Künstler darstellt. 1912 notiert Kafka sich Flauberts Satz »Mein Roman ist der Felsen, an dem ich hänge«: Als Schriftsteller ist er ein zweiter Prometheus: permanentes Opfer und Selbstopfer. Später wird Kafka der griechisch-mythologisierenden Formulierung Flauberts die jüdische vom »Sündenbock« zugesellen; indem der Künstler stellvertretend die Sünde der Welt trägt, ist er allein, wird er mit Isolierung bestraft, in die Wüste gejagt. Ebenso haben schon die »Söhne« Georg, Karl und Gregor mit der persönlichen auch stellvertretende Schuld als Sündenböcke von Familie und Gesellschaft.

Ein Ergebnis der Lesung in München ist, daß Kafka die Kritik am »so endlos langsam verebbenden« Schluß sich zu eigen machte und zur Veröffentlichung Wolff ein gekürztes Manuskript überließ; zu erschließen ist, daß die gestrichene Stelle Reflexionen des entsetzten Forschungsreisenden enthielt, dem der Offizier das umstrittene Verfahren zeigte. Kurt Wolff hat die Veröffentlichung in der weithin beachteten Reihe »Der jüngste Tag« abgelehnt, nicht weil er die Novelle, die er als erstrangig schätzte, hätte nicht publizieren wollen (und er publizierte sie denn auch sofort nach dem Kriege), sondern weil er diesen Publikationsort der »Peinlichkeit« der Novelle für nicht angemessen hielt. Als Publikationsort der »Strafkolonie« wären Kafka zeitweilig auch die pazifistischen »Weißen Blätter«, der bibliophile »Marsyas« oder ein Novellenbuch »Strafen« recht gewesen; das Novellenbuch hätte überdies das »Urteil« und die »Verwandlung« einschließen sollen und so den Zusammenhang dreier »Strafphantasien« betont.

3.4.3 Die Veröffentlichung der »Verwandlung«;
das »Novellenbuch«

Mit diesen Überlegungen treten Kafka und der Kurt Wolff Verlag in die zweite wichtige Phase der Veröffentlichung seiner Produktion ein. Die Stockung, die der Krieg verursacht hat, ist inzwischen vom Verlag überwunden, und Kafka will die »Verwandlung« in die »Weißen Blätter« geben, die unter der Redaktion René Schickeles zum führenden Organ pazifistischer Literaten und damit nicht sprachexperimentell arbeitender Expressionisten geworden sind. Die Tatsache, daß der Millionär Carl Sternheim, dem Blei im September 1915 den Fontanepreis zuerkennt, auf Anraten Bleis die Preissumme an Kafka weitergibt, kann vom Verlag, der an diesen Vorgängen beteiligt war, werbewirksam ausgewertet werden: Die eben in den »Weißen Blättern« publizierte »Verwandlung« erscheint sofort auch als Einzeldruck im »Jüngsten Tag« und zwar in der schon von der Ausstattung her (Einband, Illustration und Druckgestalt) äußerst geschlossenen Serie »Neue deutsche Erzähler«. Diese Serie umfaßt neben Kafkas »Verwandlung« Sternheims »Napoleon« und »Schuhlin«, Kasimir Edschmids Novellen »Das rasende Leben« und Schickeles »Aissé«. Im Zusammenhang mit der Werbekampagne für Sternheim und Kafka unter dem Schlagwort »Fontanepreis 1915« wird auch die bisher nur rund zur Hälfte verkaufte »Betrachtung« als »2. Auflage« nochmals neu herausgestellt.

Die rapide Ausdehnung des Verlages und der Erfolg seines Programms wirken sich auch für Kafka aus: Im Frühjahr 1916 kommt der »Heizer« in die zweite und 1917/18 in die dritte Auflage; auch die »Verwandlung« braucht eine 2. Auflage (wohl 1918). Besonders aufschlußreich ist, daß im Laufe der Verhandlungen um das von Wolff versprochene »Novellenbuch« es weder zu dem von Kafka gewünschten Novellenbuch »Die Söhne« noch zu dem ersatzweise von ihm geplanten Novellenbuch »Strafen« kam, sondern auch zur Aufnahme des »Urteils« in den Jüngsten Tag – obwohl dieses in der »Arkadia« noch nicht vergriffen war –, womit die durch den Titel »Die Söhne« ihre »innere und mehr noch geheime Verbindung« andeutenden Novellen und zwar in der ursprünglich von Kafka gewünschten Reihenfolge alle in ein- und demselben Organ veröffentlicht waren. Kafkas sich selbst interpretierendes Editions- und Kompositionsprinzip wird an diesem Beispiel aus der Druckgeschichte besonders deutlich.

3.4.4 Kafka und die Expressionisten

Seit 1912 ist Kafka Autor Kurt Wolffs, den man den Verleger des Expressionismus genannt hat; trotz Wolffs Abwehr ein keineswegs ungerechtfertigtes Attribut: Denn eben in Wolffs Verlagen (»Rowohlt«, »Kurt Wolff« und dem von ihm bis 1917

betreuten, dann angegliederten »Verlag der Weißen Bücher«)
erschienen z. B. Georg Heym, Georg Trakl und Ernst Stadler,
jene drei, die man jahrzehntelang als die wegweisenden Lyriker
des Expressionismus bezeichnet hat – übrigens eine Einordnung, an der die Werbung des Verlags merklich Anteil hat. Und
die bekannteste Sammlung expressionistischer Lyrik, die
»Menschheitsdämmerung«, von Wolffs langjährigem Lektor
Kurt Pinthus zusammengestellt, hat unter den insgesamt 23 Autoren allein 18 des Verlags Kurt Wolff und das, obschon die Anthologie bei Rowohlt erschien. Aber auch für die epische und
dramatische Gattung publizierte der Verlag Musterbeispiele expressionistischer Gestaltung: Sternheim, Benn, Edschmid,
Werfel, Wolfenstein, Schickele, Ehrenstein, die Lasker-Schüler. In diesen Kreis, der sich 1912 noch nicht einmal im Unge-
fähren andeutete, sich aber im Laufe der Jahre 1913 und 1914
schon erkennen ließ und seit 1915 zu runden begann, war Kafka
mit der Herausgabe der »Betrachtung« getreten. Der expansive
Verlag zog mit Vehemenz die junge Literatur zu sich heran; es
ist nicht bekannt, daß Kafka dagegen Abneigung empfunden
hätte; mit Selbstverständlichkeit gibt er 1916, 1917 und 1918
Prosastücke in die betont expressionistischen Almanache des
Verlags. Unter seinen Bekannten und Freunden sind expressionistische Dichter: Ehrenstein, Kölwel, Sternheim, Weiß, Werfel u. a.; auch liest Kafka in München seine »Strafkolonie« in der
progressiven, ganz dem Expressionismus zugewandten Buch-
und Kunsthandlung Goltz vor. Diese Teilnahme an den Medien
des Expressionismus bedeutet jedoch keine Teilnahme am Expressionismus selbst. (Auch das Angebot im Jahre 1916, im
Verlag Kurt Wolff Lektor zu werden, ist vor allem als Bereitschaft Wolffs zu verstehen, Kafka im Falle seiner Lösung vom
Beruf und von Prag finanziell sicher zu stellen, finanzielle Unterstützung *und* das Schreiben zu ermöglichen und die finanzielle Unterstützung mit einem »Lektorat« zu motivieren – wie
früher schon im Fall Werfels und Ehrensteins.) Daß besonders
Kafkas Erzählung »Die Verwandlung« von den Zeitgenossen
als expressionistische Novelle aufgefaßt wurde, liegt an dieser
schiefen, wenn auch verständlichen Perspektive; ihr Erscheinen
in den expressionistischen »Weißen Blättern« und dann in der
noch heute als Markenzeichen des Expressionismus geltenden
Bücherei »Der jüngste Tag«, und hier sogar in der Serie der
»Neuen deutschen Erzähler«, verführte dazu; hatte doch schon
der Verlag diese Serie entsprechend propagiert: »Gemeinsam«
sei den Erzählungen »eine rasende Lebensempfindung, welche

mit bewußt neuen Mitteln gesteigerter Darstellung herausgebracht ist.«

Der Prager Kreis ist ungleich stärker als reichsdeutsche Gruppen der Tradition verpflichtet; selbst die jüngeren Prager zeigen formal und inhaltlich weniger revolutionäre Haltungen. »Die jungen Leute im Café Arco«, nennt Kafka dennoch distanzierend den weiteren Prager Kreis und spürt in ihrer Mitte ein »wechselndes Gefühl«. Nicht einmal beeinflußt werden kann er von der neuen literarischen Bewegung, er ist älter und in sich fertig. Vor allem aber mußten ihm Publikationswut, Lebenshektik, die sprachlichen und inhaltlichen Exaltationen und auch die politischen Aktivitäten und Einseitigkeiten der Expressionisten mißfallen. Deutlich wird dies in Kafkas Verhältnis zu Person und Produktion Werfels oder in seiner Stellung zu Werken Bechers, Döblins, Kölwels, der Lasker-Schüler u. a. Kafkas Verhältnis zu Goethe, Kleist, E. T. A. Hoffmann, Hebbel, Schopenhauer, Dostojewski, Dickens, Flaubert u. a. zeigt seine der Tradition verpflichtete Haltung, die sich durchweg auch in seinen Dichtungen nachweisen läßt.

Die Resonanz allerdings, die Kafka fand, ist auf die ganz äußerliche Teilhabe am Expressionismus zurückzuführen: Seine ›erfolgreichsten‹ Arbeiten waren die in der Bücherei »Der jüngste Tag« erschienenen. Er wurde in den Jahren einer zügigen Aufnahme der expressionistischen Literatur einfach mit dieser zusammen konsumiert und rezipiert. Dem genaueren Hinblick freilich zeigte sich auch damals seine der expressionistischen Tonart ferne Haltung; so benennt etwa Oskar Walzel schon 1916 in seinem Essay »Logik im Wunderbaren« detailliert die Nähe zu Kleist, und Tucholsky wird 1920 seine große Rezension der »Strafkolonie« mit dem Fazit schließen: »Unbedenklich wie Kleist.«

3.4.5 Zionismus; »Landarzt«-Erzählungen und Fragmente

Im Lauf des Krieges intensiviert sich Kafkas Neigung zum Ostjudentum, Chassidismus und Zionismus. Die Begegnung mit Georg Mordechai Langer erweitert sein bei Buber gewonnenes Wissen von Chassidismus und Kabbala; mit Brod und Langer besucht er im September 1915 den nach Prag geflüchteten Grodeker Wunderrabbi, im Juli 1916 in Marienbad zweimal den Belzer Rabbi, mit dem Langer gerade unterwegs ist; Erzählungen Langers vom Baalschem hält er in einer an Bubers Nacherzählungen geformten Erzählweise im Tagebuch fest. Kafkas Entwicklung läuft parallel zu der historischen des Zionismus, die in diesem Jahrzehnt durch die Balfour-Deklaration ihre stärkste Beschleunigung bekam. Kafkas Interesse zeigt sich z. B. darin, daß auf seine Anregung hin Felice in ihrer Freizeit in dem von Buber, Brod und Landauer gegründeten Jüdischen Volksheim in Berlin arbeitet, das Kinder ostjüdischer Einwanderer und Flüchtlinge betreut, wie an seiner gelegentlichen Teilnahme an Brods Unterricht für Kinder galizischer Flüchtlinge in Prag, wodurch er Verbindung zu Ostjuden fand und sich mit der jungen Lembergerin Fanny Reiß befreundete, wie vor allem auch in dem Willen, hebräisch zu lernen; das Hebräische als Einheit und Nation schaffende Sprache der Juden war ja eines der Ziele des Zionismus, das schon im dritten Satz des Baseler Programms von der »Stärkung des jüdischen Volksbewußtseins« mitenthalten und inzwischen längst artikuliert war. Kafka ist sich zwar in allem Jüdischen unsicher, aber er hat seit seiner Freundschaft mit Löwy, mit dem er immer noch in Verbindung steht, nicht nur Interesse für das Ostjudentum oder eine ganz besondere Vorliebe für chassidisches Erzählgut, in dem er sich ganz zu Hause fühlt, sondern offensichtlich auch die Vergangenheit des praktischen Zionismus in Palästina und dessen Zukunft studiert, wie sein Entwurf über »Die besitzlose Arbeiterschaft« erkennen läßt, der nur aus Kenntnis des Pionierzionismus und der Organisation landwirtschaftlicher Kommunesiedlungen zu verstehen ist.

Ablesen läßt sich diese Entwicklung auch an seinen Beiträgen zur »Selbstwehr« und zu der von Buber 1916 gegründeten Monatsschrift »Der Jude«. – Zu Beginn des Krieges übernahm Siegmund Kaznelson (alias Albrecht Hellmann) die »Selbstwehr« und traf sich nun mehrmals in der Woche mit Brod als dem wichtigsten Berater und Beiträger in dieser schwierigen Zeit; bei solchen Besprechungen war auch Kafka dabei. Im Sommer 1917 leitete Nelly Thieberger die Wochenschrift; Nelly, Schwester des späteren Hebräisch-Lehrers Kafkas, mit der Kafka seit Jahren in sehr herzlichem Verhältnis stand, war mit der Frau Brods, Elsa Taussig-Brod, und Lise Weltsch, der Schwester Robert Weltschs und späteren Frau Kaznelsons, ein führendes Mitglied des »Klubs jüdischer Frauen und Mädchen in Prag« – auch Ottla gehörte zeitweilig dazu –, vor dem Brod häufig Vorträge hielt und Else Brod einmal Kafkas »Bericht für eine Akademie« vorgelesen hat. Die »Selbstwehr« übernahm dann 1918 Felix Weltsch. Mehrere kleine Geschichten erschienen gerade hier im Erstdruck, so »Vor dem Gesetz« und »Die Sorge des Hausvaters«, was gewiß ihren »jüdischen« Charakter unterstreicht; sei es dort ein der Geschichte immanenter Zwang zur Deutung, wie er sich auch im Zusammenhang des »Prozeß«-Romans in Kafkas eigener »Exegese« ausdrückt oder hier die beim Erstdruck von Weltsch festgestellte Tatsache eines »spezifisch modernen jüdischen Desorientiertheitsgefühls«. - Schon bei der Gründung des »Juden« hatte Brod auf das Programm der Zeitschrift Einfluß zu nehmen versucht, das keine poetischen Beiträge vorsah, weil er im Gegensatz zu Bubers (später korrigierter) Ansicht, daß jüdische Poesie sich nur auf Hebräisch ausdrücken könne, der Überzeugung war, daß es jüdische Dichtung in anderen Sprachen gebe – hielt er doch sich, Werfel, Wolfenstein u. a. für »jüdische Dichter deutscher Zunge«, vor allem Kafka für »den größten lebenden« – neben Hauptmann und Hamsun – und zugleich »jüdischsten Dichter«. Buber hat denn auch Kafka zur Mitarbeit aufgefordert; aber erst 1917 kommt dieser der wiederholten Einladung nach: Er schickt im April zwölf Geschichten zur Auswahl und gibt als deren Sammeltitel »Verantwortung« an. So kommt es zur Publikation der zwei »Tiergeschichten«: »Schakale und Araber« und »Bericht für eine Akademie«.

Seit November 1916 arbeitete Kafka ungestört und zurückgezogen, nicht in seiner eigenen Wohnung (die er nur zum Schlafen benutzte), sondern in einem von Ottla gemieteten und versorgten, an den Rand des Burgbergs angeklebten Kleinsthäuschen, in der Alchimistengasse 22. Ottla hat ihm »mit dem Haus oben eine bessere Zeit eingeleitet«, eine bis zum Mai 1917 dauernde reiche Schaffensperiode. Nicht nur fast alle Erzählungen des künftigen Sammelbandes, aus dem er Buber auswählen ließ, und der den Titel »Ein Landarzt« bekommt, entstehen hier, sondern viele andere Erzählungen und Fragmente, Notizen, Aphorismen, tagebuchartige Aufzeichnungen.

In einer ganzen Reihe Geschichten dieser Zeit nimmt Kafka Themen des griechischen Mythos auf (u. a. »Der neue Advokat«, »Das Schweigen der Sirenen«, »Prometheus«) – nicht ohne sich seiner Vorgänger und Anreger bewußt zu sein (z. B. Flauberts und Nietzsches) – und rückt dabei durch hinterhältiges Fragen und unerwartete Variation bisher unbeachtet Gebliebenes in ein neues, oft umwertendes Licht. In den Kreis derart ›mythologischer‹ Geschichten sind auch der umfangreiche Entwurf »Beim Bau der chinesischen Mauer«, ihm zugehörende Erzählansätze, »Ein altes Blatt« und »Eine kaiserliche

Botschaft« zu sehen, die sämtliche von chinesischem Material (des Mythos, der Geschichte, des Volksmärchens) ausgehen oder anderes ihm anverwandeln. Aber auch jene Geschichten gehören hierher, die in der Nähe alttestamentlichen und jiddischen Erzählmaterials entstanden sind (u. a. »Ein Brudermord«, »Vor dem Gesetz«, das von Buber Veröffentlichte) und für die – so ist zu folgern – der judaistisch zu verstehende Obertitel »Verantwortung« zutreffend war, unter dem Kafka Geschichten des späteren »Landarzt«-Bandes Buber für die Zeitschrift »Der Jude« anbot; sie stellen seinen ganz persönlichen und dichterischen Beitrag zur Rezeption des Chassidismus durch Buber und zum kabbalistischen Chassidismus Georg Langers dar. Gemeinsam ist den so verschiedenartigen Mythologien verbundenen Geschichten das zur Vollendung entwickelte Verfahren, vorgefundene Muster zu erweitern und zu verwandeln. Besonders in kleinen Erzählungen verfolgt, bestimmt es auch Inhalte und Formen von Aphorismen und späteren Geschichten (»Poseidon«, »Heimkehr«, »Kleine Fabel«).

Auf einem Brief Wolffs legt er dem Verlag im Juni 1917 seine Prosastücke vor, sichtlich selbst überzeugt von ihrer Qualität, worin ihn auch Bubers Wahl zweier Stücke und die Übernahme dreier Stücke in Taggers exklusiven »Marsyas« bestätigt haben; als »Schakale und Araber« im »Juden« erschienen war, muß er »immer erst aufatmen von Eitelkeits- und Selbstgefälligkeitsausbrüchen« und empfindet eine »Orgie beim Lesen«. Wolff findet die kleinen Erzählungen »ganz außerordentlich schön und reif«. Der Druck des Buches verzögert sich indessen (bis etwa 1920); bis dahin erscheinen zahlreiche Stücke im Vorabdruck. Die später für den Sammelband gewählte Widmung »Meinem Vater« ist eine Art Gegenstück zum Anklage erhebenden »Brief an den Vater« und unterstreicht die jüdische Komponente des Buches: nach Kafkas Willen sollte sie »Versöhnung« bedeuten. – Die neue Produktivität hat wieder ein Gefühl der Sicherheit, über das Schreiben verfügen zu können, ausgelöst und damit auch den alten Wunsch erneuert, nach dem Krieg als freier Schriftsteller zu leben; Wolff stellt ihm »mit freudigster Bereitwilligkeit« dafür »eine fortlaufende materielle Förderung« in Aussicht.

3.4.6 Felice Bauer; die Krankheit; die Folgen

Die Beziehung zwischen Felice und Kafka war mit der Entlobung 1914 keineswegs erledigt, bis Ende 1917 bestimmt die Fortführung dieses »Kampfes« im Großen und im Detail Leben wie Schreiben. Im Januar 1915 hatte Kafka in Bodenbach Felice wiedergesehen; die Pfingsttage war er mit Felice und Grete Bloch in der Böhmischen Schweiz, im Juni mit Felice allein in Karlsbad und nun Anfang Juli 1916 zehn Tage in Marienbad, wo er (Br. an Brod) »mit ihr in ein ihm bisher unbekanntes Verhältnis von Mensch zu Mensch« kam. Der »Vertrag« der beiden sieht jetzt vor, daß sie »kurz nach Kriegsende heiraten, in einem Berliner Vorort zwei, drei Zimmer nehmen, jedem nur die wirtschaftliche Sorge für sich lassen«. Im Zusammenhang mit diesem Plan ist Kafkas Bitte im Sommer 1916 um seine spätere Entlassung bei der Anstalt und an Kurt Wolff im Sommer 1917 um die Hilfe des Verlags zu verstehen, und ebenso die Wohnung im Schönborn-Palais: Hier könnte zunächst Felice wohnen. Im November 1916 trifft er sich wieder mit ihr in München anläßlich der öffentlichen Lesung seiner »Strafkolonie«. Aber erst nachdem sein Schreiben versiegt ist, kommt es Anfang Juli 1917 zur zweiten Verlobung in Prag; anschließend reiste man zu Felicens Schwester über Budapest nach Arad.

In der Nacht vom 9. auf den 10. August hat Kafka jedoch einen Blutsturz, nach drei Tagen wieder. Als feststeht, daß es sich um Lungentuberkulose handelt, gibt er Ende August seine Wohnung (Ottlas Häuschen und seine Zimmer im Schönborn-Palais) auf und kehrt zu den Eltern zurück, in Ottlas Zimmer. Kafka setzt sich mit seiner Erkrankung – wie schon mit seinem Verhältnis zu Felice – schriftlich und mit allen »advokatorischen Kniffen« auseinander. Er sieht sie als direkte Folge des Konfliktes mit Felice. »›So geht es nicht weiter‹ hat das Gehirn gesagt und nach fünf Jahren hat sich die Lunge bereit erklärt, zu helfen« (Br. 161); die Lungenwunde ist ihm nur ein Sinnbild, »Sinnbild der Wunde, deren Entzündung Felice und deren Tiefe Rechtfertigung heißt« (T 1917). Ende Dezember – Felice kommt dazu nach Prag, vorher hat sie ihn in Zürau besucht – wird die Verlobung wieder gelöst, als Grund wird die schwere Erkrankung angegeben. Wenn er sterbe, so meint Kafka, so habe er »sich selbst zerrissen«. Die »Blutwunde« in der Erzählung »Ein Landarzt« hält er jetzt für eine Vorhersage. Den Ausbruch der Tuberkulose erfährt er dennoch als Befreiung, ebenso von Felice wie von der Anstalt, und als Möglichkeit eines völligen Neuanfangs.

Tatsächlich macht er von sich aus, trotz allen pragfernen Aufenthalten, die seiner Gesundung dienen sollen, keinen ernsthaften Versuch, die Krankheit durch wirkungsvolle Maßnahmen
zu bekämpfen; wo sie versucht werden, erscheinen sie aufgenö-
tigt. »Jedenfalls«, so überlegt er schon im September 1917,
»verhalte ich mich heute zu der Tuberkulose wie ein Kind zu
den Rockfalten der Mutter, an die es sich hält. Kommt die
Krankheit von der Mutter, stimmt es noch besser, und die Mutter hätte mir in ihrer unendlichen Sorgfalt, weit unter ihrem
Verständnis der Sache, auch noch diesen Dienst getan.«

3.4.7 Ottla und Zürau

Ottla ist ihm schon immer die nächste seiner Schwestern, ja der
ganzen Familie; seit langem teilt sie mit ihm und unter seiner
Anleitung Interessen, Lektüre und Ausflüge. Im elterlichen
Geschäft tätig – seit Sommer 1916 leitet sie das Comptoir –, ist
sie im Augenblick dabei, sich mit Unterstützung des Bruders
von den Eltern zu lösen: Sie will Bäuerin werden und eine Land-
wirtschaftsschule besuchen. Gegen den Willen des Vaters gibt
sie ihre Arbeit im Geschäft auf und verwaltet seit Mitte April
1917 vorläufig einen landwirtschaftlichen Besitz ihres Schwa-
gers Karl Hermann (Ellis Mann) in Zürau bei Saaz (Nordwest-
böhmen). Ottla hatte Kafka die lärmfreie Arbeitswohnung der
Alchimistengasse 22 verdankt, auch seine Versorgung hier, als
sie nach Zürau ging, hatte sie organisiert; gleichwohl hatte er
sich zuerst »ganz von ihr verlassen« gefühlt. Wie falsch sein
zeitweiliger Gedanke »Sie wird mich also doch verkommen lassen« gewesen ist, erweist sich nun erneut. Nachdem es ihm
nicht gelungen ist, aufgrund der Krankheitsdiagnose pensioniert zu werden, die Anstalt jedoch einen dreimonatigen Urlaub
gewährt hat, fährt er zu Ottla nach Zürau und bleibt hier, mit
geringen Unterbrechungen, bis Ende April 1918. »Ottla«, so
schreibt er Brod, »trägt mich förmlich auf ihren Flügeln durch
die schwierige Welt . . . und die Freiheit, die Freiheit vor allem.«
Kafka ist glücklich in der ländlichen Einfachheit und Einsamkeit und möchte als Kleinbauer auf dem Lande leben. Aber die
wiederholten Versuche, doch noch die Pensionierung zu erreichen, scheitern; immerhin wird der Urlaub verlängert. Erst Anfang Mai 1918 muß er den Dienst wieder antreten. Die sommer-
liche Gartenarbeit in Troja bei Prag wird freilich nur ein schwa-
cher Abglanz von Zürau sein. In Zürau und später ruht die dich-

terische Produktion – will man nicht die umfangreichen Briefe, vor allem an die Freunde Baum, Brod und Weltsch, als solche rechnen, diese Briefe, die einen in sich geschlossenen Komplex darstellen und dem Umfang nach das halbe Briefwerk an Milena erreichen. Das bei Kurt Wolff liegende Manuskript des »Landarztes« hält er für sein »wahrscheinlich letztes Buch«. Einladungen der Verleger Reiß und Cassirer (und später auch Rowohlts) sind für ihn nur deshalb erwägenswert, weil sich der Druck des »Landarztes« bei Wolff so außerordentlich verzögert und er es, nachdem er sich entschlossen hat, es seinem Vater zu widmen, beschleunigt herausbringen will. Das Buch soll, »obwohl die Wurzeln der Feindschaft hier unausreißbar« sind, wenigstens der Versuch einer Versöhnung mit dem Vater sein, »Versöhnung« im jüdischen Sinn, und deshalb mit dieser Publikation und Widmung »wenn schon nicht nach Palästina übersiedelt, doch mit dem Finger auf der Landkarte hingefahren« (an Brod, März 1918). Dieser Hinweis Kafkas unterstreicht den früheren Titel »Verantwortung« des Buches, eines über Buber kennen gelernten zentralen Begriffs des neu-alten Judentums.

Alle Bitten von Zeitschriften um Beiträge – des »Donauland« über Körner, von »Der Mensch« über Urzidil, des »Anbruch« und des »Daimon« u. a. – sind vergeblich. Kafka ist eine Zeitschrift nur dann »für längere Zeit hindurch verlockend«, wenn sie wie die von Otto Groß entwickelte aus dem »Feuer einer gewissen persönlichen Verbundenheit« entstehe; aber dieser Zeitschrift kann Kafka leicht zustimmen – da sie nicht verwirklicht wurde. Wie er dennoch mit der Literatur verbunden ist, zeigt die intensive und jahrelang fortgesetzte Lektüre Tostois und Kierkegaards, dessen »Fall« er schon 1913 als »dem seinen sehr ähnlich« hielt, »zumindest auf der gleichen Seite der Welt« (T August 1913). »Das Problem seiner Ehe-Verwirklichung ist seine Hauptsache«, stellt er jetzt fest und meint, »der Macht seiner Terminologie, seiner Begriffsentdeckungen« könne man sich nicht entziehen (an Brod, März 1918). Trotz solch vertiefter Auseinandersetzung kann nicht mehr die Rede davon sein, daß er – wie er es früher einmal ausgedrückt hat (T, August 1912) – »nichts anderes sei als Literatur und nichts anderes sein könne und wolle«. Er lebt in Zürau »mit Ottla in kleiner guter Ehe; Ehe nicht aufgrund des üblichen gewaltsamen Stromschlusses, sondern des mit kleinen Windungen geradeaus Hinströmens«. Noch später – gegenüber Milena – wird er diese acht Monate, sein »Dorf-Jahr«, als »vielleicht die beste Zeit seines Lebens« bezeichnen, wo er »frei war, ohne Briefe . . ., im Schutz seiner Krankheit . . . nur die alten engen Umrisse seines Wesens fester nachziehn mußte«.

3.4.8 Dokumentation; Literatur zu Biographie und Werken 1914 bis 1918, mit einem Exkurs: Zur Literatur und Interpretation des »Prozeß«

Biographisches

F, Br, T, KW, M, H, O. – Binder II. – *Binder* III. – H. *Binder*: K. und die Wochenschrift »Selbstwehr«, DVjs 1967, 283–304. – *Ders*: K. und »Die Neue Rundschau«, JSG 1968, 94–111. – *Brod* I, 133–171, 270–280. – *Buber*, Brw. I. – Chronik 98–143. – Dokumente 69–86. – H. *Göhler*: K.s zweite Verlobung mit Felice, ZfdtPh 1981, 198–204. – *Hackermüller*. – *Janouch* I. – *Janouch* II, 118–138. – *Rohner* 72–100. – *Wagenbach* II, 94–115. – K. *Wagenbach*: In der Strafkolonie, Eine Geschichte aus dem Jahr 1914, Mit Quellen, Abb., Materialien aus der Arbeiter-Unfall-Vers.Anstalt, Chronik und Anm., Berlin 1975. – Zeittafel 233–238. – (s. die Lit. zu Felice Bauer und ihren Briefen in Kap. 3.3.)

»Erinnerung an die Kaldabahn«
Hs.: Bodleian.
Entst.: August 1914.
GW: T.

»In der Strafkolonie«
Hs.: –
Entst.: Anfang Oktober 1914.
Orig. Druck: Leipzig 1919.
GW: E.
Krit. Druck: Drei Erz.; Sämtl. Erz.; Berlin 1975 (ed. Wagenbach).
Dokumente:
T, Br, F, KW, Janouch I; Heller-Beug 82–87; Datierung 65; Dietz Nr. 50.
Lit.:
Beicken (Forschungsreferat und -kritik mit Lit.) 287–293. – *Beck* 146–154. – *Biemel* 1–37. – *Emrich* I, 220–226. – J. *Henel*, (Form, Sinn und Stellung im Gesamtwerk), Fs. B. Wiese (Hg. V. J. Günther) 1973, 480–504. – G. *Koelb*, GQ 1982, 511–525. – *Kurz* 53–55. – L. R. *Mendelsohn*, SSF 1971, 309–316. – W. *Müller-Seidel*: Die Deportation des Menschen, K.s Erzählung im europäischen Kontext, Stuttgart 1986. – B. *Nagel*: K., Berlin 1974, 238–274. – P. *Panter* [Tucholsky], Die Weltbühne, 3. 6. 1920 (K. T.: GW, Bd. 1, Reinbek 1960). – M. *Pasley*, Drei Erz. 14–22. – *Politzer* I, 130–178. – *Richter* I, 119–127. – *Rolleston* 88–100. – J. *Seidler*: »Zauberberg« und »Strafkolonie«, Zum Selbstmord

zweier reaktionärer Absolutisten, GRM 1969, 94–103. – I. B. *Street*, MAL 1973, 93–106. – R. *Thieberger*, Kafka Debate 304–310.

»Der Dorfschullehrer (Der Riesenmaulwurf)«
Hs.: Bodleian und Literaturarchiv Marbach.
Entst.: Dezember 1914.
GW: B.
Krit. Druck: JSG 1958; Sämtl. Erz.
Lit.:
Binder I, 136–146. – *Emrich* I, 146–151. – F. *Martini*, JSG 1958, 266–300. – *Kraft* 35–41. – *Richter* I, 230 f. – *Rolleston* 100–111.

»Der Prozeß«
Hs.: Brod.
Entst.: 2. Halbjahr 1914.
Orig. Drucke: nur für die Teile »Vor dem Gesetz« und »Ein Traum«, s. dort.
GW: P.
Dokumente:
T, F, Br, H, KW; Datierung 641; Heller-Beug 76–81.
Literatur:
Beicken, (Forschungsreferat und -kritik mit Lit.) 273–286. – B. *Allemann*. Der dt. Roman, Bd. 2, Düsseldorf 1962, 234–290. – U. *Abraham*: Der verhörte Held; Verhöre, Urteile und die Rede von Recht und Schuld im Werk K.s, München 1985. – *Beck* 154–171. – *Bezzel* 87–92. – J. *Born*, (Das Janusgesicht einer Dichtung), Symposion Wien, 63–78. J. H. *Bryant*: The Delusion of Hope, Symposium 1969, 116–126. – M. *Buber*, Merkur 1957, 721–729. – *Emrich* I, 259–297. – Ch. *Eschweiler*: Die unerfüllbare Hoffnung auf Selbsterlösung (Eine Interpretation und die Neuordnung der Kapitelfolge), Bonn 1988. – *Ders.*: Zur Kapitelfolge, WW 1989, 239–251. – K. *Fort*: The Funktion of Style in K.s »The Trial«, Sewanee Review 1964, 643–651. – G. *Frey*: Der Raum und die Figuren in K.s Roman »Der Prozeß«, Marburg 1965. – J.-M. *Glickson*: K., »Le Procès«, Paris 1972. – H. *Göhler*: K.s »Prozeß« in der Sicht seiner Selbstaussagen, Theologische Zeitschrift 1966, 415–439. – K. M. *Gundvaldsen*: The Plot of K.s »Trial«, MH 1964, 1–14 – K. *Hamburger*: (Erzählformen) DU 1959, 5–23. – H. *Heide*: Melvilles »Bartleby« im Vergleich, Saarbrücker Beiträge zur Ästhetik 1966, 59–66. – I. *Henel*: Die Türhüterlegende und ihre Bedeutung für K.s »Prozeß«, DVjs 1963, 50–70. – *Hillmann* I, (Titorelli) 56–68. – K. *Hermsdorf*: WB 1983, 1157–1175. – H. H. *Hiebel*: Die Zeichen des Gesetzes, Recht und Macht bei K., München 1983. – H. *Ide*: »Der Prozeß«, Interpretation des ersten Kapitels, JWB 1962, 19–57. – A. H. *Jaffe*: The Process of K.s »Trial«, East Lansing (Michigan) 1967. – R. W. *Jordan*, JSG 1980, 332–356. – D. M. *Kartiganer*: Job and Joseph K., Myth in K.s »The Trial«, MFS 1962, 31–43. – T. M. *Kavanagh*, Novel 1972, 242–253. – J. *Kelly*: The »Trial« and the Theology of Crisis, Kafka Problem 151–171. – *Keß-*

ler, (Sprachkritisches Erzählen), 53–126. – J.-S. *Kim*: K., Darstellung und Funktion des Raumes in »Der Prozeß« und »Das Schloß«, Bonn 1983. – K. *Köhnke:* Das Gericht und die Helfer, Acta Germanica 1970, 177–201. – W. *Kudszus*: Erzählhaltung und Zeitverschiebung in K.s »Prozeß« und »Schloß«, DVjs 1964, 192–207. – *Ders.*: Erzählperspektive und Erzählgeschehen in K.s »Prozeß«, DVjs 1970, 306–317. – *Kurz*, (Die Romane) 152–165, (Das Theater Josef K.s), 178–193. – R. S. *Leon*: Religious Motives in K.s »Der Prozeß«, AUMLA 1963, 21–38. – K. *Leopold*: Breaks in Perspective in K.s »Der Prozeß«, GQ 1963, 31–38. – O. S. *Lesser*: The Source of Guilt and the Sense of Guilt, MFS 1962, 44–60. – J. *Mellen*: Joseph K. and the Law, Texas Studies in Literature and Language 1970/71, 295–302. – R. R. *Nicolai*: K.s »Prozeß«, Motive und Gestalten, Würzburg 1986. – *Ders.*: Titorelli, Modell für eine K.-Deutung, Symposion Wien, 79–92, – G. *Oblau*, (Erkenntnis und Kommunikationsfunktion), Interpretationen zu K. (Hg. G. Heintz), 1979, 209–229. – *Peter Panter* [d. i. Kurt Tucholsky], Die Weltbühne, 9. 3. 1926 (Nachdruck: GW, Bd. 2, Reinbek 1961). – J. M. S. *Pasley*: Two Literary Sources of K.s »Der Prozeß«, Forum for Modern Language Studies 1967, 142–147. – H. *Politzer*: Der Prozeß gegen das Gericht, WoW 1959, 279–292. – *Ders.*: The Trial against the Court, Daedalus 1964, 975–997. – *Politzer* I, 241–315. – S. B. *Purdy*: Religion and Death in K.s »Der Prozeß«, Papers on Language and Literature 1969, 170–182. – *Richter* I, 190–217. – P. *Richter*: Variation als Prinzip, Zu K.s Romanwerk, Bonn 1975. – P. H. *Rhein*: The Urge to Live, A Comparative Study of K.s »Der Prozeß« and »Camus' L'Etranger«, Chapel Hill 1964. – *Robertson*, 120–176. – H. *Siefken*: K., Ungeduld und Lässigkeit, Zu den Romanen »Der Prozeß« und »Das Schloß«, München 1977. – K. H. *Ruhleder*: Biblische Parallelen, LWU 1969, 104 f. – *Sockel* I, 140–266. – *Sockel* II. – W. H. *Sockel*, (Ödipaler und existenzieller Sinn), K., Symposion in Philadelphia (Hg. Caputo-Mayr) 1978, 81–107. – *Ders.*: Symposion Wien, 43–62. – *Steffan*: Darstellung und Wahrnehmung der Wirklichkeit in K.s Romanen, Nürnberg 1979. – R. *Suter*: K.s »Prozeß« im Lichte des »Buches Hiob«, Frankfurt 1976. – *Uyttersprot*. – *Walser* (Parallelfiguren, Kollektive, Begleiter, Leerform, Variation statt Entwicklung) 98–104. – F. *Weltsch*: Freiheit und Schuld in K.s Roman »Der Prozeß«, Jüdischer Almanach auf das Jahr 5687, Prag 1926/27, 115–121. (Siehe auch die Lit. über die aus dem »Prozeß« isolierten Stücke »Vor dem Gesetz« und »Ein Traum«.)

Exkurs: Zur Literatur und Interpretation des »Prozeß«

Der »Prozeß« ist das Werk Kafkas, das seine internationale Geltung begründet hat. Die Interpreten, kaum noch zu zählen und in der ganzen Welt tätig, sind sich indessen über kein anderes derart uneins wie über dieses. Für Beißner ist der »Prozeß«

ein innerseelisches »Wahnbild«, für Neumann ein »Denk-Prozeß«, für Binder der Versuch, die »Probleme mit Felice erzählerisch zu bewältigen«, für Kurz die »Entfremdung aus der bürgerlichen Welt« usw.; der Protagonist ein »Neurastheniker« (Uyttersprot), ein sich selbst verratender Rebell (Sokel), die Verkörperung der »Entwicklung eines Menschen im Kapitalismus« (Richter), »ambivalent«, ein »Betrüger, aber ohne Betrug« (Kurz), ein »Jedermann ohne Eigenschaften« (Politzer), ein »Charakter, der einem unterscheidbaren, beschreibbaren Typus angehört« (Robertson) usf. Die Schuld Josef K.s, die zu seiner Verhaftung und seinem Tod führt, ist eine »absurde« und »existenzielle« (u. a. Camus), eine »religiöse« (u. a. Brod, Schoeps), die »Unkenntnis des Gesetzes« (Emrich), besteht in der »Selbstentfremdung« (Sokel), ist »eine nur behauptete, unerklärte und unerklärbare« (Beicken) etc.

Außer in den Schwierigkeiten, Kafkas Kunstformen zu verstehen – wie etwa die »einsinnige« Erzählweise mit allen Implikationen –, als einem der üblichen Gründe für disparate Interpretationen (siehe dazu unter: 6.2.2 die Darstellungstechniken Kafkas), hat die Verwirrung hier ihren hauptsächlichen und besonderen Grund in der Edition Brods. Ihr glaubten die Interpreten allzu lange und unaufgeschlossen für textkritisches Fragen.

Brod vermochte vor allem die Tatsache, in welch fragwürdiger Form das Fragment als scheinbar Ganzes und Fertiges durch ihn präsentiert war, besonders die völlig äußerlich begründete Kapitalfolge, immer neu und bis zu seinem Tod zu kaschieren, indem er keine oder nur oberflächliche Einsicht in das Manuskript gewährte. Die von Pasley vorbereitete, um 1991 erwartete Edition wird dieser Verwirrung ein Ende bereiten. Allerdings mußte schon seit längerem – spätestens seit Uyttersprots Untersuchungen – jedem Germanisten klar sein, auf welch ungesicherter Text-Basis er sich bewegt, mit welch weithin zufälliger Kapitelreihung er es zu tun hat und daß aus Brods Anordnung keine folgenreichen Schlüsse gezogen werden sollten wie, daß es hier keinerlei Entwicklung gebe (Walser, Allemann), das natürliche Nacheinander der Jahreszeiten Kafka nicht interessiere (Wagenbach, DVjs 1959) oder gar, daß der ganze »Prozeß« eine Art »Leerform« und so auch Schuld und Sühne »Leerformen« seien. Genauere Einzelinterpretation kann auch schon vor einer wissenschaftlichen Edition, sobald Brods Textkonstitution korrigierend benutzt wird, Ergebnisse erreichen. Insofern ist die erwartete Neu-Edition nicht die angekündigte literarische Sensation, sondern die Bestätigung nie zur Ruhe gekommener Kritik an der bisherigen Ausgabe.

Es wäre ungewöhnlich, wenn ein Protagonist Kafkas keine Eigenschaften hätte, pflegte Kafka doch Eigenschaften, indem er sie vereinzelte und potenzierte, als dichterische Darstellungsmittel zu verwenden; und es wäre ganz und gar ungewöhnlich für ihn, Schuld ohne jegliche Begründung zuzuweisen. Die vieldiskutierte Legende »Vor dem Gesetz« – neben »Ein Traum « der einzige Teil, den Kafka selbst aus dem Roman isoliert und gewissermaßen vorveröffentlicht hat – zeigt hier in eine ganz bestimmte Richtung. Der »Mann vom Lande«, der sich schon vom ersten Türhüter abschrecken läßt und bis zu seinem Tod nur wartet, daß er zum Eintreten aufgefordert werde, erfährt sterbend, daß dieser Eingang »nur für ihn bestimmt« gewesen sei. Eine Folgerung wäre: Sein Nichtankommen sei begründet in seiner Untätigkeit, schon Untätigkeit sei Schuld und nicht durch Unwissen zu entschuldigen, indem Untätigkeit den Menschen hindere, sich aus einem alten Zustand herauszureißen und in einen neuen hineinzuführen. Als Geschichte aus den »einleitenden Schriften zum Gesetz«, die der Geistliche im »Dom«-Kapitel (bisher 9. Kap.) Josef K. mitteilt, erhält sie Schlüsselfunktion, ist für K. gültig und wird eben so von ihm verstanden. Auch Josef K. müßte seine Art zu leben und z. B. seinen gesellschaftlichen Umgang korrigieren; was ihm sein Direktor (in dem von Brod in den Anhang verwiesenen Teil »Staatsanwalt«) mit »Strenge« nahe legt; und sogar K. »erkannte seine Schwäche«. (Schon im allerersten Ansatz zum Roman – T Juli 1914 – wird Josef K., hier noch »Sohn eines reichen Kaufmanns«, vom Vater »sein liederliches Leben« vorgeworfen und desssen »sofortige Einstellung« verlangt.) Das Fragment »Staatsanwalt« gehört also ganz an den Anfang und könnte – als Rückblick K.s – seinen Platz direkt nach der sogenannten »Verhaftung« finden. Das Verhalten K.s und sein Verhältnis zur Umwelt haben ihn schuldig gemacht; und er beweist auch kurz darnach durch seinen »Überfall« auf Fräulein Bürstner wieder, daß er sich nicht geändert hat: K. »lief vor, faßte sie, küßte sie... wie ein durstiges Tier mit der Zunge über das endlich gefundene Quellwasser hinjagt. Schließlich küßte er sie auf den Hals, wo die Gurgel ist, und dort ließ er die Lippen lange liegen«. Frl. Bürstner will sich vor solchen Vergewaltigungen künftighin schützen (»Grenzüberschreitungen« nennt sie Kafka im Tagebuch) und veranlaßt eine Freundin, zu ihr ins Zimmer zu ziehen (bisher 4. Kap., ebenfalls weit nach vorn zu rücken); denn K. ist immer noch darauf aus, den »Widerstand« Frl. Bürstners zu brechen, die für den Prokuristen nur »ein kleines Schreibfräulein« ist. Seine Schuld ist zweifellos und durchaus »konkret« (Richter, Göhler).

   Die zentrale Bedeutung des »Dom«-Kapitels mit der Türhüterlegende und ihrer Exegese war nie zu übersehen; könnte es dann nicht die wirkliche Mitte des Romans sein (so Eschweiler)? Auch die Begegnung K.s mit dem Maler Titorelli ist längst in ihrer Bedeutung erkannt (Emrich, Hillmann); gestaltete doch im selben Jahr Kafka die ihn immer neu erregende Problematik von Kunst und Künstler ein weiteres Mal (in der »Strafkolonie«), die endlich das einzige Thema seines letzten Buchs und seiner letzten Erzählung (»Josefine, die Sängerin«) wurde. So mußten schon vom Gesamtwerk her gesehen die Partien mit Titorelli Kernstücke des Romans sein. Tatsächlich wird u. a. die Erkenntnis K.s zu Beginn des »Dom«-Kapitels »Ja, sie hetzen mich« im Titorelli-Teil aufs äußerste komprimiert zum Bild (so daß diese Partien hinter dem »Dom«-Kapitel als Fortführung und Klimax einzuordnen sind). Als Josef K. ihn besucht, malt Titorelli gerade an dem Portrait eines Richters, der sich von einem Thronsessel »drohend erheben« will, wohl in der Haltung von Michelangelos »Mose« (Pasley); über der Rücklehne des Sessels steht die »große Figur« der Gerechtigkeit, die laut Auftrag »eigentlich die Gerechtigkeit und die Siegesgöttin in einem« sein soll, sich nun aber »unter den zitternden Spitzen der Stifte«, als ob dem Künstler die Hand geführt werde, weiter verändert und »vollkommen wie die Göttin der Jagd« aussieht. Offensichtlich genügt hier nicht die übliche Allegorie der Gerechtigkeit als wägende und blind richtende, sondern sollen andere Aspekte vorrangig sichtbar werden. Josef K. kritisiert dies von seiner modern-traditionellen Auffassung her: »Das ist keine gute Verbindung, die Gerechtigkeit muß ruhen, sonst schwankt die Waage, und es ist kein gerechtes Urteil möglich«. Als geflügelte löste sich die Göttin aus ihrer statischen Haltung, wirft die Binde ab, wird sehende »Siegesgöttin« und, so vorgeformt, zur Göttin der Jagd. Dieser letzte Aspekt zeigt die Göttin als verfolgende und strafende – als Artemis nämlich, die »Städte mit rechtlichen Männern liebt« (wie ein homerischer Hymnus singt), Jungfrauen und unschuldige Tiere schützt, Übertretungen unerbittlich rächt, mit Menschenopfern versöhnt werden muß. Es wird verschwiegen, wodurch sich die Göttin der Gerechtigkeit als Göttin der Jagd zu erkennen gibt: Durch einen silbernen Bogen (der sie zugleich als Mondgöttin

ausweist)?, Hält sie ein Wasserbecken (als Aufforderung zur ri-
tuellen Reinigung)? Hat sie wilde Tiere bei sich oder eine Hun-
demeute? Zieht sie gerade den unfehlbaren Pfeil aus dem Kö-
cher? Am bekanntesten ist wohl die Geschichte von Aktäon,
der ihre jungfräuliche Reinheit störte, so daß sie ihn, in einen
Hirsch verwandelt, von seinen eigenen Hunden zerreißen ließ.
Josef K. hat Frl. Bürstner »überfallen« und trotz ihres Wider-
standes lange verfolgt. Indem ihn »die Arbeit des Malers mehr
anzog als er wollte«, gesteht er seine Betroffenheit und unter-
schwellig eine Erkenntnis (daß auch er rechtens gejagt wird), die
allerdings erst noch zum Durchbruch kommen muß, wozu er
noch nicht fähig ist. Immerhin verbirgt er sich nicht mehr, daß
»hier (bei Titorelli) wenn irgendwo der Durchbruch möglich
sei« (so in dem von Brod in den Anhang verwiesenen Teil »Das
Haus«): zum Eingeständnis nämlich der Wahrheit, die er noch
nicht wahrhaben will. Denn die Gerechtigkeit, die ihn siegend
einholt, wird ihn mit dem Tod bestrafen. Das Stück »Ein
Traum« – von Brod nur innerhalb der »Landarzt«-Erzählungen
publiziert, als ob es nicht in den Roman gehöre – ist vor dem
Schlußkapitel einzufügen; es nimmt einen akzeptierten, ja frei-
willigen und versöhnenden Tod vorweg; entsprechend anderen
Opfern der Artemis, die nun als Sternzeichen den Himmel
schmücken, »jagt« hier zu K.s »Entzücken« sein eigenes Na-
menszeichen »in mächtigen Zieraten« über den Grabstein. Das
Rätsel der »großen Figur in der Mitte« von Titorellis durchweg
verrätselndem Bild löst sich, wenn man es als bildhafte Gestaltung eines – von Kafka gefundenen? – »Wort-Spiels« erkennt,
das sich »Von Themis zu Artemis« formulieren ließe. Bekanntlich ist Themis, die griechische Göttin der Gerechtigkeit und
Ordnung, eine der Gemahlinnen des Zeus und diesem an Wissen und Vorauswissen überlegen; ihm gebar sie die Schicksals-
göttinnen, ihrem früheren Gatten hatte sie Prometheus geboren
(dessen Geschichte Kafka intensiv beschäftigt), überdies besaß
sie das delphische Orakel (das sie später dem Bruder der Artemis übertrug). Keine Frage denn, weshalb Josef K. gerade »hier
wenn irgendwo der Durchbruch möglich« erscheint.

Das Schlußkapitel (»Ende«) erinnert wieder an die ganz konkrete Schuld gegenüber Frl. Bürstner; eine Weile folgt K. mit
seinen Henkern, die er als »für ihn bestimmt« erkannt hat, der
Gestalt eines Fräuleins, das sie vielleicht ist, weil er die »Mah-
nung, die sie für ihn bedeutete«, sich einprägen will, und geht
darnach »in vollem Einverständnis« mit seinen Begleitern »über
eine Brücke im Mondschein« zum Richtplatz. Als sie ihn töten,

hat er Arme und Hände nach oben ausgestreckt; kein hilfloses Gefuchtel (wie Allemann meint), vielmehr die aus dem Alten Testament bekannte Gebetshaltung Moses (Göhler), die Hilfe von oben garantiert. Es ist nicht anders möglich, als daß auch jetzt die Göttin der Jagd da ist: Josef K. stirbt – wie andere ihrer Opfer – gewissermaßen verwandelt – »wie ein Hund«. Und die Landschaften auf dem Weg zur Opferstätte und diese selbst, den Steinbruch, erlebt K. als artemisische Örtlichkeiten und bestätigt damit, daß er ihre Anwesenheit (als Mondgöttin) erkannt hat: »Überall lag der Mondschein mit seiner Natürlichkeit und Ruhe, die keinem anderen Licht gegeben ist.«

So betrachtet ist K.s Tod kein »Nichtankommen« (Beißner), kein »mißlungener« Tod (Emrich), sondern eine Parallele zum Tod Georgs, eines anderen »Gejagten«: eine gelingende Versöhnung. (Vgl. zur Interpretation des »Urteils« in dieser Schrift Kap. 6.3.2) Oder, im Licht der Artemis gesehen, eine rituelle Schlachtung, der sich K. freiwillig unterwirft.

Einzelne Motive dieses Zusammenhangs hat die Forschung der letzten Jahrzehnte isoliert und verstreut erwähnt, aber nicht das ganze Bild gesehen, das offensichtlich intendiert ist. Das versuchsweise im Umriß Skizzierte läßt so als Teil der Kunstgestalt des Romans eine Art mythologischer Tiefenform sehen, die über Schuld und Sühne Josef K.s »ins Bild setzt«. Sinnvolle Ordnungen des gesamten Textbestandes haben Uyttersprot, Richter, Binder und Eschweiler vorgenommen; sie stimmen im großen (bei gleichwohl merklichen Unterschieden) überein. Bis die kritische Ausgabe vorliegt, kann mit dem jüngsten schlüssigen Vorschlag von Eschweiler und seiner Einteilung in 19 Kapitel (gegenüber 10 bei Brod) gearbeitet werden.

Fragment zum »Unterstaatsanwalt«
Hs.: Bodleian.
Entst.: Ende 1914/Frühjahr 1915.
GW: H.

»Blumfeld, ein älterer Junggeselle«
Hs.: Bodleian.
Entst. Februar 1915.
GW: B.
Lit.:
L. *Bergel*, Kafka Problem 172–178. – *Emrich* I, 102–109. – *Hasselblatt* 102–105. – *Richter* I, 174 f.

»Ein Landarzt, Kleine Erzählungen« ([1] bis [14])
Hs.: –; nur für einzelne Erzählungen, siehe dort.

Entst.: 1914–1917.
Orig. Druck: München 1919/20.
GW: E.
Krit. Druck: Die Erz.; Sämtl. Erz.
Dokumente:
T, Br, H, KW, F, M; Brod I, Janouch I; Buber, Brw. I; Heller-Beug 92–
99; Datierung 64, 66 f.; Dietz Nr. 53.

[1] »Der neue Advokat«
     Hs.: Bodleian.
     Entst.: Jan./Febr. 1917.
     Orig. Druck: in Marsyas 1917.
     Lit.: *Dietz* Nr. 38. – *Flach* 56–58, 132 f. – *Kraft* 13–15. – *Richter*
     I, 128 f. – W. H. *Sokel*, Fs. Gronicka (Hg. Sokel), Bonn 1978,
     193–215.

[2] »Ein Landarzt«
     Hs.: –.
     Entst.: Winter 1916/17.
     Orig. Druck: in: Die neue Dichtung, Ein Almanach, 1918.
     (Binder/Kommentar, Unseld: fälschlich 1917).
     Lit.:
     Dietz Nr. 48. – *Beicken*, (Forschungsreferat und -kritik mit Lit.)
     293–302. – *Emrich* I, 129–137. *Flach* 58–65, 133 f. – K. J. *Fickert*,
     MH 1974, 381–386. – B. *Goldstein*: A Study of the Wound in Sto-
     ries by K., GR 1966, 202–217. – *Ders.*: DVjs 1968, 745–759. – H.
     P. *Guth*: Symbol and Contextual Restraint, K.s »Country Doc-
     tor«, PMLA 1965, 427–431. – H. H. *Hiebel*, München 1984. – R.
     Kauf: »Verantwortung«, The Theme of K.s »Landarzt«-cycle,
     MLQ 1972, 420–432. – *Kurz* 119–131. – E. *Marson*/L. *Keith*: K.,
     Freud, and »Ein Landarzt«, GQ 1964, 146–160. – *Politzer* I, 130–
     178. – *Richter* I, 130–133. – *Robertson*, (Die kleinen Erzählun-
     gen), 177–243. – G. B. *Triffitt*: K.s »Landarzt« Collection, New
     York 1985. – E. *Rösch*, Fs. Kunz (Hg. Schönhaar), Berlin 1973,
     205–243. – *Sokel* I, 267–281. – W. H. *White*, Studies in Short Fic-
     tion 1966, 345–347.

[3] »Auf der Galerie«
     Hs.: –.
     Entst.: Winter 1916/17.
     Lit.:
     Beicken, (Forschungsreferat und -kritik mit Lit.) 302–306. – *Em-
     rich* I, 35 f. – *Flach* 65, 135. – *Kobs*, 79–97. – H. *Ladendorf*: K.
     und die Kunstgeschichte I, Wallraff-Richartz-Jb. 1961, 303 ff. –
     J. *Margetts*: Satzsyntaktisches Spiel mit der Sprache, Colloquia
     Germanica 1970, 76–82. – G. *Mast*: Ein Beispiel moderner Er-
     zählkunst in Mißdeutung und Erhellung, Neue Sammlung 1962,
     237–247. – *Philippi* 52–57. – *Richter* I, 136. – B. L. *Spahr*, GQ

1960, 211–219. – U. *Stahmer*, Sprachstruktur und Wirklichkeit, Fs. K.
H. Halbach, Göppingen 1972, 427–452. – *Zimmermann* I, 209–215.

[4] »Ein altes Blatt«
     Hs.: Bodleian.
     Entst.: März/April 1917.
     Orig. Druck: in Marsyas 1917; in Selbstwehr 1921.
     Lit.:
     Dietz Nr. 37, 59. – C. B. *Bedwell*: The Forces of Destruction in
     K.s »E. a. B.«, MH 1966, 43–48. – *Flach* 65–68, 137 f. – *Kraft* 41–
     47. – *Richter* I, 137–139.

[5] »Vor dem Gesetz« (Türhüterlegende)
     Hs.: Brod (in Ms. des »Prozeß«).
     Entst.: Nov./Dez. 1914.
     Orig. Druck: in: Selbstwehr 1915; in: Vom jüngsten Tag, 1916;
     ebd. 1917.
     Lit.:
     Dietz Nrn. 24, 28, 33. – U. *Abraham*, DVjs 1983, 636–650. – J.
     Born, Mosaic 1969/70, Nr. 4, 153–162. – H. *Deinert*, GR 1964,
     595–599. – *Emrich* I, 266–269. – *Flach* 69, 136. – U. *Gaier*, Fs.
     Beißner, Bebenhausen 1974, 103–120. – I. *Henel*, DVjs 1963, 50–
     70. – *Keßler*, 75–79. – *Kurz* 165–167. – *Politzer* I, 258–269. – S.
     B. *Purdy*: A Talmudic Analogy to K.s Parable »V. d. G.«, Papers
     on Language and Literature 1968, 420–427. – *Richter* I, 139–141.
     – J. *Rosteutscher*, Fs. Beißner, Bebenhausen 1974, 359–363. – *So-
     kel* II. – *Zimmermann* I, 219–227.

[6] »Schakale und Araber«
     Hs.: Bodleian.
     Entst.: Jan./Febr. 1917.
     Orig. Druck: in: Der Jude 1917; in: Neue dt. Erzähler, 1918.
     Lit.:
     Dietz Nrn. 40, 43, 45. – P. *Bridgwater*: K. und Nietzsche, Bonn
     1974, 115–119. – *Emrich* I, 139 f. – *Flach* 69–71, 137 f. – *Richter*
     I, 141–143. – W. C. *Rubinstein*, MH 1967, 13–18. – *Sokel* II. – J.
     Tismar, JSG 1975, 306–323.

[7] »Ein Besuch im Bergwerk«
     Hs.: –.
     Entst.: Jan./Febr. 1917.
     Lit.:
     Flach 71–73, 138. – *Kraft* 47–49. – M. *Pasley*, GLL 1964, 40–46;
     Symposion 31–38. – *Richter* I, 143–145.

[8] »Das nächste Dorf«
     Hs.: –.
     Entst.: Winter 1916/17.
     Lit.:
     W. *Benjamin*: Versuche über Brecht, Frankfurt 1966, 124 f. –
     Flach 73, 139. – *Kraft* 16 f. – *Richter* I, 145 f.

[9]   »Eine kaiserliche Botschaft«
      Hs.: Bodleian.
      Entst.: März/April 1917.
      Orig. Druck: in: Selbstwehr 1919.
      Lit.:
      Dietz Nr. 51. – *Beißner* 75–77. – *Flach* 73 f., 139. – *Richter* I, 146
      f. – *Zimmermann* I, 216–218. – Siehe auch die Lit. zu: Beim Bau
      der chinesischen Mauer.
[10] »Die Sorge des Hausvaters« (Odradek)
      Hs.: –.
      Entst.: Mai 1917.
      Orig. Druck: in: Selbstwehr 1919.
      Lit.:
      Dietz Nr. 52.– G. *Backenköhler*, ZfdtPh 1970, 269–273. – D.
      Bausberg, ZfdtPh 1974, 257–269. – W. *Benjamin*, Politzer III,
      156–158. – *Bezzel* 73–76. – *Emrich* I, 92–102. – W. *Emrich*, Ak-
      zente 1966, 295–303. – *Flach* 74, 140. – H. *Hillmann*: Das Sor-
      genkind Odradek, ZfdtPh 1967, 197–210. – J. *Kühne*: Wie das
      Rascheln in gefallenen Blättern, Tübingen 1975. – *Kurz* 92–102. –
      G. *Michels*: Scheiternde Mimesis, Fs. Kienecker 1980, 179–198. –
      W. *Muschg*, Euph. 1964, 235. – M. *Pasley*, MLR 1964, 73–81;
      Symposion 26–31; Akzente 1966, 303–309. – *Philippi* 103–111.
      R. *Pierre*: Odradek, Loi de K., Paris 1976. – *Politzer* I, 152–155.
      – *Richter* I, 148. – *Robert* 191–195. – C. *Rubbini*, Ferrara viva
      1962, VII/VIII, 85–100. – A. *Stahl*, Saarbrücker Beiträge zur
      Ästhetik 1966, 67–78.
[11] »Elf Söhne«
      Hs.: –.
      Entst.: April 1917.
      Lit.:
      C. *David*, The Discontinous Tradition, Studies in German Lite-
      rature, ed. by P. F. Ganz, Oxford 1971, 247–259. – *Flach* 75–79,
      140 f. – W. *Kraft*, Die Schildgenossen (Augsburg) 1932, H. 1/2,
      120–132. – *Kraft* 49–62. – B. *Mitchell*, GQ 1974, 191–203. – M.
      Pasley, MLR 1964, 73–81; Symposion 21–26. – *Richter* I, 149 f.
[12] »Ein Brudermord«
      Hs.: –.
      Entst.: Winter 1916/17.
      Orig. Druck: in: Marsyas 1917; in: Die neue Dichtung, 1918
      (Binder/Kommentar, Unseld: fälschlich 1917). in: Die Entfal-
      tung, 1921.
      Lit.:
      Dietz Nrn. 39, 49, 55. – *Bezzel* 76 f. – L. *Dietz*, (Lesarten und
      ihre Bedeutung), JSG 1963, 454–457. – *Flach* 79 f., 141. – *Kraft*
      21–29. – B. *Mitchell*, MH 1981, 51–62. – *Richter* I, 151–154. –
      Richter II, 861–868.

[13]   »Ein Traum«
        Hs.: –.
        Entst.: Winter 1914/15.
        Orig. Druck: in: Das jüdische Prag, 1917; in: Almanach der
        neuen Jugend, 1917; in: Prager Tagblatt 1917.
        Lit.:
        Dietz Nrn. 34–36. – *Flach* 80 f., 142. – W. *Kraft*, Der Morgen
        (Berlin) 1935, 81–85. – *Kraft* 68–73. – *Richter* I, 154 f.
[14]   »Ein Bericht für eine Akademie«
        Hs.: Bodleian.
        Entst.: April 1917.
        Orig. Druck: in: Der Jude 1917.
        Lit.:
        Dietz Nrn. 41, 44. – *Beicken*, (Forschungsreferat und -kritik mit
        Lit.) 307–312. – P. *Bridgwater*: Rotpeters Ahnherren, DVjs
        1982, 447–462. – *Fingerhut* 251–254. – *Beck* 181–188. – *Emrich* I,
        127–129. – *Flach* 81–94. – G. *Neumann*, DVjs 1975, 166–183. –
        Philippi 116–151. – *Richter* I, 155–159. – G. *Schulz-Behrend*,
        MH 1963, 1–6. – *Sokel* I, 330–355. – L. *Weinstein*, MFS 1962, 75–
        79.

»Der Gruftwächter«
Hs.: Bodleian.
Entst.: Winter 1916/17.
GW: B.
Lit.:
O. *Baum*, Brod II, 131 f. – H. *Ide*, JWB 1961, 7–27. – H. P. *Krüger*,
Proceedings of the Department of Foreign Languages and Literatures,
Univ. Tokyo 1962, Nr. 5.

»Der Jäger Gracchus«
Hs.: Bodleian.
Entst.: Jan./Mai 1917.
GW: B.
Lit.:
Beicken 315–318. – *Bezzel* 80–82. – *Binder* I, 171–185. – H. *Binder*, ISG
1971, 375–440. – *Emrich* I, 13–23, 46–48. – D. P. *Haase*, MAL 1978,
319–332. – *Kraft* 181–196. – M. *Krock*: Oberflächen- und Tiefenschicht
im Werk K.s, Der Jäger Gracchus als Schlüsselfigur, Marburg 1974. –
D. *Krusche*: Die kommunikative Funktion der Deformation klassischer
Motive, DU 1973, 128–140. – *Kurz* 106–119. – G. *Mecke*, Psyche 1981,
209–236. – R. *Nägele*, GQ 1974, 60–72. – M. *Pasley*, Symposion 28–31.

»Der Kübelreiter«
Hs.: Bodleian.
Entst.: Jan./Febr. 1917.
Orig. Druck: in: Prager Presse 1921.

GW: B.
Lit.:
Bezzel 77 f. – *Dietz* Nr. 60. – *Emrich* I, 112 f. – L. *Hahn*, Interpretationen moderner Prosa, hg. vom Bayr. Philologenverband, Frankfurt 5. Aufl. 1968, 49–54. – *Kraft* 30–35. – *Politzer* I, 140 f.

»*Die Brücke*«
Hs.: Bodleian.
Entst.: Jan./Febr. 1917.
GW: B.
Lit.:
Bezzel 78–80. – *Emrich* I 114. – *Richter* I, 98 f. – B. L. *Spahr*, MFS 1962, 3–15. – *Thieberger* 198–201.

»*Der Schlag ans Hoftor*«
Hs.: Bodleian.
Entst.: März/April 1917.
GW: B.
Lit.:
Kraft 175–177. – *Richter* I, 217–219. – I. *Scholz*, Literatur für Leser 1981, 150–155.

»*Beim Bau der chinesischen Mauer*«
Hs.: Bodleian.
Entst.: März/April 1917.
GW: B.
Lit.:
Beicken (Forschungsreferat und -kritik mit Lit.) 312–315. – *Bezzel* 82–84. – *Emrich* I, 187–204. – J. M. *Kopper*, MLN 1983, 351–365. – *Richter* I, 223–225. – *Rolleston* 109–111. – J. *Schillemeit*, Juden in der dt. Lit. 269–280. – R. S. *Struc*, Research Studies 1982, 79–89. – (Siehe auch die Lit. zu: Eine kaiserliche Botschaft, Ein altes Blatt).

»*Eine Kreuzung*«
Hs.: Bodleian.
Entst.: Mai/Juni 1917.
GW: B.
Lit.:
Emrich I, 137–139. – *Kraft* 138–143. – *Richter* I, 232 f. – *Robert* 188–191.

»*Der Nachbar*«
Hs.: Bodleian.
Entst.: Mai/Juni 1917.
GW: B.
Lit.:
Richter I, 173. – T. *Rutt*, Sprachpädagogik, Literaturpädagogik, hg. von W. L. Hoffe, Frankfurt 1969, 261–271. – *Zimmermann* II, 250–266.

»Das Schweigen der Sirenen«
Hs.: Bodleian.
Entst.: Okt. 1917.
GW: H.
Lit.:
A. P. *Foulkes*, Journal of English and Germanic Philology 1965, 98–
104. – K.-P. *Philippi*, DVjs 1967, 444–467.

»Die Wahrheit über Sancho Pansa«
Hs.: Bodleian.
Entst.: Okt. 1917.
GW: H.
Lit.:
Kraft 146–149. – *Kurz* 15–17.

»Ein alltäglicher Vorfall«
(Brod fälschlich: Eine alltägliche Verwirrung)
Hs.: Bodleian.
Entst.: Oktober 1917.
GW: H.
Lit.:
Hasselblatt 88–92. – *Richter* I, 219.

»Prometheus«
Hs.: Bodleian.
Entst.: Januar 1918.
GW: H.
Lit.:
R. *Karst*: K.s Prometheussage oder das Ende des Mythos, GR 1985, 42–
47. – *Robert* 163–170. – K. *Stierle*, Poetik und Hermeneutik 4, München 1971, 455–472.

»Die acht blauen Oktavhefte«
Hs.: Bodleian.
Entst.: Winter 1916/Ende Februar 1918.
GW: H, E, B.
(Sie enthalten eine Reihe der notierten, von K. selbst publizierten Erzählungen und zahlreiche Erzählentwürfe, die Brod posthum daraus isoliert und als fertige Erzählungen vorgestellt hat; auch sie sind oben notiert. Darüber hinaus enthalten sie jedoch weitere wichtige Erzählansätze und Notizen.)
Lit.:
Binder IV, 76–98. – M. *Pasley*: Beschreibung, Reihenfolge und Datierung, Symposion 76–80. – *Hillmann* I, 153–160.

Zionismus

E. *Bernstein*: Die Aufnahme der Juden im Weltkriege, Berlin 1917. – G. *Holdheim* (Hg.): Zionistisches Handbuch, Berlin 1923. – Die Juden im

Kriege, Denkschrift des jüdisch-sozialistischen Arbeiterverbandes Paole Zion, Den Haag 1915 und 1917. – Die jüdische Idee und ihre Träger, Berlin 1928. (Weitere Lit. siehe 2.5; 3.5.6; 3.6.6)

K. und Expressionismus

T. *Anz*: Lit. der Existenz, Lit. der Psychopathographie und ihre soziale Bedeutung im Frühexpressionismus, Stuttgart 1977, S. 160–163 und passim. – *Brod* II, 177–180. – *Emrich* I, (Der naturalistische Ansatz), 25–45. – W. *Falke*: Leid und Verwandlung; Rilke, K., Trakl und der Epochenstil des Impressionismus und Expressionismus, Salzburg 1961. – *Hillmann* II, 274–277. – *Göbel*. – P. *Raabe*: K. und der Expressionismus, ZfdtPh 1967, 161–175. – W. H. *Sokel*: K. als Expressionist, Forum 1963, 288 ff., 363 ff. – *Ders.*: Der literarische Expressionismus, München 1960. – *Sokel* I, 11–30. *Unseld*. – S. *Vietta*, H.-G. *Kemper*: Expressionismus, München 1975, 68–82. – (S. auch Lit. über Einordnung K.s in literaturgeschichtliche Zusammenhänge 5.7.)

3.5 Nach dem Krieg (1918–1923)

3.5.1 Gesundheitliches Laborieren (Schelesen, Meran, Matliary, Spindelmühle, Planá, Prag)

Mit dem verlorenen Krieg löste sich die Donaumonarchie in nationale Bestandteile auf. Die Tschechoslowakei entstand mit Prag als Hauptstadt, zwei mehrheitlichen Nationalitäten, den Tschechen und Slowaken, einigen Minderheiten, darunter der deutschen (die durch Angliederung der sudetendeutschen Gebiete wuchs). Die Juden Prags befanden sich sowohl in religiöser wie in sprachlicher Hinsicht in der Minderheit und waren überdies durch den Zionismus gespalten. Das neue Staatswesen war indessen im mitteleuropäischen Raum wohl das minderheitenfreundlichste. Die Juden verhielten sich, schon weil sich nur während der Staatsgründung Schwierigkeiten zeigten, die in anderen Staaten das Normale waren, mit Selbstverständlichkeit loyal. Kafka interessierten die neuen politischen Verhältnisse derart wenig, daß er nicht einmal an der von Oskar Wiener veranstalteten Anthologie mit dem tendenziösen Untertitel »Aus dem sterbenden deutschen Prag« mitarbeitete, obwohl sich weder namhafte, noch unbekannte deutschsprachige Dichter Prags ihr versagten. Vor allem aber war Kafka seit dem Ausbruch seiner Krankheit in einer ganz neuen Weise mit sich selbst und seinem Körper beschäftigt.

Seine mit der Krankheit begründete Bitte am 6. September 1917 um Pensionierung und der hier auch schon geplante Zürauer Aufenthalt formen vor, was übliche Erscheinung der kommenden Jahre sein wird: Die Pensionierung wiederholt erhoffend, sie in immer von neuem nötigen, auch verlängerten ausgedehnten Krankheits- und Erholungsurlauben im kleinen vorwegnehmend, verbringt Kafka bis zu seiner tatsächlichen Pensionierung am 1. Juli 1922 keine über fünf Monate hinausgehende geschlossene Zeit mehr im Dienst. Der längste geschlossene Zeitraum in Prag sind die neun Monate nach seiner Pensionierung von 1922 bis Mai 1923 mit dem Winter 1922/23, den er fast ganz eingeschränkt auf Zimmer und Bett verbringen muß.

Dem großen Erholungsurlaub bei Ottla in Zürau folgt, nach einer schweren Erkrankung an der Spanischen Grippe, die im Herbst 1918 Europa überzog und viele Tote forderte, ein Aufenthalt in der Pension Stüdl in Schelesen: von Ende November bis Ende März 1919 und im November 1919; hier lernte er außer Julie Wohryzek auch Dora Gerrit (d. i. Olga Stüdl) kennen, die Erinnerungen an Kafka mitgeteilt hat, und im November die neunzehnjährige Minze Eisner. Jahrelang dauert die briefliche Verbindung und herzlich-brüderliche Zuneigung zu Minze, die er in ihren, im Hinblick auf Palästina endlich zu einer landwirtschaftlichen Ausbildung führenden Versuchen zur Selbständigkeit unterstützt. – Von Anfang April bis Ende Juli 1920 – Ottla erwirkt eine Urlaubsverlängerung – weilt Kafka zur Kur in Meran (Pension Ottoburg), auf die Rückkreise bei Milena Jesenská-Polak in Wien. – Seit Mitte Dezember 1920 macht er in Matliary (Hohe Tatra) eine Liege- und Mastkur; zweimal gelingt es Ottla, seinen Urlaub zu verlängern, so daß er bis Ende August 1921 bleiben kann. Im Frühjahr lernt er hier den ebenfalls lungenkranken ungarischen Medizinstudenten Robert Klopstock kennen; aus der väterlich beratenden entwickelt sich eine brüderliche, gegenseitige sich helfende Freundschaft. – Eine Gesundheitskur in Prag im November 1921 ist, wie alle andern Versuche, ohne anhaltende Wirkung. Immer von neuem aufgerieben zwischen den Forderungen des Lebens – dem dritten Heiratsversuch; dem vierten, der leidenschaftlichen Liebe zu Milena; dem hinfälligen Körper; dem belastenden Beruf; dem Schreiben – und schon wieder allzu weit von dem einmal greifbar nahen glücklichen Leben eines Kleinbauern, findet Kafka zu keinem dauerhaften stabilen Zustand zurück. – Ein dreiwöchiger Aufenthalt in Spindelmühle im Riesengebirge,

Januar/Februar 1922, leitete zwar die Arbeit am »Hunger-künstler« und am »Schloß« ein; und die endlich auf 1. Juli 1922 erfolgte Pensionierung wird gut genützt: Ottla hat in Planá eine Sommerwohnung gemietet und versorgt hier auch den Bruder von Ende Juni bis Anfang September 1922. Aber durch Ottlas Rückkehr nach Prag werden diese fruchtbaren Arbeitsbedingungen schlagartig abgebrochen. Zu deren Ergebnis gehört auch die umfangreichste nachgelassene und beinah vollendete Erzählung »Forschungen eines Hundes«, die im Anschluß an die Pensionierung wohl auch als eine Art selbstbiographischen Versuchs eine Bilanz seines bisherigen künstlerischen und jüdischen Daseins zu ziehen versucht, dabei selbstverständlich durchweg im Bild des Titels bleibt.

Die anschließende Zeit in Prag und bei den Eltern – bis Juli 1923 –, läßt die Katastrophe schon voraussehen. Kafka selbst beschreibt seinen deprimierenden Zustand während dieser Zeit im Rückblick so: »Der Zustand meiner Lungen war im vorigen Herbst und Winter nicht gut und wurde noch verschlechtert durch schmerzhafte Magen- und Darmkrämpfe. [...] Das Lungenfieber und jene Krämpfe bewirkten es, daß ich einige Monate das Bett kaum verließ. Gegen das Frühjahr besserten sich diese Leiden, wurden aber abgelöst durch eine äußerste Schlaflosigkeit [...] Der Zustand grenzte monatelang knapp ans Unerträgliche und verschlechterte auch noch die Lunge.«

3.5.2 Julie Wohryzeck; Aphorismen; »Brief an den Vater«

In den ersten Wochen 1919 lernt Kafka in Schelesen bei Liboch – er ist hier seit November in der Pension Stüdl – die etwa dreißig Jahre alte Julie Wohryzek kennen. Julie stammt aus einer einfachen tschechisch-jüdischen Familie; ihr Vater ist Schuster und Gemeindediener der Synagoge Prag-Weinberge. Wohl im Frühsommer 1919 verloben sie sich, die Hochzeit soll im November sein, eine Wohnung steht schon in Aussicht. Der Heiratsversuch scheitert gleichwohl wie die früheren an dem mangelnden Willen Kafkas zur Heirat, an dem Willen, alle möglichen Widerstände – die Beschimpfungen durch den Vater wegen der geplanten Mesalliance (denn das wäre diese Verbindung für den wohlsituierten Bürger gewesen), die Lungenkrankheit, die Verstrickung in die Literatur, die wieder entgangene Wohnung – ins Unendliche zu vergrößern. Die »Widerstände in mir waren trotz allem nicht verschwunden, sondern lagen gewissermaßen auf der Lauer und beobachteten die Entwicklung«, schreibt er Juliens Schwester nach der abgesagten Hochzeit. (Die Verlobung wurde dann erst unter dem Einfluß Milenas im Frühjahr 1920 gelöst.) Wie die früheren Verlobungen fällt auch die mit Julie in eine unproduktive Zeit.

Kaum ist jedoch die Heirat gescheitert, setzt – nach schon bekannten Paradigma – die literarische Produktion wieder ein: Im Januar und Februar 1920 entsteht die Sammlung »Er«, anknüpfend an die im Spätjahr 1917 nach der endgültigen Lösung von Felice entstandenen 109 »Betrachtungen über Sünde, Leid, Hoffnung und den wahren Weg«, wie Brod diese Aphorismen betitelte, die Kafka erst jetzt aus den Oktavheften isoliert, ordnet und numeriert. Kafkas aphoristisches Argumentieren und Formulieren steht vom Beginn seines Schreibens an – Kernsätze zahlreicher Briefe und Notizen sind ja nicht weniger »Aphorismen« als das nun von ihm selbst Herausgelöste – in der von Nietzsche gekrönten Tradition; schon in der »Beschreibung eines Kampfes« waren etwa, fast zitatnah an Nietzsche, in dialektischer Umkehrung, »Belustigungen« der »Beweis dessen, daß es unmöglich ist zu leben«. »Ein Käfig ging einen Vogel suchen« lautet der 16. Aphorismus, einer der kürzesten, in den gleichwohl alles eingegangen ist. Da »Kafka« auf tschechisch »Dohle« meinen kann und dieser Vogel vom elterlichen Geschäft als Emblem geführt wurde, ist wahrscheinlich, daß der Aphorismus eine Grundsituation Kafkas formuliert; Kafka war nicht angekommen in Felice, konnte trotz aller Bemühung nie im Judentum ankommen, auch andere Richtungen führten ins Leere; so blieb der »Mann vom Lande« draußen »vor dem Gesetz«, kam der Prokurist K. so lange nicht zum Verständnis seines »Prozesses«, der Landvermesser nicht im »Schloß« an; deshalb gibt nur die Umkehrung Hoffnung: Daß das Ziel sich aufmache, den Suchenden zu finden, der immer neue Hindernisse aus sich herausstellt, um sein Ziel zu vermeiden, obschon er es erreichen will. Der 16. Aphorismus vermittelt, daß keineswegs das Ziel sich verweigert, wie die jeweiligen Darstellungen des Mannes vom Lande, Josef K.s oder des Landvermessers dem Leser suggerieren; die Verweigerung erweist sich vielmehr als selbstbetrügerische, wahrhaft »einsinnige« Perspektive. Vertrackt verkürzt in einen absurd anmutenden Vorgang scheint hier die gesamte Lebensproblematik und ein Dauerthema der dichterischen Produktion Kafkas auf. Und weil der Künstler – wie ihn Kafka versteht – der Stellvertreter der Menschheit ist, trifft der Aphorismus die Zeitsituation, das »Unbehaustsein«

des Menschen und seine einzige Hoffnung. Zur Zeit der ersten Niederschrift des Satzes (im November 1917) schwingt als direkte Bedeutung mit, daß nun die Krankheit ihn von seiner vergeblichen Suche nach Felice befreit hatte und mit dem Zürauer »Dorfjahr« zum schützenden Käfig geworden war. Daß man als Ziel Kafkas und seiner Äußerungen den »Tod« ausmachte, ist die letzte Folgerung daraus. »Maßloses Glück« gibt Kafka einmal ein Traum (T 1921), in dem »die Strafe, die Auflösung, die Erlösung von der Ferne her näher kommt«, »mächtig heranwächst«, wodurch »gleichzeitig mit einem Schlag tausend Beziehungen klar werden«.– Die bildhafte Fassung einzelner Aphorismen verwischt die Grenzen der Gattung zu den rigoros verkürzenden »Erzählungen«, so wie deren hinterfragendes Argumentieren die Grenzen zum Aphorismus oder anderen Äußerungsformen.

Jetzt ist, im November 1919 während eines weiteren Aufenthalts in Schelesen, auch der größte autobiographische Versuch entstanden: der (im posthumen Druck 60 Seiten umfassende) »Brief an den Vater«, der, ausgehend von der eben mißglückten Heirat, seine Entwicklung unter der erdrückenden Figur des Vaters, dem »zuschnürenden Ring seines Einflusses« darstellt, der alle seine Lebensversuche (sein neues Judentum, Beruf, Schreiben, Heiratsversuche) zum Scheitern verurteilte – eine innere Biographie, die, obschon aus kleinsten privaten und realen Bestandteilen aufgebaut, mythologisierende Methode und Tendenz erkennen läßt.

3.5.3 Milena Jesenská

Zu Beginn des Jahres 1920 schreibt Kafka den ersten Brief an die Schriftstellerin Milena Jesenská-Polak. Milena, aus einer alten christlichen und nationaltschechischen Prager Familie hat 1918, nach einer emanzipierenden Schul- und Universitätsausbildung und gegen den Willen des Vaters, den Deutschjuden Ernst Polak geheiratet und früh zum Kreis des Café Arco gehört. Zur Zeit lebt sie mit Polak in Wien, im Bohème-Kreis des »Herrenhofs«, den u. a. die Kafka befreundeten Blei, Ehrenstein, Fuchs, Haas und Werfel frequentieren. Sie hatte Kafka wohl Ende 1919 mitgeteilt, daß sie seinen »Heizer« ins Tschechische übersetze. Der Briefwechsel intensiviert sich nun während des Aufenthalts in Meran derart – schon vor der Wiener Begegnung hält Kafka sie aufgrund ihrer Briefe für ein »lebendiges Feuer, wie er es noch nie gesehen hat« –, daß Milenas Bitte, von seinem Urlaub über Wien zurückzufahren, und die Tage vom 29. Juni bis 4. Juli 1920 mit ihr in Wien nur noch Vollendung und leidenschaftliche Kulmination der Beziehung sind.

Milena wird alle Tagebücher erhalten, das Fragment des »Verschollenen«, als sie den »Heizer« übersetzt, und auch den »Brief an den Vater«. Aber die naiv-liberalistische Milena begreift nicht, daß überhaupt und welch existentielle Rolle für Kafka sein Judentum spielt, weshalb er zu immer neuen brieflichen Erklärungen ansetzt; an der jüdischen Frage kristallisieren sich dann Mißverständnisse und Antagonismen. Kafka ist unverhüllter vor ihr als vor jedem anderen Menschen zuvor. Dennoch geht der Abbruch der leidenschaftlichen Beziehung von ihm aus. Ihre fordernde Liebe war nicht fähig zu einer Trennung von Polak, obwohl Kafkas Wille eindeutig war, daß sie sich aus ihrer längst zerrütteten Ehe vollends lösen und sofort zu ihm nach Prag ziehen solle. Nach einer weiteren Zusammenkunft an der Grenze, in Gmünd, sehen sie sich ein ganzes Jahr nicht. Schon im Herbst 1920 meint Kafka, es wäre gut, wenn sie »einander zu schreiben jetzt aufhörten«, und aus Matliary fleht er sie an: »Nicht schreiben und verhindern, daß wir zusammenkommen..., alles andere zerstört weiter.«. – Milenas Briefe an Brod ergänzen die Kafkas und geben neben einer Beschreibung der Wiener Tage auch Milenas Auffassung von Kafkas sich in den Briefen wiederholt ausdrückender »Angst«: Die »Angst bezieht sich nicht nur auf mich, sondern auf alles, was schamlos lebt, auch beispielsweise auf das Fleisch. Das Fleisch ist zu enthüllt, er erträgt es nicht, es zu sehen. Das also habe ich damals zu beseitigen vermocht... Es war nicht die geringste Anstrengung nötig, alles war einfach und klar... seine Krankheit war uns in diesen Tagen etwas wie eine kleine Erkältung«.

3.5.4 Neue Produktivität: »Erstes Leid«, »Ein Hungerkünstler«, »Das Schloß«, u. a.

Der »Heizer«, den Kafka früher einmal »für so gut hielt«, war ihm nun, als er die Übersetzung Milenas bekam, »eine abgründig schlechte Geschichte« und »die allzu gut bekannte Stimme aus dem alten Grabe«. Auch wenn er das Buch »Ein Landarzt« an Milena schicken läßt, drückt das im Augenblick keine Wertschätzung aus. Die zwei erst jetzt nach dem Krieg in vorzüglicher Ausstattung erscheinenden »In der Strafkolonie« und

»Ein Landarzt« sind ihm ebenfalls »alte« Bücher, ihre Wirkung und Erfolglosigkeit berühren ihn nicht. Erst Ende 1920 hatte sich nach mehrjähriger Pause das literarische Schreiben und nur für kurze Zeit wieder eingestellt und zu einer Reihe kleinerer Versuche wie »Zur Frage der Gesetze«, »Kleine Fabel« oder »Heimkehr« geführt. Auf einen großen werbenden Brief Kurt Wolffs vom November 1921, der davon spricht, daß der Verleger zu wenigen seiner Autoren »innerlich ein so leidenschaftlich starkes Verhältnis habe« wie zu ihm und »jedes Manuskript« willkommen sein werde, antwortete Kafka also nichts. Erst als ein weiters Schreiben vom 1. März 1922 wiederholt, daß »die Auflagenziffern der bei ihm erschienenen Bücher nichts zu tun hätten mit seiner inneren Beziehung zum Dichter oder Werk« und direkt von der »Heftigkeit, mit der er ihn umwerbe« spricht, antwortet Kafka. Er schickt im Mai die Erzählung »Erstes Leid« für die exklusive Kunst- und Literaturzeitschrift »Genius«. Diese Geschichte hat eine neue umfangreiche Produktion eingeleitet, die ihn bei allen Vorbehalten gegen das Produzierte auch dem Publizieren wieder positiver gegenüber stehen läßt. Von Brod, der während Kafkas Schweigen Verbindung mit dem Verleger und zur Öffentlichkeit gehalten hat, war im Novemberheft 1921 der Neuen Rundschau ein Essay »Der Dichter Franz Kafka« erschienen. Das Versprechen, das damit für die Leser der Zeitschrift verbunden war, diesem Schriftsteller bald einmal auch in der Neuen Rundschau zu begegnen, konnte nun eingelöst werden. Kafka überläßt ihrem Redakteur Rudolf Kayser im Sommer 1922 die ihm sehr wichtige Erzählung »Ein Hungerkünstler«.

Seit Februar des Jahres 1922 schreibt er an einem neuen Roman, dem »Schloß«; im Juli sind die ersten neun Kapitel fertig. Seit dem 1. Juli ist er endlich pensioniert und von der nach jeder Erholung ihn wieder bedrohenden Büroarbeit befreit; überdies sind die Arbeitsbedingungen in Planá günstig. Als Ottla ihn hier jedoch allein lassen will, bricht seine Arbeit völlig zusammen. Die Geschichte des angeblichen Landvermessers K. und ebenso die seit wenigen Wochen entstehenden »Forschungen eines Hundes« bleiben damit für immer Fragmente. – Auch der Kampf des Landvermessers K. um Aufnahme in die Dorfgemeinschaft und um Annäherung an das Schloß scheiterte immer von neuem, wie schon zu Beginn die Straße, auf der er sich ihm nähern will, sich zwar »vom Schloß nicht entfernte, doch auch nicht näher kam«. Brod weiß über die geplante Fortführung des Geschehens zu berichten, daß der Landvermesser »in seinem

Kampf nicht nachlasse, aber vor Entkräftung sterbe« und, schon auf dem Sterbebett, vom Schloß doch die Erlaubnis erhalte, im Dorf »zu leben und zu arbeiten«. Marthe Robert sieht das Romanfragment ganz von seinem Titel her und sagt: »Was ist unschuldiger als das Wort ›Schloß‹? Und die Wahrheit tendenziöser, wenn man an das ausgedehnte Netz von Bildern denkt – Reichtum, Alter, Macht, Adel, Privilegien –, das sich seit den frühesten Zeiten um es herumspinnt? Diesem blendenden Gebäude, in dem sich Luxus und Schönheit mit der Erinnerung an absolute Macht und zerfallene Bräuche paaren, fügt das deutsche Schloß noch ein wichtiges Merkmal hinzu [...], es evoziert nicht nur das Bauwerk, sondern auch seine Lage in einem abgeschlossenen Raum· [...], so daß sämtliche moralischen, gesellschaftlichen, geistigen und ästhetischen Eigenschaften, die in dem Bild anklingen, sogleich als von innen her verteidigte buchstäblich eingemauerte Güter erscheinen. Angesichts dieser vielfältigen Bedeutungen, die von der Macht überholter Dinge in unseren Träumen und Hoffnungen zeugen, braucht Kafka dem Wort keinerlei Gewalt anzutun, um einen ganzen Roman aus ihm zu machen; der Roman ist potentiell im Wort enthalten, und das Wort bestimmt den Verlauf seiner Peripetien bis hinein in ihre scheinbare Absurdität, Unwahrscheinlichkeit oder Unstimmigkeit.« (Robert 154 f.) – Mit dem »Schloß« ist die »Trilogie der Einsamkeit« abgeschlossen, wie Brod die drei Romanfragmente nennt. Eine innere Verbindung ist unübersehbar: Kafka selbst hat darauf verwiesen, indem nun nach Karl Roßmann, dem Prokuristen Josef K. auch der Landvermesser seine eigene Initiale trägt. Als Einheit gesehen sind die drei Fragmente über das erste Kapitel des »Verschollenen«, den »Heizer«, aufs engste verzahnt mit der anderen Trilogie Kafkas, an deren Zustandekommen ihm so viel gelegen war, mit den Novellen »Die Söhne«.

3.5.5 Zionismus, Palästina

Im Blick auf seine Dichtung und sein deutsches Judentum sagt Kafka in einem Brief an Brod 1921: »Weg vom Judentum, meist mit unklarer Zustimmung der Väter [...] wollten die meisten, die deutsch zu schreiben anfingen, sie wollten es, aber mit den Hinterbeinchen klebten sie noch am Judentum des Vaters und mit den Vorderbeinchen fanden sie keinen neuen Boden.« Daß er nicht nur neuen Boden gesucht, sondern inzwischen auch gefunden hatte: im neuen Judentum des Zionismus, zeigte schon seine verstärkte Hinwendung zum Judaismus während des Weltkriegs an. 1912 hatte bei der ersten Begegnung mit Felice der flüchtige Vorschlag gemacht werden können, einmal zusammen Palästina anzusehen, im Kriege war diese Tendenz sichtbarer geworden, und nach dem Krieg konnte Palästina sogar verwirklicht werden. Kafka versteht sich jetzt – wie Brod – nicht mehr als »deutschen« sondern als »nationaljüdischen« Juden: ein Bekenntnis zum Zionismus (und zu einer nationalen Minorität Böhmens von 0,3 %) – was freilich nicht heißen kann, daß er je praktizierender Zionist geworden sei. Gegenüber der nationaltschechischen Christin Milena hat er sich als den »westjüdischesten« der Westjuden bezeichnet, aber in seinem letzten Brief an sie meint er über sein Zusammentreffen mit Ostjuden der Müritzer Ferienkolonie doch auch: »Es zog mich sehr an, es lag auf meinem Wege.«

Kafkas Handlungen sind jedenfalls eindeutiger als der wie immer dialektisch verklausulierte sprachliche Ausdruck. Seit 1920 ist der Freund Hugo Bergmann in Jerusalem; Kafka versucht Minze Eisners Blick auf dieses Ziel zu richten, ebenso unterstützt er Ottlas Plan, im Frühjahr 1920 sich zu einem Vorbereitungskurs für Palästina zu melden, und er freut sich im Dezember 1921 darüber, daß Palästina endlich auch in das Blickfeld Klopstocks gerät, und erzählt ihm von den Auswanderungsvorbereitungen eines Prager Bekannten, oder er setzt sich 1922 mit Hans Blühers »Secessio Judaica« auseinander, der die Juden zum Verlassen Deutschlands aufforderte.

Kafkas Hebräisch-Studien haben seit Sommer 1917 nie ganz aufgehört. Nach Friedrich Thieberger (im Herbst 1919) hatte ihn Georg Langer (im Herbst 1921) in Hebräisch unterrichtet und mit Kabbala und Chassidismus vertrauter gemacht. Das Erlernen des Hebräischen und der ständige Gedanke an eine Übersiedlung nach Palästina sind der deutlichste Ausdruck dafür, wie weit Kafka sich mit dem neuen Judentum des Zionismus identifizierte; sagt der Talmud doch: »In Israel zu leben ist so wichtig wie das Einhalten aller Gebote der Thora«. Jetzt im Frühjahr 1923 werden die Hebräisch-Studien intensiv fortgesetzt durch monatelangen Unterricht bei Pua Bentovim, einer jungen Studentin aus Palästina, mit der ihn rasch Zuneigung verbindet. Den stärksten äußeren Anreiz bildet, nach solchen Vorbereitungen, der Besuch Bergmanns für eine Sammlung zugunsten der zionistischen Fonds »Keren Hajessod«. Der Berliner Leiter des Fonds und Bergmann sprachen auf einer zionistischen Versammlung; Kafka hörte den Vortrag, und Bergmann verbrachte den Abend bei ihm zu Hause mit seinen Schwestern, mit Brod, Baum und deren Frauen; Bergmanns Frau bot Kafka an, wenn er nach Palästina übersiedeln wolle, mit ihnen zu fahren und bei ihnen zu wohnen. Sein Entschluß, nach Palästina zu fahren, scheint festzustehen. Die Ferienreise nach Müritz an die Ostsee versteht er zunächst noch als gelungene »kleine Vorprobe zur größeren Reise«. Kurz darauf ist jedoch der Entschluß für Berlin da und die Erkenntnis, daß ihm in seinem Zustand Palästina verwehrt sei; aber selbst noch in Berlin, zusammen mit Dora Diamant, wird an dem Traum eines Lebens in Palästina weitergeträumt.

Statt »wie jeder andere Mensch«, dem »der Kreismittelpunkt gegeben ist«, »den entscheidenden Radius zu gehn und dann den schönen Kreis zu ziehn«, so notiert Kafka 1922 im Tagebuch das Fazit seines Lebens, »habe ich immerfort einen Anlauf zum Radius genommen, aber immer wieder gleich ihn abbrechen müssen«; als Beispiel nennt er »Sprachen, Germanistik, Antizionismus, Zionismus, Hebräisch, Gärtnerei, Tischlerei, Literatur, Heiratsversuche, eigene Wohnung« und fährt fort: »Es starrt im imaginären Mittelpunkt des Kreises von beginnenden Radien, es ist kein Platz für einen neuen Versuch, kein Platz heißt Alter . . .«

3.5.6 Dokumentation; Literatur zu Biographie und Werken 1918 bis 1923

Biographisches

M, Br, H, KW, O, T; Chronik 140–184. – Dokumente 87–99. – Zeittafel 238–243. – *Brod* I, 148–171, 186–209, 223–299. – *Hackermüller*. – *Janouch* II, 138–156. – *Rohner* 101–126. – *Binder* II. – *Binder* III. – H. *Binder*: K.s Biefscherze, Sein Verhältnis zu Josef David, JSG 1969, 536–559. – M *Buber-Neumann*: K.s Freundin Milena, München 1963. – J. *Černá*: Adresát Milena Jesenská, Prag 1969. D. *Gerrit*, Brod I 369–371. – K. *Wagenbach*: Julie Wohryzek, die zweite Verlobte K.s, Symposion 39–53. *Wagenbach* II, 115–131. –

Zum Brief an den Vater

W. *Emrich*: Geist und Widergeist, Frankfurt 1965, 311–317. – *Hasselblatt* 155–162. – *Politzer* I, 405–416. – J. *Rattner*: K. und das Vaterproblem, München 1964.

Zu den Briefen an Milena

M 1983, – W. *Haas*, M 271–287. – H. *Arie-Gaifman*, Juden in der dt. Lit., 257–268. – J. *Born*/M. *Müller* (Datierung gegen Haas), JSG 1981, 509–524.

Zionismus

M. *Brod*: Sozialismus und Zionismus, Wien–Berlin 1920. – J. *Bloch*: Judentum in der Krise; Emanzipation, Sozialismus und Zionismus, Göttingen 1966. – M. *Buber*: Kampf um Israel, Reden und Schriften (1921–1932), Berlin 1933. – W. *Laqueur*: Der Weg zum Staat Israel, Geschichte des Zionismus, Wien 1975. – A. *Ruppin*: 30 Jahre Aufbau in Palästina, Reden und Schriften, Berlin 1937. – (Weitere Lit. siehe 2.5; 3.48; 3.6.6.)

Aphorismen

»*Betrachtungen über Sünde, Leid, Hoffnung und den wahren Weg*«
Hs.: Bodleian.
Entst.: Okt. 1917–Febr. 1918, Aug.– Okt. 1920.
GW: H.
»*Er*«
Hs.: Bodleian.
Entst.: Jan./Febr. 1920.
GW: B., H.
Lit.: *Beißner* 85–121. – *Binder* IV, 84–90. – G. *Braun*, DU 1966, 107–118. – R. T. *Gray*: Constructive destruction, K.s aphorisms, Literary tradition and literary transformation, Tübingen 1987. – W. *Hoffmann*: K.s Aphorismen, Bern–München 1975. – *Ders*.: Aphorismen und Spätwerk K.s, Bern–München 1984. – *Kurz* 26, 36–39. – H. *Mitfull*: The Theological Position of K.s Aphorisms, Seminar 1982, 168–183. – *Robertson*, (Die Zürauer Aphorismen), 244–283. – *Thieberger*, (Ein Käfig ging einen Vogel suchen), 191–197.

»*Brief an den Vater*«
Hs.: Brod.
Entst.: November 1919.
GW: H.
Lit.: s. Biographisches.

»*Poseidon*«
Hs.: Bodleian.
Entst.:September 1920.
GW: B., Fragmente dazu: H.
Lit.:
J. *Born*, Euph. 1970, 404–413. – *Richter* I, 228 f.

»Die Truppenaushebung«
Hs.: Bodleian.
Entst.: Oktober 1920.
GW: B.
Lit.:
Emrich I, 212–220. – H. *Ide*, JWB 1961, 7–27.

»Zur Frage der Gesetze«
Hs.: Bodleian.
Entst.: Oktober 1920.
GW: B.
Lit.:
Emrich I, 205–209. – *Richter* I, 221–223.

»Die Abweisung«
Hs.: Bodleian.
Entst.: Oktober 1920.
GW: B.
Lit.:
Emrich I, 209–212. – *Richter* I, 225–227.

»Nachts«
Hs.: Bodleian.
Entst.: Oktober 1920.
GW: B.
Lit.:
E. R. *Davey*, GR 1984, 32–38. – *Kurz* 118 f.

»Die Prüfung«
Hs.: Bodleian.
Entst.: November 1920.
GW: B.
Lit.:
K. *Klooke*, JWB 1968, 79–91. – *Richter* I, 228.

»Der Steuermann«
Hs.: Bodleian.
Entst.:November 1920.
GW: B.
Lit.:
Richter I, 228.

»Der Geier«
Hs.: Bodleian.
Entst.: November 1920.
GW: B.

»Der Kreisel«
Hs.: Bodleian.

Entst.: November 1920.
GW: B.
Lit.:
Richter I, 225–227.

»*Das Stadtwappen*«
Hs.: Bodleian.
Entst.: Spätherbst 1920.
GW: B.
Lit.:
Emrich I, 190. – *Richter* I, 229 f. – *Zimmermann* I, 251–256.

»*Gemeinschaft*«
Hs.: Bodleian.
Entst.: Spätherbst 1920.
GW: B, H.
Lit.:
Kraft 143–146. – *Philippi* 175–177. – *Richter* I, 225–227.

»*Heimkehr*«
Hs.: Bodleian.
Entst.: Spätherbst 1920.
GW: B.
Lit.:
Beißner 64–66. – *Kraft* 62–65. – *Philippi* 205–207. – *Richter* I, 228.

»*Kleine Fabel*«
Hs.: Bodleian.
Entst.: Spätherbst 1920.
GW: B.
Lit.:
K.*Doderer*: Fabeln, Formen, Figuren, Lehren; Zürich-Freiburg 1970, 33–38. – *Fingerhut*. – *Richter* I, 230.

»*Das Schloß*«
Hs.: Bodleian.
Entst.: Jan./Sep. 1922.
GW: S.
S/Krit. A., S 1982.
Dokumente: Br, T, M , H; Heller-Beug 101 f.: Datierung 71 f.
Lit.:
Beicken (Forschungsreferat und -kritik mit Lit.) 328–338. – A. *Ajtony* (Hg.): Analyses et Reflexions sur K., Le Chateau, Paris 1984. – *Bezzel* 106–114. – *Binder* IV, 265–503 (Lebensproblematik K.s, biograph.-lit. Vorbilder, Genese des Romans, Sexualität, Behördenapparat, Personifizierungen). – W. *Binder*, Aufschlüsse, München 1976, 369–384. – *Brod* I, 371–374. – D. *Cohn*: K. enters the Castle, On the Chance of Person in K.s Manuscript, Euph. 1968, 28–45. – *Ders.*: Castles and

111

Anti-Castles or K. and Robbe-Grillet, Novel 1971/72, 19–31. – R. *Cohn*: Watt in the Light of »The Castle«, CL 1961, 154–166. – C. *David*, (Schloß als theolog. Fabel). Fs. M H. Meyer (Hg. Bormann) 1976, 694–711. – *Emrich* I, 298–410. – L. *Fietz*: Möglichkeiten und Grenzen einer Deutung von K.s »Schloß«-Roman, DVjs 1963, 71–77. – *Fingerhut* 230–253. – H. *Göhler*: K., Das Schloß, Bonn 1982. – E. *Heller*, Politzer III, 175–204. – I. C. *Henel*, Politzer III, 406–430. – W. *Hilsbecher*, Wie modern ist eine Literatur?, 1965, 113–138. – W. *Hoffmann*: K.s Aphorismen und »Das Schloß«, Symposion Wien, 93–114. – K. *Keller*: Gesellschaft in mythischem Bann, Studien zum »Schloß« und anderen Werken K.s, Wiesbaden 1977. – *Keßler*, (Strukturen des Mikrokosmos, Erzählen mit gespaltener Sprache), 127–155. – J.S. *Kim*: K., Darstellung und Funktion des Raumes in »Der Prozeß« und »Das Schloß«, Bonn 1983. – *Kraft* 97–133. – W. *Kudszus*: Erzählhaltung und Zeitverschiebung in K.s »Prozeß« und »Schloß«, DVjs 1964, 192–207. – *Ders., MAL 1978, 243–256.* – *Kurz*, (Die Romane), 152–165. – Th. *Mann*: Dem Dichter zu Ehren – K. und »Das Schloß«, Der Monat 1949, 66–70. – S. S. *Meyer*, (Rolle der Geschlechter), Kafka Society 1981, 25–36. – E. *Midell*, (Probleme der Interpretation und Forschung), WB 1984, 885–899. – P.F. *Neumeyer*: K., Sugar Baron, MFS 1971, 5–16. – *Nicolai*: Zur Einheit der Gegensätze, München 1977. – M. *Pasley*: Zur äußeren Gestalt des »Schloß«-Romans, Symposion 181–188. – *Ders.*: Zur Entstehungsgeschichte von K.s Schloßbild, Weltfreunde 241–251. – *Philippi* – *Politzer* I, 316–399. – H. *Pongs*, Das Bild in der Dichtung, Bd. 3, Marburg 1969, 435–463. – *Richter* I, 252–272. – H. *Richter*, ZfdtPh 1965, 47–73. – P. *Richter*: Variation als Prinzip, Zu K.s Romanwerk, Bonn 1975. – A. *Ritzmann*: Winter und Untergang, Bonn 1978. – M. *Robert*: Das Alte im Neuen, München 1968. – Robertson 284–353. – W.G. *Sebald*, LuK 1972, H. 66/67, 399–411. – R. *Sheppard*, On K.s »Castle«, London 1973. – H. *Stiefken*: K., Ungeduld und Lässigkeit, Zu den Romanen »Der Prozeß« und »Das Schloß«, München 1977. – *Sockel* I, 391–500. – J. *Steffan*: Darstellung und Wahrnehmung der Wirklichkeit in K.s Romanen, Nürnberg 1979. – K. *Wagenbach*: Wo liegt K.s Schloß? Symposion 161–180 (dazu: *Brod* II, 103–105). – H. *Walther*: K., Die Forderung der Transzendenz, Bonn 1977. – J. *Winkelmann*, MH 1972, 115–131.

»*Der Aufbruch*«
Hs.: Bodleian.
Entst.: Frühjahr 1922.
GW: B.
Lit.:
Richter I, 233.

»*Fürsprecher*«
Hs.: Bodleian.

Entst.: Frühjahr 1922.
GW: B.
Lit.:
Kraft 17–21. – *Richter* I, 228.

»*Forschungen eines Hundes*«
Hs.: Bodleian.
Entst.: Sommer 1922.
GW: B.
Lit.:
Bezzel 116 f. – *Binder* II, 531–550. – *Emrich* I, 48–52, 152–167. – *Hillmann* I, 51–56. – *Richter* I, 276–285. – W. *Kudszus*, Erkennen und Deuten (Hg. M. Woodmansee) 1983, 300–309. – *Robert* 19–27. – *Robertson* 354–368. – J. *Winkelmann*, MH 1967, 204–216.

»*Das Ehepaar*«
Hs.: Bodleian.
Entst.: Ende 1922.
GW: B.
Lit.:
Beißner I, 31 f. – W. *Kraft*, Die Wandlung 1949, 155–160. – *Kraft* 133–138.– *Richter* I, 171–173. – M. *Ware*, Symposium 1965, 85–88.

»*Gib's auf (Ein Kommentar)*«
Hs.: Bodleian.
Entst.: Ende 1922.
GW: B.
Lit.:
H. *Politzer*, Kafka Problem 117–121; JSG 1960, 463–483. – *Politzer* I, 19–44. – *Richter* I, 219.

»*In der Thamühler Synagoge*«
Hs.: Bodleian.
Entst.: Ende 1922.
GW: H.
Lit.:
Emrich I, 143–145. – M. *Robert*, Merkur 1948, 113 ff.

»*Von den Gleichnissen*«
Hs.: Bodleian.
Entst.: 1922/23.
GW: B.
Lit.:
B. *Allemann*, ZfdtPh 1964, 97–106. – H. *Arntzen*, ZfdtPh 1964, 106–112, – *Bezzel* 114–116. – *Hasselblatt* 87–94, 171–177. – K. *Klooke*, JWB 1968, 78–91. – *Kraft* 7–13. – *Richter* I, 220. – J. *Strohschneider-Kohrs*: Erzähllogik und Verstehensprozeß in K.s Gleichnis »V.d.G.«, Problem des Erzählers (F.s K. Hamburger), Stuttgart 1971, 303–329.

3.6 Berlin und das Ende (1923/24)

3.6.1 Dora Diamant

Von Anfang Juli bis zum 6. August 1923 macht Kafka mit seiner
Schwester Elli und ihren Kindern Ferien in Müritz an der Ostsee – seit langer Zeit (und wieder im Schutz von Familienange-
hörigen) das erste größere Unternehmen. Hier lernt er in einer
Kinderkolonie des Berliner Jüdischen Volksheimes eine der
Helferinnen näher kennen: Dora Diamant. Die Fähigkeit, gerade zu jüngeren Menschen rasch einen herzlichen Kontakt her-
zustellen (Olga Stüdl, Minze, Janouch, Milena, Klopstock, Pua
u. a.) gewinnt ihm die Lebensgefährtin des letzten Jahres. Was
er sich einmal vorgestellt hatte (T 1915): »Einen haben«, der
»Verständnis für mich im Ganzen hat«, »etwa eine Frau, das
hieße Halt auf allen Seiten haben, Gott haben«, glückt ihm mit
Dora; keine fordernd-überwältigende Liebe wie die Milenas,
eine fürsorgliche vielmehr: Kafka wird sich von Dora (die er
heiraten wollte, doch verweigerte ihr frommer Vater die Einwilligung) »gut und zart behütet« fühlen, »bis an die Grenzen
irdischer Möglichkeit«. Dora, knapp 20 Jahre alt, Ostjüdin, in
chassidischer Tradition erzogen, des Jiddischen und Hebräischen mächtig, wegen der Pogromsituation aus Polen in den
Westen geflüchtet, bietet ihm den seelischen und materiellen
Rückhalt, den er mit seiner Krankheit braucht, um noch einmal
Freiheit von seiner elterlichen Familie zu gewinnen. Die Palä-
stina-Pläne, fast bis zur Verwirklichung durchgespielt, erscheinen plötzlich in dem Versuch, mit Doras Hilfe in Berlin zu leben, weniger erledigt als aufgehoben: Berlin wird Kafkas Ersatz
für Palästina.

3.6.2 Berlin

Das Berlin dieser Zeit sei, behauptet Werfel einmal (brieflich,
1926) »der wüste Geltungstraum eines weltfremden überspitz-
ten Juden von dem, was er für modern und radikal hält: im
Wirtschaftlichen und in der Kunst«. Für Kafka war es seit langem Symbol eines freien Schriftstellerdaseins; es hatte ihn schon
immer angezogen, und seit 1913, als er zum ersten Mal an eine
Übersiedlung dachte, noch an Anziehung gewonnen. Wenn
man nach dem Weltkrieg die Geschehnisse in den Nachbarlän-

dern beobachtete – und nichts erlaubt, Kafka für einen weltfremden Menschen zu halten, der die Ereignisse in der Welt
nicht oder auch nur getrübt wahrgenommen habe –, dann war
zu bemerken, daß das Deutsche Reich als Weimarer Republik
für den geistigen Arbeiter einen unerhörten Freiraum geschaffen hatte und darstellte, dessen Verlust der Deutsche zwar erst
seit 1933 bedauern lernte, der jedoch dem Ausländer, der überdies in seinem eigenen Staat zwiefach einer Minorität angehörte
– als Jude wie als sprachlich Deutscher – begehrenswerter denn
je erscheinen mußte. Im Ohr eines Juden hatte die pejorativ ge-
meinte, von Völkisch-Nationalen benutzte Bezeichnung »Jüdische Republik« einen anderen Klang: magnetische Kraft. Ein
sichtbares Merkmal dieser Republik war die Aktivität von Poli-
tikern jüdischer Herkunft; mit dem Entstehen des neuen, zunächst von Sozialisten getragenen Reichs war die Emanzipation
der Juden im größten der fortschrittlichen europäischen Staaten
endlich vollzogen.

So wurde Berlin für Kafka Symbol einer Befreiung, überdies
zum Symbol eines »Aufstiegs« aus der austrocknenden Tiefe
der bisherigen Prager Existenz, und darum ein Ersatz für Palästina – das in diesem Augenblick Kafka angemessenere ›Palästina‹. Dies keineswegs als ironisch erfundener halber Euphe-
mismus, der Palästina genannt hätte, wo es nicht war: Denn Palästina war da in der Lebendigkeit jüdischen Daseins, das sich
gerade im Berlin des Nachkriegs entwickelt. Und indem Kafka
sich dieser Lebendigkeit nicht entzog, sondern anschloß, soweit dies sein Gesunheitszustand und seine Fähigkeiten überhaupt erlaubten, bedeutete Berlin ein erreichtes Stück Palästina.

Seit fünfzig Jahren hatte Berlin eine Lehranstalt »für die Wissenschaft des Judentums«, ein inzwischen erstrangiges Institut
und seit kurzem »Hochschule«, an der so bedeutende Köpfe
wie Leo Baeck, der Gemeinderabbiner Berlins, oder Ismar Elbogen lehrten; Elbogen führte die Forschungen und Darstellungen des von Kafka einst »gierig« gelesenen Historikers des
Judentums Heinrich Graetz fort und war vermutlich der Do-
zent eines von Kafka gehörten Talmud-Kollegs. Berlin ist eine
der größten »Judenstädte« Europas, mit einem besonders ho-
hen Anteil an geflüchteten (allein 1919 um 60 Tausend) und immer noch zuströmenden Ostjuden.

3.6.3 In Berlin; neue Aktivität und Produktion

In Berlin lebte in diesen Jahren der Kafka seit 1913 befreundete
Schriftsteller Ernst Weiß; von ihm hat er sich schon für Robert
Klopstock über die Umstände und Kosten eines Berliner Aufenthalts berichten lassen; nun kamen ihm diese Recherchen
selbst zugute. Auf der Rückkehr von Müritz ist er dann am 7.
und 8. August in Berlin. Nach wenigen Tagen in Prag bleibt er
einen Monat lang bei Ottla und ihren zwei kleinen Töchtern in
Schelesen; Ottla scheint ihn in seinem Plan, an dessen Gelingen
er bis zum Schluß zweifelt, bestärkt zu haben. Nach zwei Tagen
in Prag fährt er am 24. September nach Berlin und nimmt Wohnung in Steglitz, Miquelstraße 8. »Innerhalb seiner Verhältnisse« scheint ihm sein Unterfangen freilich »eine Tollkühnheit,
für welche man etwas Vergleichbares nur finden kann, wenn
man in der Geschichte zurückblättert, etwa zu dem Zug Napo-
leons nach Rußland.« Auch mit Berlin, das nun an die Stelle Pa-
lästinas getreten ist, wird ein alter, seit 1913 wiederholt aufge-
tauchter Wunschtraum verwirklicht, allerdings zu einem recht
ungünstigen Zeitpunkt: Kafkas Zustand ist äußerst ungefestigt,
und Deutschland treibt durch den Ruhrkampf in bürgerkriegs-
ähnliche Situationen und immer tiefer in die Inflation hinein.

Ans Produzieren und Publizieren dachte Kafka seit einiger
Zeit nicht mehr. »Was aus früherer Zeit an Geschriebenen vorliegt«, so beantwortet er im September 1923 eine Einladung
Carl Seeligs, »ist gänzlich unbrauchbar [...], in letzter Zeit aber
bin ich abseits vom Schreiben getrieben worden.« In Berlin
stellte sich das Schreiben jedoch schnell und reichlich wieder
ein. Die – wenn auch pauschalen – Berichte über Kafkas Berliner Produktion lassen vermuten, daß sie dem Umfang nach anderen produktiven Zeiten nicht nachsteht. »Eine kleine Frau«
und das große Fragment, der »Bau«, das die biographische Situation Kafkas besonders deutlich spiegelt, sind jedoch die einzigen erhaltenen Erzählungen dieser Zeit.

Mit dem rettenden komplizierten »Bau«, den sich das ver-
folgte Tier geschaffen hat und mit dem es so in eins verschmilzt,
daß der nun sein eigentliches Leben darstellt, hat es sich zugleich sein Grab gegraben. Die Geschichte »Der Bau« ist sowohl Bild seines Berliner Lebens als auch der menschlichen Existenz überhaupt, wie Kafka sie sieht und erfahren hat: als im-
merwährende Bemühung, sich selbst (durch sein labyrinthi-
sches Schreiben) zu retten. Wie Dora berichtet, hat Kafka viel
von ihr verbrennen lassen, so eine Erzählung über den Ritual-

mordprozeß gegen Beilis und einen dramatischen Versuch, nach Brods Aussage insgesamt »20 dicke Hefte«. Der bei Dora gebliebene Teil des Nachlasses, d. h. ein Teil der Berliner Produktion, wurde nach 1933 von der Gestapo beschlagnahmt und ist seither verschollen.

Kafka ist in die galoppierende Inflation hineingeraten. Die Preise im Deutschen Reich, so muß er feststellen, »klettern wie die Eichhörnchen«; er hält es indessen auch für »Gerechtigkeit«, so schreibt er an Brod, »mit dem Schicksal Deutschlands zusammenzuhängen, wie Du und ich«. Nur im ersten Monat gelingt es ihm, bei bescheidenster Lebensführung, mit den 1000 tschechischen Kronen seiner Pension auszukommen (schon ein einziger Arztbesuch kostete 160 Kronen). Gleichwohl ist er, weil er sich hier im Ganzen wohlfühlt, entschlossen, in Berlin zu bleiben. Ottla kann in seinem Auftrag bei der Versicherungs-Anstalt erreichen, daß ihm die Pension erhalten bleibt, obwohl er für längere Zeit im Ausland davon leben will. Dreimal wechselt Kafka die Wohnung, Mitte November zieht er in die Grunewaldstraße 13 und Anfang Februar 1924, nachdem ihm als »zahlungsunfähigem Ausländer« gekündigt worden ist, nach Berlin-Zehlendorf, Heidestraße 25–26.

Kafka erhält Besuche der in Groß-Berlin wohnenden Rudolf Kayser, Ernst Blaß und Ernst Weiß; er trifft Brods Freundin Emmy Salveter, Müritzer junge Bekannte und noch ein paarmal Pua Bentovim, die, nachdem sie ihn bei Dora gut aufgehoben sieht, ihre eigenen Wege geht. Auch Brod sieht nach ihm, vermutlich auch Werfel; Ottla besucht ihn Ende November; Siegmund Kaznelson und Lise Kaznelson geb. Weltsch kommen im neuen Jahr. Briefe gehen an die Eltern und Geschwister, an Klopstock, Baum, Brod, Felix Weltsch, Ludwig Hardt. Kafka findet persönliche Verbindung zum Verlag Die Schmiede. Aber er lebt doch ein zurückgezogenes »schattenhaftes Leben«. Die Teuerung zwingt ihn dazu; nach und nach mehr noch sein gefährdeter Zustand, der ihm von Anfang an nicht erlaubte, sich den Wunsch zu erfüllen, eine Dahlemer Gärtnerschule ganz in der Nähe zu besuchen. In der »innern Stadt« ist er bis Mitte Oktober erst dreimal gewesen; sein »Potsdamer Platz ist der Steglitzer Rathausplatz«. Häufig geht er in die »Hochschule für die Wissenschaft des Judentums«, benutzt ihre gutgeheizte Bibliothek und nimmt wohl auch sporadisch an Lehrveranstaltungen teil; aber auch diese Gänge werden bald weniger. Die »ganze Berliner Sache«, gesteht er Ottla, sei eben »ein so zartes Ding, ist mit letzter Kraft erhascht«.

3.6.4 Das Ende

Im Februar verschlechtert sich sein Zustand, er kann das Bett kaum noch verlassen. Onkel Siegfried Löwy, der Landarzt, ist Ende Februar in Berlin und stellt fest, daß Kafka unter ständige ärztliche Kontrolle kommen muß. Am 17. März fährt Kafka mit Brod nach Prag zurück; Dora kommt nach. Anfang April kann er im Sanatorium »Wiener Wald« in Niederösterreich untergebracht werden, bis hier das Übergreifen der Tuberkulose auf den Kehlkopf festgestellt wird; Kafka kann nur noch flüstern. Mitte April kommt der Patient kurz in die Wiener Universitätsklinik, die den schlimmen Befund bestätigt. Am 19. April wird er ins »Sanatorium Dr. Hoffmann« in Kierling bei Klosterneuburg gebracht. Der von Kafka gefürchtete Zeitpunkt, da er »auf ein Zimmer, dann auf ein Bett und dann auf nichts mehr eingeschränkt« sei, ist endgültig gekommen. Zunächst scheint er selbst sich allerdings noch eine Besserung für den Sommer erhofft zu haben. Nur um ihm die Aussichtslosigkeit seiner Lage und die Nähe des Todes zu verbergen, läßt man ihn in Kierling und bringt ihn nicht zurück nach Prag zu den Eltern. Dora kann ihn in Kierling pflegen helfen, und seit Anfang Mai steht ihm Robert Klopstock ärztlich bei; sie bilden Kafkas »kleine Familie«. Fachleute geben ihm noch eine Lebensdauer von 3 Monaten. Am 3. Juni stirbt er. Am 11. Juni wird er auf dem jüdischen Friedhof in Prag-Straschnitz beigesetzt.

3.6.5 Das Buch »Ein Hungerkünstler«

Die Verbindung Kafkas zu dem jungen Berliner Verlag Die Schmiede war sicher besser als die spärlichen Zeugnisse belegen; unter den Autoren des Verlags sind ihm die meisten namentlich bekannt, eine ganze Reihe sogar persönlich: Haas (der hier als Lektor zumindest aushalf), Weiß (den ersten Autor des Verlags), Hasenclever (damals einer der Geldgeber), aber auch A. Ehrenstein, E. E. Kisch, Leonhard; und das weitgehend zionistisch-marxistische Programm des Verlags, wie es sich in den Publikationen der Jahre 1923 und 1925 zeigt, muß, so ist zu erschließen, seine Zustimmung gefunden haben. Daß der Verlag zahlungskräftig war, trotz der Inflationszeit, ist ein notwendiger finanzieller Anreiz für den Dichter gewesen, der materielle Unabhängigkeit erstrebte, und zwar über die Pension hinaus, die ihn an die Tschechoslowakei band. Zweifellos glaubte er nicht, daß seine Krankheit derart weit fortgeschritten sei und derart rasch fortschreite. Er kalkulierte den Mißerfolg seiner »kleinen Auswanderung« nach Berlin ein, spielte jedoch, nach Doras Aussagen, immer noch mit dem nun zusammen mit Dora zu verwirklichenden Palästina-Plan. Die Bindung an zionistische Vorstellungen lockerte sich zweifellos nicht, wie das Engagement bei der Schmiede zeigt. Die nach Doras Zeugnis damals entstandene und wieder vernichtete »Erzählung« über den berühmten Fall Beilis paßt so gut in das Verlagsprogramm der Schmiede, und zwar in deren damals vorgeplante Reihe »Die Verbrechen der Gegenwart« – hier erschienen dann, vom Verlagsleiter Leonhard herausgegeben, Fall-»Erzählungen« von Weiß, Döblin, Kisch, Theodor Lessing u. a. –, daß sie geradezu durch den Verlag angeregt oder in Auftrag gegeben zu sein scheint.

Als Kafka stirbt, ist das Buch »Ein Hungerkünstler«, das er dem Verlag überlassen hat, noch im Druck. Die erst Ende März in Prag entstandene Geschichte »Josefine, die Sängerin«, als Kafka die ersten Symptome der Kehlkopftuberkulose spürte, sollte das Buch ergänzen, das bisher nur die zwei schon veröffentlichten »Ein Hungerkünstler« und »Erstes Leid« und die neue Berliner Geschichte »Eine kleine Frau« umfaßte. Kafka äußerte nach der Fertigstellung der »Josefine«: »Ich glaube, ich habe zur rechten Zeit mit der Untersuchung des tierischen Piepsens begonnen.« Brod vermittelte über Pick rasch die von Kafka gewünschte Publikation in der Tageszeitung »Prager Presse« und expedierte die Geschichte auch nach Berlin. Von der Schmiede trafen, ungeduldig erwartet, die Korrekturen des Buches erst in Kierling ein. Kafkas Emotionen bei der Korrektur bezeugen die autobiographische Substanz der Geschichten; als er die Korrektur des »Hungerkünstlers« beendete, so beobachtete Klopstock, »was eine ungeheure, nicht nur seelische Anstrengung, sondern eine Art erschütternder geistiger Wiederbegegnung für ihn sein mußte, rollten ihm lange die Tränen herunter«. Die »Gesprächsblätter«, mit deren Hilfe sich Kafka wegen Sprechverbots unterhielt, dokumentieren, daß er noch für alle vier Geschichten aktiv Korrektur gelesen und buchstäblich bis zum Tod an seiner letzten Publikation gearbeitet hat.

Auch die geschlossene Thematik dieser Erzählungen von Künstler, Kunst und Publikum ist noch einmal Gestaltung und Variation einer von Kafka 1912 entwickelten Grundform, die man wohl seinen »Mythos« nennen kann (vergleiche S. 64): Der Mensch ist von einem »Mangel« heimgesucht, den er, (vielleicht) ohne sich dessen bewußt zu sein, (vielleicht) selbst geschaffen hat; das Vorhandensein des noch verborgenen, doch schon wirksamen Mangels muß er entdecken, anerkennen und aus der Welt schaffen; dies scheint oft erst im Tod möglich (z. B. indem er sich selbst »wegschafft«). – Wie frühere Protagonisten ihr Ziel nur im Tod erreichen (Georg Bendemann, Gregor Samsa, Josef K.), so hier der Hungerkünstler, indem er über die Höchstgrenze der vierzig Tage hinaus hungert, oder der Trapezkünstler (»Erstes Leid«), dessen plötzliche Sehnsucht nach einem zweiten Trapez schon die Sehnsucht nach einem dritten usw. einschließt: sich damit als wahrhaft »existenzbedrohend« erweist. Der Hungerkünstler hungert nicht um des Ruhmes willen, sondern weil ihn nach »wirklicher« (überirdischer) Speise verlangt; sein Hungern ist der Versuch, den »Weg zu der ersehnten unbekannten Nahrung« zu finden (wie er sich dem verwandelten Samsa beim Hören der schwesterlichen Geige zu zeigen schien). Die vom Publikum gewählten Aufpasser sind dagegen Repräsentanten gröbster irdischer Nahrungsmittel: »gewöhnlich Fleischhauer«, und zum »Stroh« des Hungerkünstlers stinken die »rohen Fleischstücke für die Raubtiere« herüber. Das überindividuelle Bild des Künstlers, der eine »unbekannte Nahrung« ersehnt, ist so mit einem sehr persönlichen Bezug gezeichnet: In diesem Kontrast begegnen sich Vater und Sohn noch einmal antagonistisch, der fleischhauernahe Hermann Kafka und der Vegetarier und Dichter Franz Kafka.

3.6.6 Dokumentation des späten Werks; Literatur zur Biographie des letzten Jahres und zum Spätwerk

Biographisches

Br, O, M, KW; Loužil, Sborník 1963; Chronik 184–196; Dokumente 100–103; Zeittafel 243 f. – *Brod* I, 171–186. – *Brod* II, 112–114, – *Wagenbach* II, 131–135. – *Janouch* II 156–171. – *Rohner* 127–134. – S. H. *Bergmann*, Universitas 1972, 739–750. – *Binder* II. – *Binder* III. – Dora *Dymant*: Ich habe K. geliebt, Die Neue Zeitung, 18. 8. 1948. – *Hackermüller*. – J. P. *Hodin*: Doras Erinnerungen an K., Der Monat 1949, H. 8/9, 89–105. – M. *Robert*: Dora Dymants Erinnerungen an K., Merkur 1953, 848–851. – G. *Janouch*: K. in Steglitz, Die Diagonale (Berlin) 1966, H. 2, 26–34. – J. *Urzidil*: K.s Bestattung und Totenfeier, Merkur 1964, 595–599. – Kritik und Rezeption II (Nekrologe), 13–68.

H.-H. *Knütter*: Die Juden und die dt. Linke in der Weimarer Republik 1918–1933, Düsseldorf 1971. – J. *Kreppel*: Juden und Judentum von heute, Zürich 1925. – G. *Krojanker* (Hg.): Juden in der dt. Literatur, Essays über zeitgenössische Schriftsteller, Berlin 1922. – Th. *Lessing*: Deutschland und seine Juden, Prag 1933. – H. *Ullmann*: Die westeuropäischen Juden als Typ einer modernen Großstadtbevölkerung, Süddt. Monatshefte 1927, H. 10. – *Unseld* 206–220.

»Ein Hungerkünstler, Vier Geschichten« ([1] bis [4])
Hs.: Bodleian.
Entst.: 1921–1924 (s. die einzelnen Erzählungen).
Orig. Drucke: Berlin 1924; für Drucke der einzelnen Erz. siehe dort.
GW: E.
Krit. Druck: Die Erz., Sämtl. Erz.
Dokumente:
Br, KW, P (Nachwort zur 1. Ausg.); Brod I; Heller-Beug 103–105; Datierung 71–75; Dietz Nrn 61–66.
Lit.:
L. *Dietz*: K.s letzte Publikation, Probleme des Sammelbandes »Ein H.«, Philobiblon 1974, 119–128. – *Flach* 95–120, 145–150. – *Hillmann* I, 68–112. – *Kraft* 150–174. – *Richter* 237–251. – *Unseld* 220–233.

[1] »Erstes Leid«
    Hs.: Bodleain.
    Entst.: Spätherbst 1921/Frühjahr 1922.
    Orig. Druck: in: Genius 1921 (recte 1922).
[2] »Eine kleine Frau«
    Hs.: Bodleain.
    Entst.: Oktober 1923.
    Lit.:
    J. *Pfeiffer*, Wege zur Erzählkunst, Hamburg 1953, 108–116, – *Kurz* 52 f.
[3] »Ein Hungerkünstler«
    Hs.: Bodleian.
    Entst.: Frühjahr 1922.
    Orig. Druck: in: NR 1922.
    Lit.:
    Beicken (Forschungsreferat und -kritik mit Lit.) 319–324. – *Biemel* 66–140. – H. *Deinert*, WW 1962, 78–87. – E. *Frey*: K.s Erzählstil, Eine Demonstration neuer stilanalytischer Methoden an K.s »Hungerkünstler«, 2. vermehrte Aufl. Bern 1974. I. *Henel*, DVjs 1964, 230–247. – K. *Hermsdorf*, Prager Sicht 95–106. – *Hillmann* I, 82–92. – *Kraft* 154–159. – W. F. *Krotz*, MAL 1972, Nr. 3/4, 93–119. – *Kurz* (Die Artisten), 73–84. – J. M. S. *Pasley*, (Unpublished Text) OGS 1966, 102–113. – *Politzer* I, 427–437. – *Richter* I, 242–246. –

R. W. *Sheppard*, GQ 1973, 219–233. – M. *Spann*, GR 1962, 68–78.
– H. *Steinhauer*, Criticism 1962, 28–43. – H. M. *Waidson*, GR
1960, 262–269. – P. B. *Waldeck*: K.s »Verwandlung« and »Ein
Hungerkünstler« as influenced by L. v. Sacher-Masoch, MH 1972,
147–152.

[4] »Josefine, die Sängerin oder Das Volk der Mäuse«
Hs.: Bodleian.
Entst.: März 1924.
Orig. Druck: in: Prager Presse 1924.
Lit.:
Beicken, (Forschungsreferat und -kritik mit Lit.) 325–327. – *Binder*
II, (autobiogr. Hintergrund) 551–556. – *Emrich* I, 167–172. – R. V.
Gross: Of Mice and Women, GR 1985, 59–68. – K. *Hermsdorf*, Pra-
ger Sicht 95–106. – W. G. *Kudszus*, MAL 1978, 243–256. – *Kurz*
102–105. – U. R. *Mahlendorf*, MAL 1978, 199–242. – M. *Norris*:
The Animal as the Negative Site of Narration, MLN 1983, 366–383.
– *Politzer* I, 437–451. – *Robertson* 354–368. – *Rolleston* 130–139. –
E. E. *Sattler*, (Erzählperspektive), K. (Hg. Caputo-Mayr), Berlin
1978, 235–242. – *Sokel* I, 507–531. *Thieberger* 205–217.

»*Der Bau*«
Hs.: Bodleain.
Entst.: Winter 1923/24.
GW: B.
Krit. Druck: Drei Erz.
Lit.:
Beicken 327 f. – *Bezzel* 117–120. – W. *Biemel*: Philos. Analysen zur
Kunst der Gegenwart, Den Haag 1968, 66–140. – *Binder* I, 340–346. –
Binder III, 441–453. – *Emrich* I, 172–186. – H. *Henel*, The Disconti-
nuous Tradition, Studies in German Literature, Oxford 1971, 224–246.
– *Ders.*: Das Ende von K.s »Der Bau«, GRM 1972, 3–23. – W. *Kudszus*,
Probleme der Moderne (Hg. B. Bennett) 1983, 307–317. – *Kurz* 192 f. –
M. *Pasley*, Drei Erz. 22–32. – *Politzer* I, 451–470. – *Richter* I, 272–276.
– R. S. *Struc*, Research Studies 1982, 79–89. – H. J. *Weigand*, PMLA
1972, 152–166.

4. Der Nachlaß und Max Brod

4.1 Die Testamente

In Kafkas Nachlaß fanden sich zwei Testamente über seine künstlerische Hinterlassenschaft. Beide sind an Max Brod gerichtet, der von jeher an Kafkas Produktionen (Dichtungen, Tagebüchern, Briefen, Zeichnungen) von allen seinen Bekannten das aktivste Interesse bekundet hatte und von dem Kafka annehmen mußte, daß er sich um diese Hinterlassenschaft aufs energischste bemühen werde. Das erste Testament (»Liebster Max, meine...«) wird von Brod als das spätere angesehen und – weil er es 1921 von Kafka gezeigt bekam – auf 1920/21 datiert; das zweite Testament (»Lieber Max, vielleicht...«) hält Brod für früher verfaßt. Die im zweiten Testament genannten Werke Kafkas rechtfertigen die Annahme, daß dies jedoch das spätere Testament und wohl auf 1922/23 zu datieren sei. Beide Testamente verfügen die Vernichtung des künstlerischen Nachlasses, wobei das erste Testament nur über alles handschriftlich Nachgelassene spricht, während das zweite auch über die schon gedruckten Dichtungen sich äußert und die Erhaltung des Gedruckten mit Ausnahme des Buches »Bertrachtung« und verstreut gedruckter Artikel und kleiner Prosa nicht verweigert.

4.2 Brod und der Nachlaß

Nur Brod und niemand anderes kam für die Verwaltung des künstlerischen Nachlasses in Frage. Er hat sich an Kafkas Verfügungen nicht gehalten und konnte sich dabei auf seine bisherige Einstellung zu den Hervorbringungen des Freundes berufen, die er auch beim Vorzeigen des ersten Testaments Kafka gegenüber sofort unmißverständlich ausgedrückt hatte: daß er die Bitte, »alles zu verbrennen« »nicht erfüllen werde«. Sofort nach dem Tode Kafkas veranlaßte er die Veröffentlichung der einzigen abgeschlossenen Erzählung, die sich in seinen Händen befand, von »Josefine, die Sängerin« (noch unter diesem nicht endgültigen Titel). In seinem persönlichen Besitz befanden sich außerdem als Schenkungen das ältere (A) und wohl auch das jüngere Manuskript (B) der »Beschreibung eines Kampfes« und das Manuskript des Romanfragments »Der Prozeß«. Das zweite Testament machte ihn darauf aufmerksam, daß die Kafka schon immer besonders wichtigen Tagebuchhefte bei Milena waren. Brod konnte, durch das zweite Testament legitimiert, einen großen Teil des künstlerischen Nachlasses an sich bringen. Er stieß dabei auf Schwierigkeiten: Denn einiges befand sich bei Dora, und Dora war nicht bereit, herauszugeben, was sie als ihren ganz privaten Besitz und einzige Erinnerung an ihren Lebengefährten besaß; später hat sie diese Haltung – die auch als Mißtrauen gegenüber Brods Publizierfreude zu verstehen ist, wo sie von Kafka her doch über dessen prinzipielle Skrupel Bescheid wußte – vorwiegend als Eifersucht bezeichnet, die Stücke der Erinnerung an den Toten allein besitzen zu wollen. Brod hat diese Haltung respektiert; jedenfalls blieb der 1914 in Berlin verbliebene Teil des literarischen Nachlasses bei Dora, der für die Veröffentlichung zunächst offensichtlich nicht in Frage kam, weil er – so ist zu erschließen – nur Fragmentarisches enthielt.

Der Nachlaß umfaßt alles, was bis heute publiziert ist; außerdem aber auch jenen bei Dora gebliebenen Teil; und eben dieser Teil wurde 1933 in Berlin von der Gestapo beschlagnahmt und trotz aller Bemühungen nicht freigegeben. Er ist seither verschollen und gilt als verloren. Das waren freilich nicht die einzigen Verluste; Kafka selbst hat immer wieder, besonders auch in der Berliner Zeit, Manuskripte vernichtet. In jenen Jahren kümmerte man sich überdies noch nicht systematisch um die Briefe Kafkas, so sind auch Briefe in der Zwischenzeit verloren gegangen. Noch weniger interessierte man sich für die Druckvorlagen und Druckkorrekturen der schon zu Lebzeiten Kafkas veröffentlichten Dichtungen; ob sie, bis auf geringe Reste schon während oder erst nach der Auflösung des Wolffschen Verlagsarchivs und des Verlags Die Schmiede verloren gingen oder vernichtet wurden, war bisher nicht festzustellen. Kurt Wolff bewahrte innerhalb der ihm besonders wertvollen Verlagskorrespondenz immerhin die Briefe Kafkas beinahe vollständig auf; sie gingen mit den üblichen Teilen seines Archivs an die Yale University. Zahlreiche Briefe an die Freunde, die Verwandten (Ottla), vor allem an Felice und Milena haben sich aufgrund persönlicher und literarischer Wertschätzung erhalten; auch

hier erkannte Brod sofort, daß zwar ein gattungsmäßiger, kei-
nesfalls aber ein qualitativer Wesensunterschied zu den Dichtungen bestehe, und drängte, wo er konnte, auf Erhaltung. Der
größte Teil des Nachlasses, wie er sich in der Familie Kafkas erhielt, ist heute in der Brodleian Library in Oxford, weitere
große Teile im Literaturarchiv Marbach, Briefe im Besitz des
Schocken-Verlags und der Yale University, kleinere Teile in
Prag und im Privatbesitz.

4.3 Brod – Propagator und Editor Kafkas

Schon zu Lebzeiten des Freundes ist Brod sein Propagator und
Editor; seit er Dichtungen Kafkas kennt, versucht er ihn zu
Veröffentlichungen zu bewegen. Noch ehe Kafka eine einzige
Zeile publiziert hat, nennt er öffentlich seinen Namen als den
eines Dichters (1907); und bei der Publikation der frühen Versuche ist, auch wo er sie nicht selbst aus Kafka herausgelockt
hat, im Hintergrund seine helfende Hand zu spüren. Er hat
Kafka mit Blei, Rowohlt und Wolff zusammengebracht. Und er
hat nicht nur bei jeder sinnvollen Gelegenheit über ihn geschrieben, vielmehr in selbstloser Verehrung auf ihn als auf einen der
größten lebenden Dichter hingewiesen. Es war ihm jedoch
nicht gelungen, Kafka zur Vollendung und Publikation eines
seiner Romane, besonders des »Prozeß« zu bewegen. 1919
schreibt er ihm: »Es wäre sehr schön, wenn du mal mit Meyer
[Verlagsdirektor Kurt Wolffs] sprechen könntest, – er sagte
mehrmals, daß er aus einem Roman von dir einen sensationellen
Erfolg machen wolle. Ich werde doch deinen ›Prozeß‹ auf eigene Faust zu Ende schneidern!«; oder am Jahresende 1920:
»Rowohlt möchte sehr gern, daß du in Berlin bei ihm liest. Es
ist ein hübscher anheimelnder Saal«; oder im Spätsommer 1922:
»daß du den Roman [›Das Schloß‹] liegen läßt, kann ich nur für
eine lügnerische Sensationsmeldung [...] ansehen!! – Schreibe
davon mehr d. h. vom Weiterarbeiten ...« Es konnte deshalb für
Kafka keinen Zweifel daran geben, daß er die Verfügung zur
Vernichtung des poetischen Nachlassen nicht beachten werde.
Nach dem Tod Kafkas brauchte Brod also in die Rolle des pro-
pagierenden Editors gar nicht erst hineinzuwachsen.

Kafka hatte ihm schon im April 1924 die »Erledigung literarischer Geschäfte«, nämlich die Vermittlung der Geschichten
»Eine kleine Frau« in das ›Prager Tagblatt‹ und »Josefine, die

Sängerin« in die ›Prager Presse‹ und deren Weiterleitung an den Verlag Die Schmiede, anvertraut. Nun betreut er selbstverständlich den Band »Ein Hungerkünstler« vollends bis zu dessen Erscheinen; und »Josefine, die Sängerin« wird überdies der erste Text, den er aus dem Nachlaß publiziert (noch 1924 in der Revue ›Das Zelt‹). Sofort ging er auch an die Redaktion des in seinem Besitz befindlichen Romanfragments »Der Prozeß«.

All das zeigt, wie Brod schon immer entschlossen war, Kafkas Werk zu fördern. Wie schon früher, so sorgt er auch jetzt dafür, daß außer ihm noch andere über Kafka schreiben (ein Beispiel dafür ist die Repräsentation Kafkas bei A. Soergel 1925). Nachdem Kafka sein Veto nicht mehr persönlich einlegen kann und Brod bereit ist, die Skrupel wegen der Testamente zu überwinden, ist die Edition des gesamten Werkes nur eine Frage der Zeit: Welcher Erfolg würde den ersten Veröffentlichungen beschieden sein, so daß die Verleger bereit wären, weitere zu wagen. Der Erfolg als Voraussetzung des Unternehmens führte notwendigerweise zu Konzessionen in der Editionsweise; die wichtigsten sind durch die Begriffe »Normalisierung«, »Bearbeitung« und »Ent-Fragmentarisierung« umschrieben – Versuche, dem Leser entgegenzukommen.

4.4 Die wichtigsten Nachlaßeditionen

Für den Verlag Die Schmiede, in dem 1924 der noch von Kafka selbst zusammengestellte und korrigierte Sammelband »Ein Hungerkünstler« erschienen war, bereitete Brod zunächst den »Prozeß« zum Druck vor und bezeugte damit, daß er nicht nur das abgeschlossene Werk, sondern ebenso das Entwurf Gebliebene veröffentlichen wollte. Aus Rücksicht auf die Leser fühlte er sich dabei gezwungen, die Tatsache zu kaschieren, daß der vorgelegte Roman Fragment war, und um der Werbung und Wirkung willen die Romane gegen die bisher publizierte »Kleinkunst« Kafkas auszuspielen. Der »Prozeß« erschien deshalb 1925 nicht als Romanfragment, sondern einfach als Roman und überdies in einer formal gereinigten Fassung, die auch Eingriffe in die Sprache Kafkas nicht ausschloß; spätere Ausgaben ergänzten diese erste durch im Anhang mitgeteilte Fragment-Stücke, ohne daß diese an den ihnen zugedachten Ort eingeordnet worden oder vollständig gewesen wären.

Mit der Ausgabe des Romanfragments »Das Schloß« (1926), welche den gleichen Editionsprinzipien folgt, kehrte Brod in den früheren Verlag Kafkas, den Kurt Wolff Verlag, zurück; auch hier ergänzten spätere Ausgaben den zunächst mitgeteilten ›Roman‹ durch Fragmentstücke. Ebenso verfuhr Brod mit dem Fragment des »Verschollenen«, dem er den Titel »Amerika« gab (1927).

Obwohl die Romane Kafkas sich schwer verkauften, versuchte Brod, weitere Arbeiten zu veröffentlichen. Kurt Wolff, der die Übernahme des Gesamtwerks durch einen anderen Verlag mit seinem Recht auf die Bücher zu Lebzeiten Kafkas blockiert hatte und inzwischen Kafkas Werk wieder zur Gänze betreute, war zu diesem Zeitpunkt allerdings schon dabei, sein durch die lange Nachkriegsinflation und deren Kulmination 1923/24 schwer lädiertes Unternehmen zu reduzieren und dann sogar allmählich zu liquidieren. So wirkte sich die zerrüttete Wirtschaftslage des Deutschen Reichs auf Brods Versuch, Kafka durchzusetzen, bis zum Hitlerreich hin wiederholt als schweres Hemmnis aus. Von dem kurzen wirtschaftlichen Aufschwung gingen wegen der schwierig sich gestaltenden Rechtsfragen und endlich Wolffs geschäftlichem Niedergang während der Weltwirtschaftskrise keinerlei positive Impulse aus.

Trotzdem wagten sich Brod und der Verlag Kiepenheuer an das Unternehmen einer Gesamtausgabe. Die Resonanz auf einen zusammen mit H. J. Schoeps herausgegebenen Band mit Erzählungen (tatsächlich aber Erzählentwürfen) und Prosa aus dem Nachlaß – »Beim Bau der chinesischen Mauer« (1931) – war allerdings derart bescheiden, daß sich der Plan während der Wirtschaftskrise nicht verwirklichen ließ. Nach deren allmählicher Überwindung hatte Kiepenheuer mit seinem Verlagsprogramm jedoch schon Schwierigkeiten bei den nun herrschenden Nazis. Für eine ›öffentliche‹ Kafka-Ausgabe im Reich war die Chance vorbei. Bei dem jüdischen Verlag Schocken in Berlin (dessen Besitzer, der Unternehmer Salman Schocken, schon 1933 emigriert war) mit seinen angeblich nur für jüdische Leser bestimmte Publikationen ergab sich jedoch noch die Möglichkeit einer ersten Gesamtausgabe; Brod veranstaltete sie unter Mithilfe Politzers. Indessen konnten nur noch vier der sechs geplanten Bände in Berlin erscheinen (1935). 1938 mußte Schocken den Verlag ganz schließen; die letzten Bände erschienen deshalb schon in Prag (1936, 1937) im Verlag Mercy, der Exilliteratur freundlich aufnahm. Die gesamte Publikation war natürlich – wie alle jüdisch-kulturellen Unternehmungen dieser Zeit – eine rein mäzenatische.

In der Emigration traf Brod den Unternehmer Schocken wieder; und nachdem dieser in New York 1945 den Verlag ›Schocken Books‹ gegründet hatte, konnte das Werk Kafkas wieder erscheinen: als fünfbändige zweite Gesamtausgabe, d. h. als Nachdruck der ersten mit kleineren Erweiterungen und ohne die Auswahl aus den Tagebüchern und Briefen (1946). Erst 1950, als Kafka sich im französischen und englisch-amerikanischen Sprachraum durchgesetzt hatte, begann als Lizenzausgabe der Schocken Books die Frankfurter Ausgabe »Gesammelte Werke« im S. Fischer-Verlag zu erscheinen, die bis 1958 auf neun und schließlich (1974) auf elf Bände wuchs. Von ihr leiten sich dann zahlreiche Einzeldrucke, Taschenbuchausgaben, Sonderausgaben und Sammelbände ab.

Durch die Ereignisse, die auch Kafkas Werk ins Exil gebracht hatten, durch die totalitäre Herrschaft des Dritten Reiches in Europa, den Zweiten Weltkrieg und seine Folgen und die totalitäre Herrschaft des Stalinismus erhielten Kafka und sein Werk dann immer von neuem inhaltliche Funktionen als Leistungen, die diese Erscheinungen vorwegnehmen und erschließen. Und das war sein Weg zum weltweiten und späten und nun schon ein halbes Jahrhundert andauernden ›Ruhm‹.

4.5 Frühe Literatur über Kafka 1912–1941, Literatur über Brod als Propagator und über Kafkas Nachruhm

Die Testamente

M. *Brod*: Nachwort (zur ersten Ausgabe des »Prozeß«), P. – *Politzer* I, 416–426. – H. S. *Reiß*: A Comment on »Die beiden Zettel K.s«, MH 1956, 152 f. – M. *Spann*: Die beiden Zettel K.s, MH 1955, 321–328.

Frühe Literatur zu K.

Kritik und Rezeption I (Vollständiger Nachdruck von über 50 Rezensionen und 6 Aufsätzen 1912 bis 1924). – Kritik und Rezension II (Vollständiger Nachdruck von 21 Nachrufen, 5 Aufsätzen, über 100 Rezensionen von 1924 bis 1938; Liste nicht nachgedruckter Texte). – F. *Blei*: K., in: Blei, Zeitgenössische Bildnisse, Amsterdam 1940 (Nachdruck: Blei, Schriften, München 1960). – H. *Tauber*: K., Eine Deutung seiner Werke, Zürich 1941.

Brod als Propagator

Das Ereignis eines Buches, März 1913, 268–270. – Kleine Prosa, NR 1913, 1043–1046. – Kleine Prosa, Das Bunte Buch, Leipzig 1914, 35–39. – Der Dichter K., in: Juden in der deutschen Literatur, hg. von G. Krojanker, Berlin 1922. – Der Dichter K., NR 1921, 1210–1216. – K.s Nachlaß, Weltbühne 1924, 106–109. – Über K., LW 1926, 1 f. – Über K., in: Almanach für Kunst und Dichtung aus dem Kurt Wolff-Verlag, München 1926, 103–110. – K., Eine Biographie, Erinnerungen und Dokumente, Prag 1937. – Dass. 2. Aufl. New York 1946. – Dass. (Übersetzung) New York 1947. – K.s Glauben und Lehre, K. und Tolstoi, Winterthur-München 1948.
(Siehe: W. *Kayser*/H. *Gronemeyer*: Max Brod, Hamburg 1972, 108–125: Brods Beiträge über K.)

Nachruhm

H. *Mayer*: K. und kein Ende? Zur heutigen Lage der K.- Forschung. In: H. M., Ansichten zur Literatur der Zeit, Reinbek 1962, 54–70. – W. *Muschg*: Der Ruhm K.s, in: W. M., Die Zerstörung der dt. Literatur, Bern 1958, 200–213. – H. *Rieder*: Vierzig Jahre nach K., Zur Geschichte seines Nachruhms, Wort in der Zeit 1964, H. 6, 22–26. – A. *Robbe-Grillet*: K. discredité par ses descendants, L'Express, 31. 1. 1956. – K. *Wagenbach*: Ein Autor und sein Nachruhm, NR 1963, 508–512.

5. Grundriß der Rezeption und Forschung

5.1 Kritik und Rezeption bis 1935

Die Auseinandersetzung mit den Publikationen Kafkas zu seinen Lebzeiten ist literaturkritischer, vor allem rezensierender Art. Mit wenigen Ausnahmen stammen diese Äußerungen aus seinem literarischen Freundes- und Bekanntenkreis, oft genug sind sie deshalb Zeichen der Freundschaft und damit für die Beschreibung des Wirkungskreises und die Wirkungsgeschichte Kafkas von Interesse; solche Äußerungen stammen von Felix Braun, Max Brod, Albert Ehrenstein, Kasimir Edschmid, Hanns Martin Elster, Leo Greiner, A. P. Gütersloh, Camill Hoffmann, H. E. Jacob, Hans Kohn, Josef Körner, Kurt Martens, Robert Müller, Robert Musil, Otto Pick, Kurt Pinthus, Hans Siemsen, Kurt Tucholsky, Oskar Walzel, Hans von Weber, Felix Weltsch, Paul Wiegler. Die Organe, in denen die Rezensionen und Aufsätze erscheinen, sind große, überwiegend Prager Tageszeitungen (Bohemia, Prager Presse, Prager Tagblatt, Berliner Tageblatt, Frankfurter Zeitung, Selbstwehr) und bedeutende Zeitschriften (März, Der Jude, Der Merker, Die Aktion, Neue Rundschau). Selten werden diese Äußerungen jedoch so ausführlich, daß sie über die Tatsache hinaus, daß sie eben Dokumente einer Wirkung sind, Wert besitzen. Die Rezensionen aus dem engeren Bekanntenkreis Kafkas zeigen gelegentlich die Nähe des Schreibenden zum vorgestellten Schriftsteller und verraten am Rande biographisch interessante Winzigkeiten. Zu den wenigen außergewöhnlichen genauen und zielsicheren Äußerungen gehören die Artikel Musils, Walzels und Tucholskys. Diese Rezensionen formulieren Einsichten in die poetologische Struktur der epischen Werke Kafkas, wie sie die literaturwissenschaftliche Forschung erst in den frühen sechziger Jahren wieder ungefähr erreicht hat.

Die Jahre nach Kafkas Tod bringen vor allem die Reaktion auf die Nachlaß-Editionen; noch gering, aber schon vorhanden ist auch die literaturwissenschaftliche Rezeption; die Literaturpolitik des Drittes Reiches wirkt sich früh hemmend aus.

Gleichwohl scheint Alfred Döblins Prognose von 1927 zu stimmen, man höre zwar, Kafkas Romane gingen beim Publikum nicht gut, aber »sie werden langsam besser gehen. Es ist eine starke, wenn auch stille werbende Kraft in ihnen«.

5.2 Rezeption im Exil

Die letzten zwei Bände der ersten Gesamtausgabe erschienen dann in Prag zu einem Zeitpunkt, als der Griff Hitlers nach Böhmen sich schon ankündigte. Mit anderen »entarteten«, jüdischen und mißliebigen Künstlern, darunter vielen seiner Freunde und Bekannten, soweit sie sich den Nazis vorläufig oder auf die Dauer entziehen konnten – Blei, Brod, Haas, Weiß, Werfel, Wolfenstein u. a. –, kam Kafkas Werk ins Exil. Die Exilierung trug seinen Namen und sein Werk vor allem nach Frankreich, England und in die USA.

Dabei ist Kafka hier keineswegs ganz unbekannt. Bis 1940 sind ins Englische die drei Romanfragmente und ausgewählte Erzählungen übersetzt, ins Französische »Der Prozeß«, »Das Schloß« und ausgewählte Erzählungen. Von diesem Zeitpunkt an wird der Anteil der deutschen Exilanten an der Propagierung Kafkas schon deutlich. Viele exilierte Intellektuelle versuchen vor allem in den USA als Schriftsteller, Sprach- und Universitätslehrer Fuß zu fassen; je mehr ihnen dies gelingt, desto mehr wird die amerikanische Germanistik an den Gegenständen dieser Exilanten interessiert (ein Beispiel dafür ist Heinz Politzer). Schon 1940 versieht Klaus Mann die amerikanische Ausgabe des Romanfragments »Amerika« und 1941 Thomas Mann die amerikanische Ausgabe des »Schloß« mit einem Vorwort.

5.3 Rezeption und Ruhm nach 1945

Kafkas Werk kehrt dann als eigentlich zeitgenössische Aussage, der die literarische Welt der Alliierten zugestimmt und gehuldigt hat, zusammen mit etwa dem Werk Thomas und Heinrich Manns, in seinen deutschen Sprachraum zurück, der, ausgedörrt durch zwölf Jahre nationalsozialistischer Herrschaft, alles, was von der Welt der Siegermächte als bedeutend propagiert wird, gierig aufsaugt. Die 1946 in New York bei Schocken

erscheinende deutsche Gesamtausgabe (weitgehend ein fotomechanischer Nachdruck der »Gesammelten Schriften« von 1935–
37) dringt rasch nach Deutschland. 1950 kann so in Frankfurt
die heutige Ausgabe der »Gesammelten Werke« begonnen werden. Kafkas vor 25 Jahren abgeschlossenes Werk wird als Deutung der eigenen bedrängten Nachkriegssituation aufgefaßt, bekannt und berühmt.

Wohl der Ruhm, nicht aber das Werk Kafkas überwindet sofort die Grenzen der östlichen Anliegerstaaten der Bundesrepu-
blik, das Werk wird lange als ›dekadent‹ und ›kapitalistisch‹ zurückgewiesen und auch aus der Tschechoslowakei nach der
kommunistischen Machtergreifung 1948 exiliert. (Ein paralleler
umgekehrter Vorgang läßt sich etwa bei der Aufnahme Heinrich Manns beobachten, der in der BRD über ein Jahrzehnt lang
als ›sozialistisch‹ abgewehrt wurde). Die Rezeption beschränkt
sich vorerst ganz auf die ›westliche‹ Welt (auch etwa in dem
unter ihrem Einfluß stehenden Japan). Die bereitwillige und
rapide Aufnahme in der BRD darf nicht darüber hinwegtäu-
schen, daß sie noch äußerst einseitig war (anfangs fast ganz unter theologisch-philosophischen Aspekten) und blieb (z. B.
wurde an der ersten Auflage der »Hochzeitsvorbereitungen«
von nur 5000 Exemplaren ein rundes Jahrzehnt lang verkauft).

Erst in den späten fünfziger Jahren beginnt auch im ›östlichen‹ Bereich eine – fast ausschließlich akademische – Beschäftigung mit Kafka; im Zuge der Entstalinisierung setzte die Tschechoslowakei Signale zur Repatriierung Kafkas; die Kafka-Kon-
ferenz von Liblice (1963) bildete dabei einen ersten Höhepunkt
und öffnete den Weg zu einer Popularisierung in Kafkas eigent-
licher Heimat, der allerdings durch die Ereignisse des Jahres
1968 zeitweilig wieder blockiert wurde. Kafka hatte damit endgültig Eingang auch in Polen, Ungarn, Rumänien, Jugoslawien
und sogar in die UdSSR gefunden; die abweisende offizielle
Haltung in der DDR änderte sich kaum, obwohl hier inzwischen bedeutende literaturwissenschaftliche Arbeiten zu Kafka
entstanden waren.

5.4 Rezeption in der Schule

Ein Sonderkapitel ist Kafkas Aufnahme in die Schullektüre, den
Literaturunterricht und in die Lehrpläne der höheren Schulen.
Immer wieder neu wird die Frage, inwieweit er als Lektüre und

Exempel und welche Werke im Besonderen geeignet seien, von Pädagogen geprüft. Aus dieser Fragestellung heraus sind seit 1950 zahlreiche, auch weiterführende Arbeiten entstanden, die einen schwierigen Autor und schwierige Ergebnisse Lehrern und Schülern zu vermitteln versuchen. Daß Kafka so rasch zum modernen Schulklassiker geworden ist, dient seiner Rezeption seit Jahrzehnten.

5.5 Rezeption in anderen Medien

Ein interessantes Randgebiet ist die Rezeption Kafkas in anderen künstlerischen Medien: in Theater, Film, Musik und bildkünstlerischer Darstellung. Die Umsetzung des Worts ins Bild ist besonders zu nennen, weil diese Kunst dem optisch orientierten Dichter so nahe steht, der selbst immer wieder gezeichnet hat und dessen Sprechen ein ›bilderndes‹ Sprechen ist. Früh wurden graphische Künstler durch seine Erzählungen inspiriert. Hans Fronius hat ein halbes Jahrhundert lang Kafka »illustriert«, schon 1927 machte er Schnitte zum »Landarzt«, 1931 zehn Holzschnitte zur »Verwandlung«, 1937 stellte Brod über 100 seiner Holzschnitte und Zeichnungen zu Kafka in Prag aus. Gestaltungen wie die von Fronius, Kubin, A. P. Weber, Chirico, Escher, H. Naumann und natürlich vieler tschechischer Künstler sind Ausdruck schöpferischer Rezeption, die einer produktiven dichterischen Rezeption nicht nachstehen.

5.6 Tendenzen der Forschung von 1924 bis heute

Durch die auch in den Übersetzungen stets abgedruckten interpretierenden Nachworte Brods und seine nirgends angezweifelte Autorität ist der Einfluß dieser religiösen Deutungen auf das Verständnis Kafkas zunächst erheblich. Auch das Wissen um Kafkas Judentum förderte früh naheliegende jüdisch-religiöse Deutungen, besonders jüdischer Autoren.

In Frankreich sieht Camus in Kafka einen der Kronzeugen seiner Auffassung des Absurden. Seine und Sartres Hinweise sind – zusammen mit dem Mißverständnis, Kafka für einen Surrealisten zu halten – der Beginn einer großen schöpferischen philosophisch-literarischen Rezeption, die mit dem eigentlichen Kafka allerdings fast nichts mehr zu tun hat.

Die Emigration Sigmund Freuds nach England und sein brei-
ter Erfolg in den englischsprachigen Ländern erregte hier nach
dem Kriege eine Woge psychologisierender Essayistik zur Literatur, die auf den Kontinent übergriff und nachhaltige, heute
noch keineswegs verebbte Wirkungen zeigt; Kafkas Leben und
Dichtungen kommen solcher Betrachtungsweise äußerlich derart entgegen, daß ihr Ergebnis schon allein dem Umfang nach
von außerordentlicher Fülle ist.

Erst von 1950 an tritt die Forschung in ein philologisches Stadium mit der Frage nach der Kunst Kafkas. Die Literaturwissenschaft entwickelte aus der traditionellen Sprach- und Form-
analyse die »werkimmanente Interpretation«, die freilich –
selbst während ihres Höhepunkts in den fünfziger Jahren – andere Methoden nicht verdrängen konnte, sie vielmehr zum Teil
einmischte. Eine kritische Betrachtung über die Basis der Interpretation führte sie zu der Frage nach dem authentischen Text.

Mit der intensivierten textkritischen Frage, die notwendigerweise auch Druck- und Textgeschichte einschließt, ist seither
ein Teil der Kafka- Forschung in ein positivistisches Stadium
getreten; er fand – von wieder gefundenen Briefen Kafkas und
ihrer Edition ausgehend – seine Ergänzung in der neu und kritisch einsetzenden biographischen Forschung; dabei erwies
sich, daß dem Judentum Kafkas, seiner Beschäftigung mit der
Besonderheit seines Judentums, dessen Entwicklung unter verschiedenen Einwirkungen durchweg Aufmerksamkeit gehört
und welche Hilfe die hier gewonnenen Ergebnisse für das Verständnis seiner Dichtungen sind. Die Kafka-Philologie marxi-
stischer Prägung – vor allem der DDR und ČSSR –, welche
Schwächen der bürgerlichen Literaturwissenschaft aufdeckte,
lieferte wichtige Begründungen und Materialien für diese posi-
tivistische Wendung, so z. B. in der Frage nach Kafkas beruf-
licher Arbeit und beruflichem Schreiben.

Der Pluralismus der Methoden führte dazu, daß in der abun-
danten Kafka-Literatur kaum ein interessanter oder wichtiger
Aspekt nicht wenigsten erwähnt wurde. Dabei waren Metho-
dendiskussion und -streit der sechziger Jahre auch dem Gegenstand Kafka förderlich. Jüngere Interpretationen suchen inzwischen schon die von der textkritischen, biographischen und historischen Forschung bereitgestellten Materialien auszuwerten.

5.7 Literatur zu Rezeption und Forschung seit 1912, in verschiedenen Ländern, in verschiedenen Medien, im Literaturunterricht, zu Problemen und Grenzen der Deutung; Verzeichnisse von theologischen, philosophischen, psychoanalytischen, psychologischen, literaturpsychologischen, soziologischen, marxistischen und sozialistisch-realistischen Interpretationen u. a.

Rezeption

O. F. *Babler*: Frühe tschechische K.-Publikationen. Prager Sicht, 149–155. – E. *Bahr*: K. und der Prager Frühling, Politzer III, 516–538. – G. *Bataille*: K. devant la critique communiste, Critique, Okt. 1950, 22–37. – I. *Belke*: In den Katakomben, Jüdische Verlage in Deutschland 1933–1938, Marbach 1983. – N. *Bokhove*: K. in Nederland en Vlaanderen. Amsterdam 1984. – J. *Dresler*: Der »Spätheimkehrer« K., Osteuropa 1963, 646 f. – J. *Cermak*: Die tschechische Kultur und K., Die K.-Rezeption in Böhmen 1920–1948, MH 1969, 361–375. – W. *Emrich*: K. zwischen Ost und West, in: W. E., Geist und Widergeist, Frankfurt 1965, 300–310. – E. *Fischer*: K.-Konferenz, Prager Sicht 157–168. – E. *Goldstücker*: Die Aufnahme K.s in der Tschechoslowakei, Akzente 1966, 320 f. – *Ders*: Über K. aus der Prager Perspektive 1963, Prager Sicht. – M. *Goth*: K. et les lettres françaises (1928–1955), Paris 1956; Der Surrealismus und K., Politzer III, 226–266. – M. *Hamburger*: K. in England, in: M. H., Zwischen den Sprachen, Frankfurt 1966, 121–136. – J. *Hajek*: K. und die sozialistische Welt, Kürbiskern 1967, 77–93. – D. *Hasselblatt*: K. russisch, Der Monat 1964, H. 187, 84–88. – J. *Hoefert*, K. in der DDR, Ein Bericht, Seminar 1966, Nr. 2, 42–52. – D. *Jakob*: Das K.-Bild in England, Zur Aufnahme des Werkes in der journalistischen Kritik 1928–1966, OGS 1970, 90–143. – *Ders*.: Das Kafka-Bild in England, Eine Studie zur Aufnahme des Werkes in der journalistischen Kritik 1928–1966; Darstellung, Dokumente, Bibliographie. Oxfort-Erlangen 1971. – F. *Kautmann*: K. und die tschechische Literatur, Prager Sicht 44–77. – M. *Kowal*: K. and the Emigrés. GQ 1966, 291–301. – J. *Krammer*: K. in Ungarn, Prager Sicht 79 f. – Kritik und Rezeption I, II. – D. *Ludvik*: K. bei den Jugoslawen, Prager Sicht 229–236. – W. *Meng*: K. und China, München 1986. – P. F. *Neumeyer*: K. and England, GQ 1967, 630–642. – M. *Robert*: K. en France, Mercure de France 1961, 241–255; Akzente 1966, 310–320. R. S. *Struc*: K. in the Soviet Union, A Report, MH 1965, 193–197. – *Ders*.: Critical Reception of K. in the Soviet Union, Annals of the Ukrainian Academy of Arts and Sciences in the U.S. 1964/68, 129–142. – H. *Politzer*: K. Returns to Czechoslovakai, Survey Nr. 57 1965, 86–97. – Paul *Reimann*: K. und die Gegenwart, Prager Sicht 13–21. – W. *Rutkinwicz*: K. v Polsku (K. in Polen), Plamen 1963, H. 6, 133 f.

(Siehe auch die Literaturausgaben unter: Literarische Rezeption 6.3.5)

F. *Baumer*: Sieben Prosastücke K.s ausgewählt und interpretiert (= Dichtung im Unterricht, Bd. 9), München 1965 [Vor dem Gesetz, Auf der Galerie, Urteil, Landarzt, Beim Bau der chinesischen Mauer, Der Bau, Hungerkünstler]. – P. *Beicken*: K., Leben und Werk (Ed. für den Literaturunterricht), Stuttgart 1986. – *Ders.* (Hg): Die Verwandlung. Erläuterungen und Dokumente. Stuttgart 1984. – G. *Borcherding* u. a.: Leistungskurs Literatur: K.s »Prozeß«, Diskussion Deutsch 1979, 617–647. – A. L. *Cobbs*: Teaching K.s »Verwandlung« on the Intermediate Level, Unterrichtspraxis 1980, 166–169. – K. *Doss*, (K. – Eine geeignete Lektüre?), Pädagogische Provinz 1951, 358–364. – *Ders.*: (Die Gestalten des Toren bei K.), Pädagog. Provinz 1969, 319–330. – K. *Fingerhut* (Hg.): K., Klassiker der Moderne. Literarische Texte und historische Materialien. Schülerarbeitsbuch und Lehrerband (= Deutsch in der Sekundarstufe II), Stuttgart 1981. – *Ders.*: Text, Kontext, Rezeption (Zu Erzählungen der Jahre 1912–1914), Jb. der Deutschdidaktik 1981, 114–135. – *Ders.*: K. s »Prozeß«, Interpretationen für den Literaturunterricht (Hg. J. Lehmann) 1982, 143–176. – *Ders.*: Fachdidaktische Konzepte zum Schulklassiker K., Diskussion Deutsch 1983, 356–370. – R. *Hirschenauer*, A. *Weber* (Hg.): Interpretationen zu K. (im Deutschunterricht), München, 4. Aufl. 1973 [Urteil, Verwandlung, Landarzt, Kleine Erzählungen]. – B. *Schurf*, G. *Stein*: Interaktionstheorie und Literaturdidaktik, Ein Unterrichtsmodell für Sekundarstufe II (Moderne Kurzgeschichte und K.), DU 1979, 39–53. – A. *Schweckendieck*: Satiren im Deutschunterricht (K.: Bericht über eine Akademie), DU 1966, 39–50. – U. *Stamer*: Stundenblätter »Die Verwandlung«, »Das Urteil«. (Sekundarstufe II), Stuttgart 1981. – W. *Zimmermann*: Dt. Prosadichtungen unseres Jh., Interpretationen für Lehrende und Lernende. 6. Aufl. Düsseldorf 1981 [Urteil, Auf der Galerie, Kaiserliche Botschaft, Vor dem Gesetz, Stadtwappen].
(Zahlreiche Aufsätze, überwiegend Interpretationen, in der Zeitschrift DU seit 1950.)

Rezeption in anderen Medien

Dramatisierungen:
A. *Gide*, J.-L. *Barrault*: Le Procès, Piece tirée du roman de K., Paris 1947. – M. *Brod*: Amerika, Komödie in zwei Akten, nach dem gleichnamigen Roman von K., Bühnenmanuskript Frankfurt 1957. – *Ders.*: Das Schloß, Schauspiel. – K. *Klinger*: K. auf der Bühne. Kafka Society 1983, 56–70.
Filme:
O. *Welles*: Der Prozeß, 1962, – R. *Noelte*, M. *Schell*: Das Schloß, 1968. – J.-M. *Straub*, D. *Huillet*: Klassenverhältnisse [»Der Verschollene«], 1983.

Vertonungen:
G. v. *Einem*: Der Prozeß, Uraufführung Salzburg 1947. – H. W. *Henze*: Der Landarzt, Funkoper nach K., 1952.

Bildende Kunst:
Kunst zu K., Mit einem Text von H. *Fronius*, Wien 1983. – Kunst zu K., Eine Ausstellung der Künstlergilde, Eßlingen 1974. – G. *Nicolin* (Hg.): Kunst zu K. (Katalog), Bonn 1974. – W. *Rothe*: K. in der Kunst Stuttgart 1979. – H. *Willenberg*: (Illustrationen zum »Landarzt«), Diskussion Deutsch 1983, 406–418.

Theologische Interpretationen

Brod I, (Religiöse Entwicklung) 148–171, (K.s Glauben und Lehre) 221–229, (Der Glaube und die Verzweiflung), 303–309, (Religiöse Entwicklung in der Reihe seiner drei Romane) 323–336. – M. *Brod*: K. als wegweisende Gestalt, St. Gallen 1951. – H. *Ide*, JWB 1961, 7–27. – W. *Kraft*, Die Fähre (München) 1947, 13–19. – *Kraft* 65–78. – R. S. *Leon*: Religious Motives in K.s »Der Prozeß«, AUMLA 1963, 21–38. – J. L. *Mahoney*: Symbolism and Calvinism in the Novels of K., Renascence 1963, 200–207. – W. *Ries*: Transzendenz als Terror, Heidelberg 1977. – R. *Rochefort*: K. oder die unzerstörbare Hoffnung, Geleitwort von R. Guardini, Wien–München 1955. – H. J. *Schoeps*: Theologische Motive in der Dichtung K.s, NR 1951, 21–37. – *Ders.*: Was ist der Mensch?, Göttingen 1960, (K. oder der Glaube in der tragischen Position) 119–140. – M. *Schreiber*: (Zur Denkform der negativen Theologie im Werk K.s), Bern 1985. – W. *Stumpf*, Orient und Occident 1931, 48–63. – J. W. *Tilton*: K.s »America« as a Novel of Salvation, Criticism 1961, 321–332. – H. *Walther*: K., Die Forderung der Transzendenz, Bonn 1977. –

Philosophische Interpretationen

M. *Bense*: Die Theorie K.s, Köln–Berlin 1952. – B. *Bröckerhoff*: Seinserfahrungen und Weltverständnis des Dichters K., Diss. Bonn 1957. – A. *Camus*: Der Mythos von Sisyphos, Hamburg 1959, (Die Hoffnung und das Absurde im Werk K.s) 102–112. – *Dentan* 125–142. – *Emrich* I, (Die universelle Thematik) 11–73. – H. *Ide*: Existenzerhellung im Werk K.s, JWB 1957, 66–104. – J. *Jakubec*: K. contre l'absurde, Lausanne 1962. – H. *Jaeger*: Heidegger's Existential Philosophy and Modern German Literature, PMLA 1952, 655–683. – P. *Heller*: Dialectics and Nihilism, Mass. 1966. – L. *Kofler*: Zur Theorie der modernen Literatur, Der Avantgardismus in soziologischer Sicht, Neuwied-Berlin 1962, (K. und die Besonderheit seines Nihilismus) 238–264. – C.-E. *Magny*: Les sandales d'Empedocle, Neuchâtel 1945, (K. ou l'écriture objective de l'absurde) 173–200. – J. *Popelová*: Die Kategorie der Vereinsammung in K.s Werk, Prager Sicht 113–117. – H.-J. *Schoeps*: K. und der Mensch unserer Tage, Universitas 1961, 163–171. – I. *Sviták*: K. – ein Philosoph, Prager Sicht 87–94.

*Psychoanalytische, psychologische und literaturpsychologische
Interpretationen*

H. *Anz*: Umwege zum Tode, Zur Stellung der Psychoanalyse im Werk
K.s, Text und Kontext 1981, 211–230. – *Binder* I, (K. und Psychologie
und Psychoanalyse) 56–114, 368–372. – M. *Carrouges*: K. contre K.,
Paris 1962. – G. *Deleuze*, F. *Guattari*: K. (literaturpsychologisch betrachtet), Frankfurt 1976. – Dentan 107–123. – P. *Dettmering*: Psychoanalyse als Instrument der Literaturwissenschaft, Frankfurt 1981, 59–
67. – *Ders.*: Aspekte der Spaltung in der Dichtung K.s, Literaturpsychologische Studien (Hg. W. Schönen) 1983, 205–220. – R. *Tie-
fenabaum*: Moment of Torment, K.s Short Stories, London 1973. – F.
B. *Glaser*, Psychoanalytic Review 1961, 99–121. – B. *Goldstein*: K. Ja-
nuary 1922, Fs. Politzer, Tübingen 1975, 352–369. – P. *Goodman*: K.s
Prayer, New York 1947. – K. M. *Gunwaldsen*: K. and Psychoanalysis,
Univ. of Toronto Quarterly 1963, 266–281. – C. S. *Hall*/R. E. *Lind*:
Dreams, Life and Literature, A Study of K., Chapel Hill 1970. – F.
Hoffmann: Escape from Father, Kafka Problem 214–246. – H. *Loeblo-
witz-Lennard*: Some Leitmotives in K.s Work Psychoanalytically Ex-
plored, Univ. of Kansas Review 1964, 115 ff. – J. *Metzner*: (Literaturpsychologische Überlegungen), Phantastik in Literatur und Kunst (Hg.
C. W. Thomsen) 1980, 79–108. – E. *Neumann*: K., Das Gericht, Eine
tiefenpsychologische Deutung (des »Prozeß«), Basel 1974. – J. *Rattner*:
K. und das Vater-Problem, Ein Beitrag zum tiefenpsychologischen
Problem der Kindererziehung, München 1964. – A. M. *Reh*: Psychologische und psychoanalytische Interpretationsmethoden in der Literaturwissenschaft, Psychol.-Literaturw. 34–55. – L. *Ryan*: »Zum letztenmal Psychologie!«, Zur psychologischen Deutbarkeit der Werke K.s,
Psychol.-Literaturw. 157–173. – I. *Seidler*: »Das Urteil«: ›Freud natürlich‹?, Zum Problem der Multivalenz K., Psychol.-Literaturw. 174–
190. – *Sokel* I. – J. H. *Steypel*: The Animal Theme and Totemism in K.,
American Imago 1956, 69–93.

*Soziologische, marxistische und realistisch-sozialistische
Interpretationen; das Realismus-Problem*

T. W. *Adorno*: Noten zur Literatur II, Frankfurt 1961, 152–187. – G.
Bauer: Nochmals – hist.-materialistische Literaturwissenschaft, mit K.
als Zeugen für den Klassenkampf, Alternative 1972, 102–113. – J. *Dresler*: Die Verwirrung der Zungen, K. im Spiegel kommunistischer Kritik, Osteuropa 1960, 473–481. J. *Elsberg*: Sozialistischer Realismus und
westeuropäische Literatur, KuL 1957. – E. *Fischer*: K., SuF 1962, 497–
553. – R. *Garaudy*: K., die moderne Kunst und wir, Prager Sicht 199–
207. – *Hasselblatt*, 13–26. – K. *Hermsdorf*: K., Weltbild und Roman,
Berlin 1961. – H. *Hillmann*, K., in: Dt. Dichter der Moderne hg. von
B. v. Wiese, Berlin 1965, 264–274. – K. *Hughes* (Hg.): K., An Anthol-
ogy of Marxist Criticism, Hannover-London 1982. – *Ders.*: K. and the

Text, Limits of a Marxian Analysis, Kafka Society 1983, 50–55. – H. *Kaufmann*: Über Perspektivengestaltung im dt. kritischen und sozialistischen Realismus (1917–1945), WB 1963, 650–668. – H. *Kraft*: K., Wirklichkeit und Perspektive, Bebenhausen 1972. – K. *Keller*: Gesellschaft in mythischem Bann, Wiesbaden 1977. – A. *Kusak*: Bemerkungen zur marxistischen Interpretation K.s, Prager Sicht 169–180. – G. *Lukács*, Wider den mißverstandenen Realismus, Hamburg 1958, 49–96. – A. *Nivelle*: K. und die marxistische Literaturkritik, Fs. K. Wais, Tübingen 1972, 331–354. – H. *Plavius*: Realismus in Entwicklung, WB 1964, 265–285. – *Philippi*. – P. *Reimann*: Die gesellschaftliche Problematik in K.s Romanen, WB 1957, 598–618. – *Richter* I. – *Richter* II, (Wirklichkeitskonzeption und Problem des Realismus) 287–300. – J. *Schillemeit*: Welt im Werk K.s, DVjs 1964, 168–191. – *Ders.*: Zum Wirklichkeitsproblem der K.-Interpretation, DVjs 1966, 577–596. – U. *Stamer*: Sprachstruktur und Wirklichkeit in K.s Erzählungen »Auf der Galerie«, Fs. K. H. Halbach, Göppingen 1972, 427–452. – W. *Staroste*: Raum und Realität in dichterischer Gestaltung Heidelberg 1971, 123–155.

Probleme der Deutung/Deutbarkeit

Beicken, (Deutbarkeit und Interpretationsmodelle; Die außerästhetischen Interpretationsrichtungen; Dokumentation) 99–225, 340–351. – S. *Corngold*: The Commentators' Despair, The Interpretation of K.s »Metamorphosis«, Port Washington-London 1973. – P. *Dettmering*: Psychoanalyse als Instrument der Literaturwissenschaft, Frankfurt 1981, 59–67. – L. *Fietz*: Möglichkeiten und Grenzen einer Deutung von K.s »Schloß-Roman, DVjs 1963, 71–77. – E. *Frey*: K.s Erzählstil, Eine Demonstration neuer stilanalytischer Methoden, 2. verm. Aufl. Bern 1974. – Y. *Gilli*: A propos du texte littéraire et de K. ou encore faut-il brûler le structuralisme?, Paris 1985. – H. *Glinz*: Methoden zur Objektivierung des Verstehens von Texten, gezeigt an K., »Kinder auf der Landstraße«, JIG 1969, 74–107. – C. *Hamm*: Textinterpretation und ästhetische Erfahrung, Zu den Möglichkeiten und Grenzen eines »realistischen« Umgangs mit K., Diss. Hamburg 1983. – *Hasselblatt*. – J. C. *Henel*: Die Deutbarkeit von K.s Werken, ZfdtPh 1967, 250–266; und erweitert: Politzer III, 406–430. – *Dies.*: Die Grenzen der Deutbarkeit von K.s Werken: »Die Verwandlung«, Journal of English and Germanic Philology 1984, 67–85. – *Kobs* 7–19. – H. *Kraft*: »Neue« Prosa von K., Mit einer Theorie der Textsorte »Tagebuch«, Seminar 1983, 235–245. – P. *Kreis*: Die doppelte Rede K.s, Eine textlinguistische Analyse, Paderborn 1976. – D. *Krusche*: K. und K.-Deutung; Die problematisierte Interaktion. München 1974. – E. *Leibfried*: Kritische Wissenschaft vom Text. Manipulation, Reflexion, transparente Poetologie. Stuttgart [2]1972. – L. *Ryan*: »Zum letztenmal Psychologie!«, Zur psychologischen Deutbarkeit der Werke K.s, Psychologie in der Literatur-

wissenschaft, hg. von W. Paulsen, Heidelberg 1971, 157–173. – J. *Seidler*: »Das Urteil«: ›Freud natürlich‹?, Zum Problem der Multivalenz bei K., Psychologie in der Literaturwissenschaft, hg. von W. Paulsen, Heidelberg 1971, 174–190. – E. *Standaert*: »Gibs auf«. Ein Kommentar zu dem methodologischen Ausgangspunkt in Politzers K.-Buch, Studia Germanica Gandensia 1964, 249–292. H. *Steinmetz*: Suspensive Interpretation, Am Beispiel K.s, Göttingen 1977. –
(Siehe besonders auch die Lit. zu »Sorge des Hausvaters« und »Von den Gleichnissen« unter 3.4.8)

Einordnungen in literaturgeschichtliche Zusammenhänge

M. *Bense*: Metaphysische Positionen, in: Dt. Literatur im 20. Jh., hg. von Mann u. Rothe, Bd. 1, S. 361–376. – *Emrich* II, (Zur Ästhetik der modernen Dichtung) 123–134, (Die Literaturrevolution und die moderne Gesellschaft) 135–147, Formen und Gehalte des zeitgenössischen Romans) 167–175, (Die Erzählkunst des 20. Jh. und ihr geschichtlicher Sinn) 176–192, (K.s Bruch mit der Tradition und sein neues Gesetz) 233–248. – E. *Kahler*: Untergang und Übergang der epischen Kunstform, NR 1953, 1–44. – B. *Rang*: Die dt. Epik des 20. Jh., in: Dt. Literatur im 20. Jh., hg. von Mann u. Rothe, Bd. 1, 58–99. – J. *Strelka*: K., Musil, Broch und die Entwicklung des modernen Romans, Wien 1959. (S. auch die Lit. über: K. und der Expressionismus unter 3.4.8)

6. Aspekte der Forschung

6.1 Textgestalt und Textkonstituierung

6.1.1 Textkritik als Interpretationsgrundlage

Zu Beginn der fünfziger Jahre, als nach der schon modisch gewordenen spekulativen Beschäftigung mit Kafkas Werk auch seine philologische Interpretation einsetzte, wurde erstmals die Frage nach der originalen Gestalt der interpretierten Texte gestellt. In der Folge zeigte sich, auf welch unsicherem Fundament sämtliche Kafka-Literatur bisher operiert hatte. Nicht einmal der Text der angeblich nach den Erstausgaben zu Kafkas Lebzeiten wiedergegebenen Erzählungen hielt einer Überprüfung stand; Brod hatte Ausgaben verwechselt und Fehler eingeschleppt. Die seit 1962 mögliche Überprüfung der von ihm aus dem Nachlaß publizierten Romane, Erzählungen und Notizen – die im Falle des »Prozeß« erst seit neuestem möglich ist, nachdem das Literaturarchiv Marbach dieses Manuskript erworben hat – ergab auch hier durchweg gravierende Mängel. Da bis jetzt noch keine vollständige verbesserte Ausgabe vorliegt, kommt den textkritischen Aufsätzen immer noch besondere Bedeutung zu: Nur sie orientieren über die Qualität und Authentizität des der Interpretation zugrunde gelegten Textes und helfen, Fehldeutungen zu vermeiden.

Verbesserte oder sauber edierte und z. T. kommentierte Texte liegen vor für die Briefe an Felice (Born: F), die Briefe an Kurt Wolff (Zeller: KW), die Briefe an Ottla (Binder: O), die »Beschreibung eines Kampfes« (Dietz: Parallelausgabe), den »Dorfschullehrer« (Martini: Jsg 1958), den »Bau« (Pasley: 3 Erz.), eine Reihe zu Lebzeiten gedruckte Erzählungen (Wagenbach: Die Erz., Raabe: Sämtl. Erz.), die Briefe an Milena (Born: M 1983) und nicht zuletzt die ersten Bänder einer tatsächlich wissenschaftlichen Ausgabe (Pasley: S/Krit. A.; Schillemeit: A/Krit. A., Koch-Müller-Pasley: T/Krit. A.).

6.1.2 Die wissenschaftliche Ausgabe

Schon in der Mitte der sechziger Jahre wurde eine *neue (kriti-sche)* Ausgabe der Werke Kafkas vom S. Fischer Verlag in Frankfurt angekündigt; ihre Inangriffnahme wurde jedoch von Max Brod, der Kritik und Analyse seiner Ausgaben als Nicht-philologe immer von neuem mißverstand, blockiert durch die Zurückhaltung der in seinem Besitz befindlichen Manuskripte und sein Recht zur alleinigen Herausgabe Kafkas. Seit Anfang der siebziger Jahre dann endlich geplant und durch die Univer-sität Wuppertal geschaffene, von Jürgen Born geleitete For-schungsstelle für deutschsprachige Literatur Osteuropas wis-senschaftlich unterstützt, ist eine angemessene Textkonstitu-tion – eines der großen Desiderate der internationalen Germa-nistik – inzwischen für das »Schloß« (1982) den »Verschollenen« (1983) und demnächst die »Tagebücher« (1989) verwirklicht; der »Prozeß« soll als nächster Band folgen. Man mag den lang-samen Fortgang der Ausgabe bedauern; an vergleichbaren Un-ternehmen gemessen, die leider nur zu oft nach blendenden An-fängen völlig stagnieren, verdienen Leistung und Tempo hohe Anerkennung. – Sinn und Leistung der textkritischen Arbeit werden auffällig und einsichtig an einem so herausragenden Bei-spiel wie dem »Prozeß«. Seine Interpretation hat jene Exegeten, die sich trotz aller Warnungen darauf kaprizierten, die verwir-rende Textkonstitution Brods für eine sichere Basis zu halten, zu außergewöhnlichen Saltos veranlaßt. Sobald eine alles Mate-rial sorgfältig ausbreitende und wägende, d. h. auch überprüf-bare Edition vorliegt, wird sich nachweisen lassen, daß das Ge-schehen hier kein surreales ist und nicht aus absurden, alogi-schen und akausalen Elementen besteht, vielmehr in durch-schaubaren Zusammenhängen und logischen Abläufen Schuld und Sühne Josef. K.s darstellt; und dies, obschon der Roman ein Fragment geblieben ist.

Für jene Äußerungen Kafkas, von denen eine wissenschaftli-che Edition vorliegt, ist der entsprechende Text der Ausgaben Brods überholt und als Grundlage von Aussagen ungeeignet. Brods Ausgabe wird dennoch nicht auf einen nur noch antiqua-rischen Wert reduziert, weil sie für die Erforschung der Rezep-tion Kafkas durch verschiedenste Literaturen zu vergleichen ist, insofern ihre fehlerhafte Textgestaltung, Auswahl, Zusammen-stellung und Präsentation – wobei diese Mängel sich gelegent-lich in Übersetzungen noch potenzierten – zu Irrtümern der re-zipierenden Literaten führte oder führen mußte: zu Irrtümern, die sich z. T. als schöpferisch erwiesen haben und derart zu interpretieren sein werden.

6.1.3 Literatur: Textkritisches

Beicken, (Sorge der Interpreten: die Kafka-Ausgaben) 1–20, (Bibliographie) 371–374. – *Beißner*, (zum »Urteil«), 49–51, (zum »Prozeß«), 77–80. – M. *Brod*, (Prinzipien seiner Edition), Nachworte, P. – *Brod* I, (Prinzipien seiner Edition) 212 f., (zur Edition des »Prozeß«) 347–356. – J. *Born*, M. *Müller*: K.s Briefe an Milena, ihre Datierung, JSG 1981, 509–524. – L. *Dietz*: K., Drucke zu seinen Lebzeiten, Eine textkritisch-bibliographische Studie, JSG 1963, 416–457. – *Ders.*: Die autorisierten Dichtungen K.s, Textkritische Anmerkungen, ZfdtPh 1967, 301–317. – *Ders.*: Zwei frühe Handschriften K.s, Über die Manuskripte zur Novelle »Beschreibung eines Kampfes«, Philobiblon 1969, 209–218. – *Ders.*: K.s Randstriche in Manuskript B der »Beschreibung eines Kampfes« und ihre Deutung, JSG 1972, 648–658. – *Ders.*: Brods Hand in K.s Manuskripten der »Beschreibung eines Kampfes« und seine Kontamination dieser Novelle, GRM 1973, 186–197. – *Ders.*: K.s letzte Publikation, Probleme des Sammelbandes »Ein Hungerkünstler«, Philobiblon 1974, 119–128. – *Ders.*: Editionsprobleme bei K., Über einen kritischen Text der »Beschreibung eines Kampfes«, JSG 1974, 549–558. – *Ders.*: Dietz (Drucke zu Lebzeiten). – *Ders.*: Druckgeschichte als Textkritik und Interpretationshilfe (»Die Söhne«), Fs. Schumacher (Hg. H. Colberg), Stuttgart 1986, 413–424. – R. *Gray*: The Structure of K.s Works, A Reply to Uyttersprot, GLL 1959/60, 1–17. – H. *Henel*: Das Ende von K.s »Der Bau« [und] Anhang über Handschrift und Drucke, GRM 1972, 3–23. – W. *Kittler*, G. *Neumann*: K.s »Drucke zu Lebzeiten«, Editorische Technik und hermeneutische Entscheidung, Freiburg 1982. – E. L. *Marson*: Die »Prozeß«-Ausgaben, Versuch eines textkritischen Vergleichs, DVjs 1968, 760–772. – F. *Martini*: Ein Manuskript K.s, »Der Dorfschullehrer«, JSG 1958, 266–300. – M. *Müller*, K., »Die Söhne«, Frankfurt 1989, 147 f. – G. *Neumann*: Werk oder Schrift? Vorüberlegungen zur Edition von K.s »Bericht für eine Akademie«, Acta Germanica 1981, 1–21. – *Ders.*: Schrift oder Druck, Erwägungen zur Edition von K.s »Landarzt«-Band, ZfdtPh 1982, Sh., 115–139. – J. M. S. *Pasley*: K. MSS, Description and Select Inedita, MLR 1962, 53–59. – *Ders.*: Ascetism and Cannibalism, Notes on a Unpublished K. Text, OGS 1966, 102–113. – *Ders.*: Zu K.s Interpunktion, Euph. 1981, 474–490. – *Ders.*: S/Krit. A. – J. *Schillemeit*: A/Krit. A. – H. *Uytterspot*: Eine neue Ordnung der Werke K.s?, Antwerpen 1957. – *Ders.*: K. und immer noch kein Ende zur Textgestaltungsfrage, Studia Germanica Gandensia 1966, 173–246.

6.2 Der Künstler Kafka

6.2.1 Kunst und Künstler bei Kafka

Die Fülle der theologisierenden, psychologisierenden und philosophierenden Versuche über Kafka, deren Anlaß dieses dichterische Werk eher war denn ihr Ziel, hat den Dichter oft bedenken- und grenzenlos auf ihm fremde, außerkünstlerische Felder umgesiedelt. Diese Einsicht wurde zur Ausgangsposition dafür, das Werk so zu sehen, wie es der Autor selbst im Ausschnitt veröffentlicht hat: als dichterisches. Diese – zeitweilig verlorene – Tatsache brachte Friedrich Beißner in den frühen fünfziger Jahren wieder ins Blickfeld zurück. Seither ist es ernsthaften Auseinandersetzungen mit Kafka nicht mehr möglich, von der künstlerischen Form abzusehen. Erst damit trat die Forschung in das Kafka angemessene philologische und dichtungswissenschaftliche Stadium. Ohne daß ausgeschlossen werden müßte (was bei Beißner noch weitgehend der Fall ist), daß ein Kunstwerk seismographisch die Theologie, Psychologie, Philosophie, Soziologie usw. seiner Zeit mitenthalte, wurde inzwischen deutlich, daß das alles jedoch nur ›richtig abgelesen‹ werden könne, wenn es durch das die platte Erscheinungsform verändernde Medium der Kunstform hindurch verstanden wird.

Als der kürzeste Weg zum Künstler mit den raschesten Ergebnissen wurde die Frage angesehen, wie er das Problem »Kunst und Künstler« in seinem Werk thematisiert und gestaltet habe. Schließlich war Kafkas letztes Buch und auch seine letzte Erzählung gerade diesem Problem gewidmet und hatte Brod, nach dem Tod Kafkas, das Ansinnen des Verlags Die Schmiede rechtens zurückgewiesen, für die vier dies eine Thema variierenden Geschichten den von Kafka gewählten Obertitel »Hungerkünstler« zu ersetzen.

Die Tatsache, daß Kafka seine persönliche Situation oft erst über das eigene Kunstprodukt begriffen hat – die Aussage »vollständiges Begreifen meiner Lage« (beim Schreiben des »Prozeß«) steht keineswegs isoliert –, führt zu dem Schluß, daß in den Artisten – ob Maler (Titorelli im »Prozeß«), Zirkusreiterin (»Auf der Galerie«) Trapezakrobat (»Erstes Leid«), Hungerkünstler oder Sängerin – das Kafka immer gegenwärtige Spannungsverhältnis zwischen Künstler, Kunstausdruck und Kunstpublikum darstelle. Untersuchungen haben erwiesen, wie ganz persönlich und überindividuell zugleich Kafkas Auf-

fassung und Darbietung des Kunstproblems ist und dessen
Interpretation in die Mitte seines Werks führt.

6.2.2 Kunstformen und Kunstmittel Kafkas

Ein konstitutiver Grund für die Widersprüchlichkeit und Un-
vereinbarkeit zahlreicher Interpretationen Kafkas war und ist,
daß seine Kunstform unbeachtet oder weithin unverstanden
blieb. Beißners Beobachtung der »einsinnigen« Erzählweise
Kafkas – in den fünfziger Jahren eine Entdeckung, heute ein
Grundwissen (und darum zu rasch mit einer Banalität verwechselt und beiseite geschoben) – war wegweisend. Als bloß ästhe-
tisches Prinzip verstanden, wird die einsinnige Erzählweise indessen fast erniedrigt zur wohligen Empfindung, daß der Leser
mit dem Erzähler und Protagonisten in jedem Augenblick im
selben Verhältnis zum Erzählten ist, also eins mit ihnen – nämlich ohne die Implikationen zu bemerken, die eine solche Perspektive mit sich bringt: Reduktion, Hermetik, Autismus,
Amputation, Deformation; d. h. den Beweis dessen, wie fast
unmöglich es ist, zu Wirklichkeit und Wahrheit zu gelangen.
   In allen Dichtungen Kafkas – wenn auch in manchmal abge-
wandelter Form – wird nur durch die Hauptperson hindurch
erzählt. Aus einer einzigen Perspektive – z. B. der Josef K.s im
»Prozeß« oder K.s im »Schloß« – wird zunächst jedoch nur ein
Teil der Wahrheit sichtbar, eben jener, den der Protagonist sieht
oder sehen will; davon abgesehen, wie gebrochen schon dieser
Teil an sich sei, sind Teile, die sich für die ganze Wahrheit aus-
geben, jedoch von Lüge kaum zu trennen. Erst wenn – und das
fordert diese Kunstform vom Leser – erkannt wird, was die
Hauptperson vor allem sehen will, wofür sie blind ist und was
sie nicht sehen kann, will oder möchte, bewußt oder unbewußt
z. T. oder ganz verbirgt, erschließen sich weitere Teile der
Wahrheit, ergänzen und korrigieren sich zu einer annähernden
Wahrheit. Dem gelernten Juristen Kafka war der Grundsatz
»audiatur et altera pars« selbstverständlich; die Wahl der einsinnigen Perspektive, die nur eine Person zu Wort kommen läßt,
schließt deshalb von vornherein die Möglichkeit, wenn nicht
die Gewißheit von »Lüge« ein –: die Kafka als Kunstform verwendet.
   Die Frage nach der Erzählperspektive und die Art ihrer Be-
antwortung präformiert deshalb jede Interpretation. Sie darf allerdings nicht isoliert gesehen werden, ist sie doch eines unter

vielen Kunstmitteln, die einen überwiegend verrätselnden Charakter haben. Schon die Wahl von ›Haupt-Wörtern‹, die eine bestimmte Richtung suggerieren bzw. vorlügen, mit der sie ihre tatsächlich implizite Vieldeutigkeit kaschieren, leitet den Leser versuchsweise fehl. So meint das Wort »Prozeß« verschiedenste Abläufe, ist der prozessuale nur einer von vielen möglichen. Ein darauf verengtes Verstehen ist folgenreich: Dem »Fehlläuten« der Wörter »gefolgt – es ist niemals gutzumachen« (vgl. »Ein Landarzt«). Übersetzungen in andere Sprachen haben es deshalb schwer; z. B. gibt das im Englischen meist gewählte »trial« nur den gerichtlichen Aspekt wieder (und präjudiziert damit schmalsinnige Deutungen); Entsprechendes stellt Marthe Robert fürs Französische fest: »Obwohl wir kein anderes Wort haben, um das Original wiederzugeben, kann unser auf die juristische Sphäre begrenztes Wort ›procès‹ seine Rolle nicht ausfüllen« (Robert 228).

Im »Urteil«, um diese überschaubare Geschichte als Beispiel zu nehmen, geht es nicht nur um das ganz bestimmte Urteil zum »Tode des Ertrinkens«. Aus der Sicht Georgs werden das Geschäft, dessen Entwicklung und Zukunft, Vater, Freund, Braut und sein eigenes Tun ›beurteilt‹. Und die Folgerungen aus diesen ›Urteilen‹ werden vom Vater variiert, zurückgewiesen, verhöhnt und zur Grundlage der Verurteilung zum Tod. Auch Haltung und Äußerungen des Vaters zu Georgs Einzel- und Gesamtbeurteilung der Lage sind aus Georgs Sicht dagestellt, also ›beurteilt‹, und somit der in ihm widerwillig ablaufende Prozeß und der plötzliche Umschlag, sich selbst ganz anders und neu, ›umgekehrt‹ (als »Teufel« statt liebenden Freund und Sohn) sehen zu müssen, besonders deutlich. Das Ganze läuft wie ein gerichtlicher Prozeß mit Angeklagtem, Verteidiger, Zeugen, Gegenzeugen, Ankläger und Richter ab. (So hat denn auch Milena bei ihrer Übertragung mit Kafkas Einverständnis den Titel »Urteil« durch das tschechische Wort für ›Gericht‹ wiedergegeben.) Dabei ist alles rein erzählt innerhalb der Wirklichkeit eines Familien- und Generationskonflikts; diese Wirklichkeit meint jedoch mehr als sie ist: sie ist sinnliches Symbol geworden. Weil die Geschichte nirgends den Raum von Wirklichkeit und Symbol verläßt, stets Sache und Bild zugleich ist, begünstigt sie eine unreflektierte Aufnahme. Wer ihr symbolisches Wesen erahnt oder reflektiert – wozu der klassisch-novellistische Sprung zum Todesurteil des Vaters und dessen Annahme durch den Sohn auffordert – bekommt scheinbar verschiedenste und abreißende Fäden in die Hand (u. a. Freud,

Werfel, Brod, Maimonides, Goethe, Relikte jiddischen Theaters, Namen und Wörtlichnehmen, Einzelmetaphern), die auf scheinbar labyrinthischen Wegen indessen zu einem einheitlichen Beziehungsgeflecht hinführen, das die Intention sichtbar macht (vgl. dazu 6.3.2).

Das Beispiel mag die hintergründige, symbolisch-metaphorische Qualität des Sprechens von Kafka andeuten. Die Kompliziertheit dieses Aspekts und die Komplexität der künstlerischen Einzelmittel hat eine breite, in ihrer Tendenz poetologische Auseinandersetzung gefördert. Ohne ihre Berücksichtigung und Diskussion ist ein angemessenes Verstehen Kafkas kaum möglich: Vor jeder inhaltlichen Ausdeutung ist Wissen um seine reiche und diffizile Palette uneigentlichen Sprechens notwendig, weil sie eine Inhaltsfarbe lasieren, aufhellen, verdunkeln, vielfältig abwandeln und auch (wie durch Beimischung einer Komplementärfarbe) von Grund auf verändern kann. – Im Folgenden ist deshalb Literatur zu seinen künstlerischen Mitteln – immer noch ein offenes Feld für künftige Forschung – aufgeschlüsselt.

6.2.3 Literatur zu: Kunst und Künstler bei Kafka; Erzähl- und Ausdrucksformen; Metaphorik, Gestik, Perspektive, erlebte Rede

Kunst und Künstler bei K.

Selbstaussagen: T, Br. – G. C. *Avery*, Weltfreunde 229–239. – W. *Bauer-Wabnegg*: Zirkus und Artisten in K.s Werk, Erlangen 1986. – H. *Binder*: K. und die Skulpturen, JSG 1972, 623–647. – Unseld, (K. als Zeichner), 22–24. – *Ders.*: Anschauung ersehnten Lebens, K.s Verständnis bildender Künstler und ihrer Werke, Symposion Wien, 17–42. – M. L. *Bonner*: Das Künstlerproblem in K.s Erzählungen, Eine vergleichende Studie zur Entwicklung des Problemkreises in der dtsprachigen Lit., Diss. Berkeley 1979. – E. *Edel*, DU 1963, H.3, 9–31. – M. *Faber*: Angels of Daring, Tightrope Walker and Acrobat in Nietzsche, K., Rilke and Th. Mann, Stuttgart 1979. – K. *Hermsdorf*, WB 1964, 404–412; Prager Sicht 95–106. – *Hillmann* 51–112. – *Kraft* 150–168. – *Kurz* 73–84. – *Richter* I, 237–286. – *Robertson* 354–368. (Siehe auch die Lit. zu einzelnen Dichtungen, besonders: »Prozeß«, 3.4.8; »Auf der Galerie«, 3.4.8; Sammelband »Ein Hungerkünstler« und dessen Erzählungen, 3.6.6; Sprachkritik, Sprachskepsis K.s, 3.2.9.)

Ironie und Humor:

M. B. *Bornmann*: Un Esempio di Ironia in K., Studi Germanici 1969, 93–96. – G. *Braun*: K.s Aphorismen, Humoristische Meditation der Existenz, DU 1966, H. 3, 107–118. – J. *Collignon*: K.s Humor, Yale French Studies 1955/56, 53–62. – J. *Cermak*: K.s Ironie, Philologica Pragensia 1965, 391–400. – *Dentan – Politzer* III, 19–21. – H. S. *Reiß*: K.s Conception of Humour, MLR 1949, 534–542. – M. *Robert*: L'Humour de K., Revue de la Pensée Juive 1951, H. 6, 61–72. – F. K.*Rohl*: K.s Background as the Source for his Irony, MLR 1958, 380–392. – A. G. *Toulmin*: Humor in the Works of K., Oxford 1951. – F. *Weltsch*: Religion und Humor im Leben und Werk K.s, Berlin 1957.

Groteske:

J. M. S. *Pasley*: K.s Semi-Private Games, OGS 1971/72, 112–131. – W. *Kayser*: Das Groteske, Seine Gestaltung in Malerei und Dichtung, Oldenburg-Hamburg 1957, 157–161. – N. *Kassel*: Das Groteske bei K., München 1969.

Erzählformen:

C. *Heselhaus*, DVjs 1952. – K. *Hamburger*: Erzählformen des modernen Romans, DU 1959, 5–23. – D. J. *Grossvogel*: Limits of the Novel, Evolutions of a Form from Chaucer to Robbe-Grillet, Ithaca (N. Y.) 1968, 160–188. – I. A. *Asher*: Turning Points in K.s Stories, MLR 1962, 47–52. – *Jahn,* (Bericht), 71–74. – *Hillmann* I, (Betrachtung, Parabel, Geschichte, Roman, Bericht) 161–194. – *Hillmann* II (Modell, Parabel, Roman, Geschichte, Bericht) 264–274. – *Sokel* II (Parabel, Geschichte). – K. *Leopold*: K.s Stories in the First Person, AUMLA 1959, 56–62. – *Binder* I, (Ich-Erzählungen) 299–347. – D. *Cohn*, (First-Person-Stories) PMLA 1968, 144–150. – *Fingerhut*, (Offene Erzählgerüste und Figurenspiele). – K. *Ramm*: Reduktion als Erzählprinzip bei K., Frankfurt 1971. – *Walser*, (Roman oder Epos) 109–127.

Parabel und Paradox:

W. *Heldmann*: Die Parabel und parabolische Erzählform bei K., Diss. Münster 1953. – K. W. *Mahler*: Eigentliche und uneigentliche Darstellung in der modernen Epik, Der parabolische Stil K.s, Diss. Marburg 1958. – *Hasselblatt* (Erörterung und Einräumung) 54–96. – *Politzer* I (Parabel und Paradox). – S. *Sandbank*: Structures of Paradox in K., MLQ 1967, 462–472. – G. *Neumann*: Umkehrung und Ablenkung, K.s »gleitendes Paradox«, DVjs 1968, Sh., 702–744; Politzer III, 459–515. – K.-P. *Philippi*: »Parabolisches Erzählen«, Anmerkungen zu Form und möglicher Geschichte, DVjs 1969, 297–332. – W. *Brettschneider*: Die moderne dt. Parabel, Entwicklung und Bedeutung, Berlin 1971. – H. *Hillmann*, (Fabel, Parabel), Die Fabel, Geschichte und Rezeption (Hg. P. Hasubek) 1982, 215–235. – *Kobs*, (Parabel) 7–97. – E.E. *Wäsche*, (Ursprung der Parabel, bis K.), Meisenheim 1976. – U. *Fülleborn*, (Verhältnis von Perspektivismus und Parabolik), Fs. W. Rasch (Hg. R.v. Heydebrand) 1969, 289–312. – G. *Wöllner*: E. T. A. Hoffmann und K., Von der »fortgeführten Metapher« zum »sinnlichen Paradox«, Bern–Stuttgart 1971. –

Bildformen (Bild, Zeichen, Allegorie, Symbol, Travestie):

Emrich II, (Bilderwelt) 249–263. – *Hillmann* I, (Bildformen) 147–153. – *Politzer* I, (Zum Problem der Deutung der Bildsprache) 19–44. – M. *Marache*: La métaphore dans l'oeuvre de K., EG 1964, 23–41. – *Hasselblatt* (Metaphern als Strukturkonkretionen) 129–132. – J. *Born*: Zu K.s Metaphorik des dichterischen Schaffens, Nachleben der Romantik in der modernen dt. Literatur, Heidelberg 1969, 177–191. – B. *Beutner*: Die Bildsprache K.s München 1973. – *Bezzel* (Zeichen). – *Fürst* (Allegorie). – E. *Heller*, (Symbol) Politzer III, 175–204. – *Emrich* I, (Jenseits von Allegorie und Symbol) 74–91, (Tiergeschichten) 115–186. – *Weinberg* (Travestien des Mythos). – B. *Goldstein*: Key Motives in K.s »Der Prozeß« and »Das Schloß«, Diss. Harvard 1962. – M.-L. *Harder*: Märchenmotive in der Dichtung K.s, Diss. Freiburg 1962. – R. S. *Struc*: Food, Air and Ground, A Study of Basic Symbols in K.s Short Stories, Diss. Washington 1963.
Beicken, (Allegorie, Allegorese) 287–292. – *Beißner*, (Bildlichkeit), Traumhafte Wahrnehmung und Darstellung). – *Fingerhut* (Funktion der Tierfiguren). – S. *Korngold*, (Metapher and Chiasmus), Kafka Society 1981, 23–31. – W. *Jakobi*, (»Amerika«, Motive, Symbole), DU 1962, 63–78. – R. *Karst*: (Metapher), LuK 1983, 472–480. – K. *Keller*, (Mythologische Motive), Gesellschaft in mythischem Bann, Wiesbaden 1977. – *Keßler*, (Metaphern, Allegorie) 11–16, (historisch-mythologische Motive) 17–23. – W. *Kudszus*, Metaphernperspektiven im Spätwerk, Symposion Wien, 147–154. – *Kurz* (Allegorische Erzählweise) 132–135, (Symbolik) 183–193. – *Robertson*, (Allegorie) 348–353. – G. *Wöllner*: E. T. A. Hoffmann und K., Von der »fortgeführten Metapher« zum »sinnlichen Paradox«, Bern-Stuttgart 1971.

Gestik, Gebärde:

Jahn (Visualität) 32–67, (Szenische Gegenwart) 74 ff. – W.*Jahn*, (Gestik, Gebärde) JSG 1962, 353–368. – *Hillmann* I, (Formen der Gestik und Mimik) 130–136. – O. *Walzel*, (Gebärde) Symposion 140–146. – *Binder* IV, (Mimik, Gestik, Ausdrucksbewegungen) 117–262. – *Kurz* (Erzähltes Theater) 178–190.

Perspektive:

Walser, (Perspektive) 19–45. – *Beißner* (Erzählerstandort, Perspektive, Einsinnigkeit). – T. W. *Adorno*: Noten zur Literatur I, Frankfurt 1958, (Erzählerstandort) 61–72. – *Jahn* (Objektivität, Distanz) 68 ff. – *Hillmann* I, (Formen der Perspektive) 136–147. – *Philippi* (Form des Erzählens, Perspektive) 13–32. – *Sokel* II (Perspektive und Geschehen). – U. *Fülleborn*, (Verhältnis von Perspektivismus und Parabolik), Fs. W. *Rasch* (Hg. v. Heydebrand) 1969, 289–312. – W. *Kudszus*, (Erzählhaltung), DVjs 1964, 192–207. – *Ders.*, (Erzählperspektive), DVjs 1970, 306–317. – E. E. *Sattler*, (Perspektive), K. (Hg. Caputo-Mayr) 1978, 235–242. – *Kobs* (Einsinnigkeit) 25–56. – H. *Kraft*: K., Wirklichkeit und Perspektive, Bebenhausen 1972.

Erlebte Rede, Innerer Monolog:

G. *Storz*: Über den »Monologue interieur« oder die »Erlebte Rede«, DU 1955, H. 1, 41–53. – N. *Miller*: Erlebte und verschleierte Rede, Der Held des Romans und die Erzählform, Akzente 1958, 213–226. – *Binder* I. (Erlebte Rede, Innerer Monolog, Gedankenreferat, Bericht, Erlebter Eindruck) 201–264, – M. *Hosaka*: Die erlebte Rede in »Die Verwandlung« von K., Doitsu Bungaku 1968, H. 41, 39–47. – D. *Cohn*: Erlebte Rede im Ich-Roman, GRM 1969, 305–313.

7 Vorläufer und Erben

7.1 Beziehungen zu anderen Autoren

Noch immer wächst jene Literatur, die man unter dem Slogan
»Woher hat's Kafka?« zusammenfassen könnte. Einige Bezüge
stellt Kafka selbst her. Zu den bekanntesten gehören die Aussagen über seine Produktion des Jahres 1912; hier heißt es etwa:
»Dickens ›Copperfield‹ (›Der Heizer‹ glatte Dickens-Nach-
ahmung, noch mehr der geplante Roman). Koffergeschichte,
der Beglückende und Bezaubernde, die niedrigen Arbeiten, die
Geliebte auf dem Landgut, die schmutzigen Häuser u. a., vor
allem aber die Methode.« Oder nach der Entstehung des »Urteils«: »Gedanken an Freud natürlich, an einer Stelle an [Brods
Roman] ›Arnold Beer‹, an einer andern an Wassermann, an
einer an Werfels ›Riesin‹« (T Oktober 1917, September 1912).
Solchen Beziehungen ist man nachgegangen, und dabei sind
zahlreiche weitere sichtbar geworden. In der – wohl kaum
schon gelungenen – Bemühung, zu differenzieren und zu quali-
fizieren, ist etwa die Rede von »Einflüssen«, »literarischer Herkunft der dargestellten Thematik«, »Anregungen«, »Vorlagen«, »Anknüpfungspunkten«, »Übernahme« (von »Material,
Motiven, Stimmungen, Darstellungsformen«), »Vorbildern«,
»Parallelen«, »Quellen« (so u. a. in Binders Kommentaren).
Gewiß sind Verbindungen Kafkas zum Werk oder Leben anderer Autoren (Dichtern, Philosophen, Biographen, wissenschaftlichen Schriftstellern, bildenden Künstlern, Schauspie-
lern usw.) von außerordentlicher Wichtigkeit; Stellung, Eigenart, Sinn, Gestalt und Größe seines Werks lassen sich von hier
aus definieren. Die Kenntnis des von Kafka Rezipierten dient
einem vertieften, hintergründigen Verstehen seiner Hervorbringungen.

7.2 Beispiel einer Beziehung (zum Judentum)

Das »Urteil« hat, um dies an einem Beispiel zu erläutern, zweifellos Bestand als Muster großer Erzählkunst, auch wenn es aus solchen Beziehungen isoliert aufgenommen wird, und gerade indem es daraus isoliert gelesen werden kann, wie z. B. von Beißner in seinen Kafkas »gestaltetem Wort« gewidmeten Vorträgen, und selbst dann noch, wenn man um die (von Beißner poetologisch gewendete) Liebe zu Dostojewski und Strindberg oder seine Ablehnung Ch. L. Philipps *nicht* wüßte. Derart gelesen ist die Bedeutung des Todesurteils und Georgs Tod für Beißner (und andere) »Strafe«. Die Geschichte bis zum Schlußsatz (»In diesem Augenblick ging über die Brücke ein geradezu unendlicher Verkehr«) ist »unheimliche Stauung nach innen« und dieser – als einzige Äußerung, in der Georg »nicht dabei« sei, d. h. in dem die bisherige Perspektive verlassen sei – »ungeheure Dynamik in eine andere Richtung, nach außen«. Aber dies ist nicht alles, und Beißners Beweisführung für die epische Erlösung des drängenden Vorgangs stimmt nicht.

Der Schlußsatz beginnt »In diesem Augenblick«, bleibt also wahrnehmbar für Georg und damit innerhalb der eigentlich monologischen Erzählung, und sein Sinn mit dem erfüllten Urteil ist nicht »Strafe«, sondern »Versöhnung« mit den Eltern und Gott, ausgedrückt in den Verbindung schaffenden Bildern »über die Brücke« und »unendlicher Verkehr«. Das schon im ersten Abschnitt vorhandene Requisit »Brücke« wird abrundend wieder aufgenommen, ist jedoch außer der Sache nun auch Symbol, und das ›neue‹ und letzte Wort »Verkehr« assoziiert hier ›Geschlechtsverkehr‹. Beißner wollte sich beim Wort »Verkehr« nicht durch eine Erinnerung Brods lenken lassen, daß Kafka »dabei an eine starke Ejakulation gedacht« habe, weist diese klare Aussage als »peinlich mißverständlich kolportiert« zurück, und deutet sie poetologisch um (Stauung nach innen/ nach außen). Indessen bestätigt sie genauestens die beabsichtigte erzähltechnische und sinngebende Leistung des Satzes: Er gestaltet die Erlösung, die wiedergewonnene Verbindung und Versöhnung. Daß dies auch im Bild eines unendlichen Coitus geschieht, ist vielleicht dem Christen peinlich und unverständlich, dem mit jüdischem Geist und den Beziehungen Kafkas dazu etwas Vertrauteren jedoch natürlich. Der Baalschem (in Bubers Fassung) wählt als »Gleichnis vom Gebet« die »leibliche Paarung«, von dem es weiterhin heißt, daß es »ein großes Haften an der Herrlichkeit« sei: »Warum bewege ich mich auf und

152

nieder? Weil die Herrlichkeit Gottes mir gegenüber steht. Und darüber wird er in eine große Entzückung gelangen«. Eben diese Entzückung drückt der letzte Satz aus: die Umkehr ist gelungen, die Hoffnung auf Versöhnung »in diesem Augenblick« erfüllt und von Georg erfahren.

Äußerlich – durch die dem Versöhnungsfest (Jom Kippur) folgende Entstehung – und innerlich – durch die Einverwandlung jüdischer Glaubensvorstellungen – ist die Geschichte also jüdischem Geiste verbunden und erst über seine Kenntnis besser zu verstehen. Georgs Tod ist keine Vernichtung, kein »tragischer Vorgang«, der sich auch im Schlußsatz ausdrücke, daß nämlich »Georgs Verschwinden ... gar keine Beachtung findet« (wie Richter meint, der die jüdischen Quellen Kafkas noch nicht kannte). Vielmehr wird durch den Schlußsatz – für den die meisten Interpreten kein Wort übrig haben – besonders deutlich, daß es eine Geschichte ist von Schuld und Sühne: Die Verurteilung ist eine Aufforderung zur Umkehr (bildhaft zum Reinigungsbad, deshalb »zum Tode des Ertrinkens«), der Vollzug des Urteils ein Opfer, das die Gerechtigkeit wieder herstellt, die Umkehr besiegelt und damit die Versöhnung erreicht. Denn die »Umkehr« – so formuliert Maimonides – »sühnt alle Sünden. War einer selbst sein Leben lang ein Bösewicht und tut am Ende seines Lebens Umkehr, so achtet Gott nicht mehr seiner bösen Taten«; und Umkehr ist »immer angebracht, besonders aber in den 10 Tagen vom Neujahrsfest zum Versöhnungstag, an denen sie sofort angenommen« wird. (Eben Maimonides nimmt als Vergleich für das Sündenbekenntnis auch das »Tauchbad«.) Zu »Sühne«, »Umkehr« und »Versöhnung« erläutert der Baalschem: »›Was sind das für [heilige] Funken, die in der Sünde wohnen?‹ ›Es ist die Umkehr. In der Stunde, wo du ob der Sünde Umkehr tust, hebst du die Funken, die in dir waren, in die obere Welt.‹« Buber ergänzt interpretierend: »Das ist kein Nichten; es ist ein Brückenschlagen.«

Die Verwertung nachgewiesener Verbindung zu Jüdischem sieht in Haymanns Gesamtdarstellung freilich ganz anders aus; er erinnert an Kafkas Notierung – nach einem jiddischen Stück – des Talmud-Satzes »Ein Mann ohne Weib ist kein Mensch« und folgert daraus, daß Kafka »sich im ›Urteil‹ selbst verdamme«, weil er dieser Zentralvorstellung des Judentums nicht gerecht werden« könne. Wenn die Suche und Auswertung von ›Beziehungen‹ – gleichgültig wohin – nicht zu bloßer Stoffhuberei oder Kurzschlüssigkeit verarmen soll, sind Genauigkeit und Behutsamkeit gefragt; anders werden die eigentlichen Verbindungen und ihre Qualität nicht nur verkannt, sondern tragen nichts zur Erkenntnis dieser Dichtungen bei und verstellen überdies den direkten Zugang. Deshalb sind diese ›Beziehungen‹ ein immer noch sehr weites Feld für die Forschung. Obwohl längst aberhundert Bemühungen vorliegen, die sich mit »Kafka und X« betiteln oder so betiteln ließen, sind zahlreiche Spuren erst vage oder verlaufen sich trotz aller Deutlichkeit bedeutungslos. Und selbst wenn sie sauber nachgewiesen sind, machen die bruchstückhaften und oft disparat erscheinenden Beziehungen – eine Folge des Eklektizismus Kafkas – ihre Nutzung für die Interpretation schwierig, wie u. a. Binders Kommentar zeigt, der die »Einflüsse« verknüpfen will und meist zu Aufzählungen kommt. Kafkas Wahrnehmung während des Schreibens, daß »Ein Wagen fuhr« und »Männer über die Brücke gingen« (T Sept. 1912), wurde zum Material des Schlußsatzes und wandelte sich hierbei, obschon wörtlich bleibend, zu neuer Bedeutung: zu Kafkas eigener Verwunderung: »Wie alles gewagt werden kann, wie für alle, für die fremdesten Einfälle ein großes Feuer bereitet ist, in dem sie vergehn und auferstehn«. Der recht eigentlich jüdische Schluß des »Urteils« mit der gelingenden Versöhnung ist mit der (über die Selbstinterpretation erkennbaren) Anwesenheit des Gedichts »Selige Sehnsucht«, das in seinem »Stirb und Werde« ebenfalls Religiöses und Erotisches mischt, zugleich goethisch gebrochen. Dies läßt erahnen, weshalb Kafka trotz seiner Aneignung jüdischen Geistes sich den »westjüdischesten« der Westjuden nennen muß – ein Ausdruck (gegenüber Milena), der seine nicht überwindbare Ferne zum alten und neuen Judentum bezeichnet. – Wie wesentlich der im »Urteil« zur Erzählung gewordene Komplex für Kafka auch weiterhin bleibt, bezeugt ein Tagebucheintrag vom Oktober 1917: »Dem Tod also würde ich mich anvertrauen. Rest eines Glaubens. Rückkehr zum Vater. Großer Versöhnungstag«. Das »Urteil« und diese Tagebuchnotiz interpretieren sich gegenseitig.

Die jüdische Spur, die u. a. Steinberg, Binder, Beck, Robertson sichtbarer gemacht haben und von der hier nur ein Detail betrachtet und auf den merkwürdigerweise gerade von diesen Philologen ganz vernachlässigten Schlußsatz weitergeführt wurde, erlaubt also ein genaueres, dazuhin am gestalteten Wort nahes Begreifen.

7.3 Vorläufer Kafkas

Einen völlig anderen Aspekt der »Beziehungen« macht J. L. Borges deutlich, wenn er feststellt, daß Kafka »Vorläufer erschafft«. In Texten »verschiedener Literaturen und Zeiten«, von Zenon, Han Yu, Kierkegaard, Browning, Bloy, Lord Dunsany – in dessen Erzählung »Carcassonne« ein »unbesiegbares Heer« alles überwindet, »jedoch nie Carcassonne erreicht«, obwohl es »manchmal vor ihnen auftaucht« – hört er jetzt Kafkas Stimme, die er »anfangs für einzigartig« hielt. Die Lektüre Kafkas verfeinert die Vorstellung des Lesers, so daß diese älteren Texte heute anders verstanden werden; »Kafkas Arbeit modifiziert unsere Auffassung von der Vergangenheit genau so wie sie die Zukunft modifiziert«. Diese Tatsache ist viel zu oft vernachlässigt, wenn platthin von »Vorlagen«, »Einfluß«, o. dgl. gesprochen wird. Nicht selten hat Kafka statt dessen die ganz ihm eigene Bedeutung erst auf solche Texte oder Textpartien übertragen; so daß auch, wenn er sie aufgreift und sich aneignet, nicht er von diesen Texten, vielmehr sie von ihm ›beeinflußt‹ sind. Seit Kafka können etwa Stofflichkeiten und Stimmungen Dostojewskis oder Stifters und Strindbergs Einssein des Erzählers mit seiner Hauptgestalt und dem Erzählten nur noch durch Kafka hindurch gelesen werden. Auch bisher minderrangige Werke können dadurch eine Umwertung erfahren, wie Mirbeaus »Garten der Qualen« durch die »Strafkolonie«. Publizisten, die diesen Sachverhalt negieren, verwechseln deshalb ›Richtungen‹ des ›Einflusses‹ oder reduzieren sie zur Einbahnstraße.

7.4 Nachfolger Kafkas

Als Gemeinplatz erscheint dagegen, daß ein großer Schriftsteller Nachfolger erschafft. Von Interesse sind dabei auch die kleinen Nachahmer von Stil und Stoff, freilich meist bloß als Beispiel oder als Summe. Als wesentlicher interessieren die Beziehungen selbständiger Schriftsteller zu Kafka als Vorläufer schon länger zur Überprüfung. Ganze Richtungen erhielten durch ihn einen enormen Schub: die »phantastische Literatur«, der (französische) Surrealismus und der philosophische und literarische Existenzialismus. Camus z. B. ordnete in seinem »Versuch über das Absurde« (»Der Mythos von Sisyphos«, frz. 1943, dt. 1950) Kafka hier ein und widmete ihm ein eigenes Kapitel. Wenn nicht alles täuscht, gründen diese Arten der Nachfolge auf einer einseitigen, wenn nicht irrigen Auffassung von Kafkas Werk; sie sind in der Mehrzahl Ausdruck eines schöpferischen Irrtums.

Eine schöpferische Rezeption, die sich vor Kafka als ›Vater‹ nicht scheut und als bewußte, legitime ›Sohnschaft‹ gelten kann, kennzeichnet das Gesamtwerk oder einzelne Werke herausragender Heutiger. Der schon genannte Borges – auch Editor einer ganzen »Sammlung phantastischer Literatur«, der »Bibliothek von Babel« (dt. Stuttgart 1983 ff.) – notiert im Nachwort zu seinen späten Erzählungen: »›Der Kongreß‹ ist die vielleicht ehrgeizigste Erzählung dieses Bandes; ihr Thema ist eine so ungeheuerliche Unternehmung, daß sie am Ende eins wird mit dem Kosmos und mit der Summe aller Tage. Der undurchsichtige Anfang soll die Fiktionen Kafkas imitieren.« – Gestalter einer produktiven Rezeption und Weiterführung sind u. a. Bernhard, Borges, Calvino, Canetti, Dürrenmatt, Handke, Hildesheimer, Garcia Marquez, Nabokov, Nossack, Philip Roth, Martin Walser, Peter Weiß. Ein Sonder- und Glücksfall schöpferischer Rezeption in einem anderen als dem von Kafka gewählten Medium sind Holzschnitte, Zeichnungen und Lithographien von Hans Fronius und A. Paul Weber, welche die Bildwelt Kafkas aufgreifen und adäquat transformieren.

6.3.5 Literatur:
Literarische Rezeption; Literarisch-künstlerische Bezüge und Parallelen zu 80 Autoren

Literarische Rezeption:

K. *Fingerhut*: Die Verwandlungen K.s, Zum Stellenwert der politischen Rezeption K.s bei Autoren der Gegenwart, Rezeptionspragmatik (Hg. G. Köpf) 1981, 167–200. – R. J. *Goebel*: Kritik und Revision, K.s Rezeption mythologischer, biblischer und historischer Traditionen, Frankfurt 1986. – M. *Goth*: Der Surrealismus und K., Politzer III, 226–266. – K. *Hermsdorf*: Anfänge der K.-Rezeption in der sozialistischen dt. Literatur, WB 1978, 45–69. – M. *Jungmann*: K. and Contemporary Czech Prose, Mosaic 1969/70, 179–188. – W. *Kurz*: K. und der Surrealismus, Über phantastische und surrealistische Kunst, WW 1981, 158–167. – I. *Meidinger*: K. und die junge [deutsche] Literatur, WuW 1952, 189–194. – J. B. *Michl*: Über die Beziehung der skandinavischen Moderne zu K., Prager Sicht, 257–260. – *Ders.*: K. und die moderne skandinavische Literatur, SMH 1968, 57–71. – B. *Nagel*: K. und die Weltlit., Zusammenhänge und Wechselwirkungen, München 1983. – H. *Richter*:

Zur Nachfolge K.s in der westdeutschen Literatur, Prager Sicht 181–
197. – H. *Weinberg*: The New Novel in America. The Kafka Mode in
Contemporary Fiction, Ithaca–London, 1970. – *Zimmermann* II: Martin Walser, »Ein schöner Sieg« [und K.], 250–266.

Literarisch-künstlerische Bezüge, Parallelen, Vergleiche

(Zu K.s Erwähnungen einiger hier notierter Personen siehe: T, H, Br,
F, O, M 1983, Janouch I, T/Krit. A.)

Anders, Günther: W. *Schmidt-Dengler*: Ein Modell der K.-Rezeption:
A., Symposion Wien, 184–198.
Avenarius: *Brod* I, 54. – *Wagenbach* I, 103–105, – *Wagenbach* II, 40.
Baalschem: *Robertson* 198–202, und passim.
Beckett: C. *Bernheimer*, Kafka Society 1982, 19–24. – E. *Kern*, Procee-
dings of the Comparative Literature Symposion, Vol. 4: K., Texas
1971, 97–111.
Benjamin: W. *Benjamin*: K., Politzer III, 143–158. – H. *Sussman*: K.
Geometrican of Metaphor, Madison 1978, – H. *Schweppenhäuser*
(Hg.): B. über K., Frankfurt 1981. – S. *Moses*: Brecht und B. als K.-
Interpreten, Juden in der dt. Lit., 237–256.
Bernhard, Thomas: W. *Weiß*: K.-B., Ein Teil-Vergleich, London Ger-
man Studies 1983, 184–198.
Bilek: H. *Binder*: K. und die Skulpturen, JSG 1972, 623–647.
Blake: H. *Heuer*: Die Amerikavision bei B. und K., München 1959.
Blei: F. *Blei*: Schriften in Auswahl, München 1960, 295–305, 316–318.
– *Dietz*, 25–29 und passim. – L. *Dietz*, DVjs 1963, 463–473. – P.
Raabe, Symposion, 7–20. – *Unseld*, 24–29.
Borges: E. *Aizenberg:* K., B. and Contemporary Latin-American Fic-
tion, Kafka Society 1982, 4–13. – P. *Beicken*: Conversation with a
Writer, Kafka Society 1983, 20–27. – *Borges*: K., La Metamorfosis,
Buenos Aires 1938, (Vorwort) 7–11. – *Ders.*: Ges. Werke Bd. 5/II,
München 1981, 114–117; Ges. Werke Bd. 4, München 1982, 99.
Brecht: W. *Benjamin*: Versuche über B., Frankfurt 1966, 117–152. – W.
Mittenzwei, Prager Sicht 119–129 und SuF 1963, 618–625. – S. *Moses*:
B. und Benjamin als K.-Interpreten, Juden in der dt. Lit., 237–256.
Buber: *Dietz* 83–89. – *Robertson* 190–300. – (s. auch die Lit. über K.s
Judentum).
Camus: A. *Camus*: Der Mythos vom Sisyphos, Hamburg 1959, 102–
112. – J. *Darzins*, Yale French Studies 1960, Nr. 25, 98–103. – *Polit-
zer* I, 471–500. – P. H. *Rhein*: The Urge to Live, A Comparative
Study of K.s »Der Prozeß« and C.s »L'Etranger«, Chapel Hill 1964.
– M. A. F. *Witt*, La Revue des Lettres modernes 1971, Nr. 264–270,
71–86. – M. K. *Yalom*, MLQ 1964, 434–450. – *Thieberger* 459–469.
– *Ders.*: K. et C., Carleton Germanic Papers 1983, 23–34. – H. *Fried-
man*: Problematic Tebel, Chicago–London, 2. Aufl. 1970.

Canetti: E. *Canetti*: Der andere Prozeß, München 1969. – *Ders.:* Die Blendung (Roman), Wien 1935 (München 1963).

Čapek: G. *Gibiam*: C. Apogryphica and K.s Parables, American Slavic and East European Review 1959, 238–248.

Cervantes: B. *Krolop*: Versuch einer Theorie des phantastischen Realismus, Frankfurt 1981. – G. *Kurz*: Die Lit., das Leben und der Tod, Archiv 1975, 256–279.

Chamisso: B. *Ballmann*: K. und C. (im Druck).

Chaplin: W. *Jahn*: K. und die Anfänge des Kinos, JSG 1962, 353–368. – P. *Tyler*: K.s and C.s »Amerika«, Sewanee Review 1950, 299–311.

Dickens: M. *Bachmann*, Acta phil. 1972, 47–57. – *Jahn* 138–143. – G. *Loose*: K. und Amerika, Frankfurt 1968, 10–21. – R. *Pascal*, The Listener 1956, 504–506. – M. *Spilka*: D. and K., A Mutual Interpretation, Bloomington 1963. – E. W. *Tedlock*: K.s Imitation of »Copperfield«, CL 1955, 52–62. – R. *Vasata*, Kafka Problem 134–139.

Dürrenmatt: L. *Tantow*: K. und D., Eine Dramaturgie der Konfrontation, St. Ingbert 1988.

Dostojewski: *Beißner* 21–54. – *Brod* I, 344 f. – M. *Friedmann*: The Modern Job, On Melville, D. and K., Judaism (New York) 1963, 436–455. M. *Pasley*, Drei Erz., 30 f. – R. *Poggioli*, Kafka Problem 97–107. – M. *Spilka*: K.s Sources for »The Metamorphosis«, CL 1959, 289–307. – J. *Starobinski*, Cahiers du Sud 1950, 466–475. – V. *Terras*: Zur Aufhebung bei K. und D., Papers on Language and Literature 1969, 156–169. – M. *Church*: D.s »Crime and Punishment« and K.s »Trial«, Lit. and Psychology 1970, 47–56. – M. *Friedman*: Problematic Rebel, Chicago–London, 2. Aufl. 1970. – R. S. *Struc*: K. and D. as ›Blood Relatives‹, Dostoyevsky Studies 1981, 111–117. – W. J. *Dodd*: Dostoyevskian Elements in K.s »Penal Colony«, GLL 1983, 11–23.

Flaubert : *Binder* I, 253–262 und passim. – *Brod* I, 232–234 und passim. – *Brod* III, 148. – A. *Mingelgrün*, Europe 1971, 168–178. – *Wagenbach* I, 159–161 und passim. – C. *Bernheimer*: F. und K., Studies in Psychopoetic Structure, New Haven–London 1982. – *Ders.*: Der junge Kafka 154–183. – G. Kurz: Archäologie des Subjekts, K. mit Nietzsche und F. gelesen, NR 1980. – *Ders.*, Der junge Kafka 25–32. – M. *Robert*: Romans des origines et origines du roman, Paris 1972. – W. H. *Sokel*, The worl of F. K. (Hg. J. P. Stern) London 1980, 153–156.

Freud: *Binder* I, 92–114, 368–372. – R. *Falke*, Biographisch-literarische Hintergründe von K.s »Urteil«, GRM 1960, 164–180. – E. *Marson*/L. *Keith*: K., Freud und »Ein Landarzt«, GQ 1964, 146–160. – *Politzer* III, 220–222. – *Kurz* 27–43. – *Ders.*, Der junge Kafka 32–34. – J. B. *Street*: K. trough F., Totems and Taboos in »Strafkolonie«, MAL 1973, 93–106. – Siehe auch: psychol.-psychoanalyt. Literatur.

Goethe: H. *Binder*, ZfdtPh 1967, 214–219. – *Brod* I, passim. – *Brod* III, 170. – M. *Brod*, Nachwort zu S. – *Philippi* 48 f. – *Richter* II. – M. *Son-*

nenfeld, Parallels in »Novelle« and »Verwandlung«, Symposium 1960, 221–225. – B. *Nagel*: K. und G., Stufen der Wandlung von der Klassik zur Moderne, Berlin 1977. – C. *Koelb*: The Goethean Model of the Self in K.s »Brief an den Vater«, Kafka Society 1984, 14–19. – G. *Neumann*: Zum Problem der Identität in G.s »Wilhelm Meister« und in K.s »Amerika«-Roman, Paths and Labyrinths (Hg. J. P. Stern) 1986.

Gogol: V. *Erlich*, [Fs.] For Roman Jakobsen, Compiled by M. Halle, The Hague 1956, 100–108. – I. F. *Parry*, GLL 1952/53, 141–145.

Grillparzer: *Brod* I, 199 f. und passim. – A. *Gutmann*, MAL 1970, 51 f. – H. *Politzer*: Die Verwandlung des armen Spielmanns, Ein Grillpar-zer-Motiv bei K., Grillparzer-Jb. 1965, 55–64. – *Ders.*: Der Turm und das Tier aus dem Abgrund. Zur Bildsprache bei G., Hofmanns-thal und K., Grillparzer Forum 1968, 24–42.

Groß, Otto: *Binder* IV, 381–395.

Hamsun: *Jahn* 143 f. – *Wagenbach* I, 125, 228.

Handke: P. *Handke*: Der Prozeß (für Franz K.), Wer hat Josef K. ver-leumdet?, Prosa, Gedichte . . ., Frankfurt 1969, 86–98.

Hebbel: H. *Kreuzer*: Die paradoxen Bildskizzen in H.s Tagebüchern, Materialien zum Thema K. und H., Augenblick 1960, 55–57. – *Wagenbach* I, 103, 188 f.

Hebel: E. *Canetti*: H. und K. (Rede), München 1980.

Heidegger: *Emrich* I, 58–61. – H. *Jaeger*, PMLA 1952, 655–683.

Heilmann: *Brod* I, 344–346. – *Wagenbach* I, 123.

Hesse: H. *Hesse*: Ges. Werke, Bd. 12, Frankfurt 1970, 477–491. – *Ders.*, Kritik und Rezeption II. – R. A. *Stelzmann*: K.s »The Trial« and H.s »Steppenwolf«, Two Views of Reality and Transcendence, Xavier University Studies 1966, 165–172. – B. *Allemann*: K., H., Th. Mann, Zur Geschichte der K.-Rezeption, Fs. Fülleborn (Hg. T. Elm) 1982, 259 ff. – R. H. *Friedrich*, Comparative Literature 1976, 34–50.

Hoffmann, E. T. A.: *Binder* I, 151–166. – H. *Järv*: Varaktigare an Kop-par, fran Homeros till K., Malmö 1962, 205–274. – E. *Loeb*: Bedeu-tungswandel der Metamorphose bei K. und H., GQ 1962, 47–49. – *Philippi* 116 ff. – U. *Späth*, WW 1973, 12–25. – R. S. *Struc*: Zwei Er-zählungen von H. und K., Ein Vergleich, RLV 1968, 227–238. – J. *Born*, Das Nachleben der Romantik in der modernen dt. Lit. (Hg. W. Paulsen) 1969, 188–191. – G. *Wöllner*: H. und K., Von der »fortge-führten Metapher« zum »sinnlichen Paradox«, Bern 1971. – B. *Nagel*, MAL 1981, 1–11.

Hofmannsthal: G. *Kurz*, Der junge Kafka 15–24. – M. *Lakin*: H.s »Rei-tergeschichte« und K.s »Landarzt«, MAL 1970, 39–50. – H. *Politzer*: Zur Bildsprache bei Grillparzer, H. und K., Grillparzer Forum 1968, 24–42.

Holitscher: *Jahn* 144–150.

Kant: S. *Taubeneck*, Kafka Society 1984, 20–27.

Kerner: W. *Dürrson*, Kerner Mitteilungen 1977, 9–21.

Kierkegaard: F. *Billeter*: Das Dichterische bei K. und Kierkegaard, Ein typologischer Vergleich, Winterthur 1965. – *Binder* I, 85–91. – P. de *Boisdeffre*, Revue de Paris, Juli 1955, 138–142. – B. F. N. *Edwards*, GLL 1967, 218–225. – *Emrich* I, passim. – E. *Grangier*: Abraham oder Kierkegaard, wie K. und Sartre ihn sehen, ZfdtPh 1950, 412–421. – *Philippi* 147 ff. – F. *Schaufelberger*, Reformatio 1959, 387–400 u. 451–456. – *Wagenbach* II, 76–78. – W. *Ries*: Transzendenz als Terror, Heidelberg 1977, 23–65. – C. *David*, Fs. G. Baumann (Hg. G. Schnitzler) 1980, 79–90.

Kleist: *Binder* I, 278–286. – *Brod* I, 35–41 und pasim. – M. *Brod*, Weltstimmen 1949, H. 12, 8–11. – H. *Friedrich*, Berliner Hefte für geistiges Leben 1949, 440–448. – H. *Lamprecht*, NDH 1960, 935–940. – J. M. *Lindsay*: Kohlhaas and K., Two Men in Search of Justice, GLL 1959/60, 190–194. – R. R. *Nicolai*: K.s Stellung zu Kl. und der Romantik, Studia Neophilologica 1973, 80–103. – *Ders.*, (K. und Kl. und Romantik), München 1977. – D. E. *Smith*: Gesture as a Stilistic Device in Kl.s »Kohlhaas« and K.s »Prozeß«, Frankfurt 1976. – O. *Walzel*, Kritik und Rezeption I, 143–148. – J. *Dittkirst*: Vergleichende Untersuchungen zu Kl. und K., Aachen 1971. – M. *Harman*: An Echo of K. in Kl., Kleist-Studien (Hg. A. Ugrinsky) 1980, 169–175. – *Ders.*: Ironie, Ambivalence and Belief in Kl. and K., Kafka Society 1984, 3–13.

Kraus: *Binder* I, 17–25. – *Kraft* 199–208. – *Politzer* II, 183 f. – *Wagenbach* I, 210.

Kubin: A. *Achleitner*: Kubin als Anreger K.s, WuW 1955, 253.

Kuh, Anton: *Binder* IV, 385–395.

Maeterlinck: *Binder* I, 136–146.

Maimonides: *Robertson* 307–338.

Mann, Thomas: B. *Allemann*: K., Hesse, Mann, Zur Geschichte der K.-Rezeption, Fs. Fülleborn (Hg. Elm) 1982, 259 ff. – J. *Born*: M.s Hommage to K., OGS 1972, 108–118. – B. *Bornemann*, studi germanici 12 (1975), 205–219. – J. *Seidler*: »Zauberberg« und »Strafkolonie«, GRM 1969, 94–103.

Marx: *Philippi* 95–116.

Melville: A. S. *Cook*: The Meaning of Fiction, Wayne 1960, 242–259. – M. *Friedemann*: The Modern Job. On M. Dostoievsky and K., Judaism (New York) 1963, 436–455. – *Ders.*: Problematic Rebel, Chicago–London 2. Aufl. 1970.

Mirbeau, Octave: W. *Burns*, Accent XVII 1957, 45–51. – *Binder*/Kommentar I, 174–181.

Musil: H. *Binder*, JSG 1968, 94–111. – *Dietz* Nr. 56. – R. *Musil*, NR 1914, 1196 f. – U. *Richli*: Jaspers, M. und K., Reformatio 1962, 208–215 u. 339–351.

Napoleon I.: H. *Binder*, Fs. Beißner, Bebenhausen 1974, 38–66.

Němcová: *Brod* I, 371–374. – F. *Kautmann*, Prager Sicht 60 f.. – G. *Kisch*, Zs. für Religions- und Geistesgeschichte 1971, 339–350. – *Wagenbach* I, 44.

Nietzsche: *Brod* III, 144–146. – P. *Heller*, CLS 1971, 71–95. – *Philippi* 121 ff. und passim. – *Wagenbach* I, 102 f., II, 40. – F. *Bridgwater*: K. and N., Bonn 1974. – W. *Ries*, Nietzsche-Studien (Hg. Montinari) 1973, 258–275. – *Ders.*: Transzendenz als Terror, Heidelberg 1977, 67–90. – R. R. *Nicolai*: Wahrheit und Lüge bei K. und N., Jb. Görres-Gesellschaft 1981, 255–271. – *Kurz* 27–43. – *Ders.*, NR 1980.

Philipp, Ch. L.: *Beißner* 21–54.

Poe: N. *Lyons*: K. and P. – and Hope, Minnesota Review 1965, 158–168.

Rilke: J. M. S. *Pasley*, LuK 1968, 218–225. – H. *Politzer*: Prague and the Origins of R., K. and Werfel, MLQ 1955, 49–62.

Robbe-Grillet: D. *Cohn*, Novel 1971/72, 19–31.

Roth, Philip: S. G. *Kellman*, Kafka Society 1982, 25–33.

Sacher-Masoch: R. K. *Angress*, MLN 1970, 745 f. – P. B. *Waldeck*: K.s »Verwandlung« and »Ein Hungerkünstler« as influenced by S.-M., MH 1972, 147–152.

Sartre: E. *Grangier*: Abraham, oder Kierkegaard, wie K. und S. ihn sehen, ZfdtPh 1950, 412–421. – *Philippi* 33–47, 149 ff. – J. P. Sartre: Was ist Literatur, Reinbek 1958, passim. – *Ders.*, Situationen, Reinbek 1965, 143–156. – W. H. *Sokel*: K. und S.s Existenzphilosophie, Arcadia 1970, 262–277. – M. A. F. *Witt*: Confinement in »Die Verwandlung« and »Les Séquestrés d'Altona«, CL 1971, 32–44.

Schopenhauer: T. J. *Reed*: K. und S., Philosophisches Denken und dichterisches Bild, Euph. 1965, 160–172.

Bruno Schulz: P. *Kruntorad*: S., Ein Vergleich mit K., WiZ 1965, H. 3, 9–19.

Stehr: F. K. *Richter*: »Verwandlungen« bei K. und S., MH 1971, 141–146.

Rudolf Steiner: H. *Frey*, Bll. für Anthroposophie 1951, 432–440. – *Wagenbach* I, 175 f.

Stendhal: A. L. *Livermore*: K. and S.s »De L'Amour«, RLV 1969, 173–218.

Strindberg: W. *Baumgartner*, Nerthus (Nordisch-deutsche Beiträge) 1969, 9–51. – *Ders.*: K.s Strindberglektüre, Skandinavia 1967, 95–107. – *Beißner* 21–54. – W. A. *Berendsohn*, DVjs 1961, 630–633. – M. *Gravier*, EG 1953, 118–140. – P. *Sedlaček*: S. und K. Diss. Wien 1966.

Swift: R. M. *Adams*: Strains of Discord, Ithaca (N. Y.) 1958, 168–179. – M. E. *MacAndrew*: A Splacknuck and a Dung-Beetle, Realism and Probability in S. and K., CE 1970, 376–391. – P. F. *Neumeyer*, Dalhousie Review 1965, 60–65.

Tagger: *Binder* IV, 542–544. – *Dietz* 85 f.

Tolstoi: *Brod* I, 221–299. – H. *Siefken*: Man's Inhumanity to Man, Crime and Punishment, Trivium 1972, 28–40. – J. *Schillemeit*, T.-Bezüge beim späten K., KuL 1979, 606–619. – A. *Dornemann*: Im Labyrinth der Bürokratie, T.s »Auferstehung« und K.s »Schloß«, Heidelberg 1984.

Trakl: A. *Focke*, EG 1962, 411–431.

Turgenjeff: S. *Lainhoff*: The Country Doctors of K. and T., Symposium 1962, 130–135. – R. S. *Struc*, Slavic and East European Journal 1965, 174–180.

Walser, Martin: G. *Schweikert*: »... weil das Selbstverständliche nie geschieht«, Martin Walsers frühe Prosa und ihre Beziehung zu K., TuK 1974, H. 41–42, 31–37. – K. *Fingerhut*, (Zur produktiven K.-Rezeption), WW 1980, 384–403.

Walser, Robert: *Binder* I, 147–149. – *Brod* III, 238 f. – R. *Musil*, NR 1914, 1169 f. – K. *Pestalozzi*, Akzente 1966, 322–344. – J.-C. *Schneider*, NRF 1972, 59–62. – *Wagenbach* I, 158. – W. *Wondratschek*, TuK 1965, Nr. 12, 17–21. – K. *Pestalozzi*, Über W. II, Frankfurt 1978. – A. *Rendi*, Über W. (Hg. K. Kerr) 1979, 82–94. – B. *Böschenstein*, Der junge Kafka 200–212. – N. *Pelletier*: K. et W., Stuttgart 1985. – H. D. *Zimmermann*: Der babylonische Dolmetscher, Zu K. und W., Frankfurt 1985.

Wells: G. *Gauthier*, Europe 1971, Sh., 185–192.

Weiß, Ernst: M. *Pazi*, Modern Austrian Literature 1973, 32–92. – P. *Engel*, (Aspekte ihrer Beziehung), TuK 1982, 67–78.

Weiß, Peter: J. *Milfull*: From K. to Brecht, Peter Weiß Development towards Marxism, GLL 1967, 61–71. – K. *Fingerhut*, (Zur produktiven K.-Rezeption), WW 1980, 384–403.

Wittgenstein: A. *Thorlby*, Anti-Mimesis, On K. (Hg. F. Kuna), 1976, 59–82.

(Zahlreiche nicht im Druck erschienene Dissertationen handeln solche Beziehungen, Parallelen etc. ab, vgl. das Verzeichnis bei L. Dietz, Kafka, Stuttgart 1975, 4 f.)

Werkregister

Einzel- und Sammeltitel in alphabethischer Folge [ohne Artikel]. Originale Titel stehen in Kursivschrift; in Geradschrift dagegen die nicht von Kafka stammenden, überwiegend durch Brods Edition üblich gewordenen Titel.

Personenregister

Nicht verzeichnet sind die Namen des 1. Kapitels (Materialien), der reinen Literaturangaben und Franz Kafka

Sammlung Metzler

J. B. Metzler